최초의 소설 시누헤 이야기

최초의 소설

# 시누헤 이야기

THE STORY OF SINUHE: THE FIRST NOVEL OF ANCIENT EGYPT

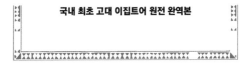

국내 최초 고대 이집트어 원전 완역본

유성환 옮김

내가 고대 이집트에 관심을 가지게 된 것은 이집트 상형문자의 아름다움 때문이었다. 사람과 동물, 새와 물고기, 각종 곤충과 식물, 처음 봐서는 도대체 무엇을 묘사한 것인지 알 수 없는 수많은 사물이 온전한 그림의 형태로 문자 역할을 한다는 것이 경이로우면서도 그 원리가 무엇인지 궁금해서 미칠 지경이었다. 이집트 상형문자에 어느 정도 익숙해지고 고대 이집트어 문법을 공부하는 단계로 접어들자 또다시 놀랐다. 문자가 발명되기 전부터 수천 년에 걸쳐 사용되다가 약 1,400년 전에 사멸한 고대 이집트어의 문법 체계가 현대의 어떤 언어와 비교해도 뒤지지 않을 만큼 정교하고 복잡했기 때문이었다. 이때부터 문자에 대한 호기심을 넘어 언어 자체에 관심을 가지게 되었다.

언어의 매력에 빠져 혼자서 고대 이집트어의 문자 체계와 문법을 공부하기 시작했던 당시, 나는 한국외국어대학교 통번역대

5

학원을 졸업한 뒤 계약직 통번역사로 활동하고 있었다. 낮에는 일터에서 주어진 업무를 수행하고 저녁에는 아마존이나 다른 인터넷 서점에서 구매한 문법책을 공부하면서 이집트 상형문자를 연습장에 끼적끼적 필사하는 생활이 그 후로 5년간 계속되었다. 그러나 결국 독학으로는 결코 돌파할 수 없는 한계에 맞닥뜨렸다. 당시 국내에는 고대 이집트의 문자 체계나 언어에 대한 그 어떤 전문강좌도 없었다. 모르거나 이해되지 않는 것이 있어도 물어볼 학자나 강사가 한국에는 없었다. 막다른 길에 다다른 심정에서 다른 해결책은 떠오르지 않았다. 이 답답한 상황에서 벗어날 유일한 방법은 이집트학을 가르치는 외국의 대학에서 정식으로 공부하는 것이라는 결론에 도달했다.

오랜 실존적 고민 끝에 이집트학을 전공하는 학자가 되겠다고 마음을 굳힌 후 2004년 가을에 박사학위 과정을 제공하는 미국과 캐나다의 여러 대학에 지원했다. 기적적으로 미국 동부의 명문대 중 하나인 브라운 대학교(Brown University)의 이집트/아시리아학과(Department of Egyptology & Assyriology)에서 입학 허가와 함께 장학금 지원을 받을 수 있었다. 그리고 이듬해 9월 1일부터 석박사 통합 과정의 대학원생이 되어 이집트학을 본격적으로 공부했다. 오랜 꿈이 드디어 이뤄지는 순간이었다. 그러나 원하는 공부를 할 수 있다는 기쁨도 잠시, 학기마다 공부해야 할 양은 내가 5년간 혼자서 공부했던 양보다 훨씬 많았다. 대학원에 진학하기 전까지 나는 말 그대로 우물 안 개구리였다. 그러나 힘들 때마다 한국에서 이런 공부를 얼마나 하고 싶어 했는지, 무엇 때문에 태평양을 건너 여기까지 왔는지 되새기며 감사하는 마음으로 학업에 임했다.

학부에서 영어영문학을 전공할 때부터 언어학에 관심이 많았던 나는 자연스럽게 이집트학 중에서도 문헌학을 전공했다. 고대 이집트어가 수천 년의 시간을 거치면서 변화에 변화를 거듭한 문법 규칙과 시간이 지나면서 사라져 버렸거나 새롭게 편입·생성된 어휘를 배우고 익히는 과정이 여러 해에 걸쳐 반복되었다. 당시 무엇보다 어려웠던 것은 고대 이집트 서기관이 문서를 작성하거나 필사할 때 사용했던 '신관문자(神官文字, hieratic)'와 '민용문자(民用文字, demotic)'를 익히는 것이었다. 파피루스나 편평한 돌조각에 쓰인 텍스트 중 절대다수는 '상형문자'의 흘림체 또는 필기체라 할 수 있는 신관문자나 이보다 흘려 쓰는 정도가 훨씬 심한 민용문자로 작성되었기 때문에, 원전을 제대로 해독하려면 이들 문자를 반드시 공부해야 했다.

상형문자의 아름다움에 반해 이집트학을 전공한 내게 아랍어 알파벳을 뒤집어놓은 것처럼 생긴 신관문자와 세계에서 가장 읽기 어려운 문자 중 하나로 악명 높은 민용문자를 공부하는 것은 고역이었다. 그러나 문자의 형태와 서기관들의 서체에 익숙해지면서 점차 이들 문자의 유용성을 실감했다. 유학 기간 중 무엇보다 즐거웠던 경험은 이 분야의 세계적인 권위자인 교수님들로부터 거의 개인교습에 가까운 지도를 받았던 것이었다. (원전 독해 수업은 매 학기 수강생 수가 3명을 넘은 경우가 단 한 번도 없었다.) 텍스트를 단어 단위로 세분하고 모든 어형변화와 문법적 가능성

옮긴이 서문

을 고려하면서 한 줄 한 줄 원전을 읽어가는 작업에는 상당한 시간과 고도의 집중력이 필요했지만, 수천 년 전 지구 반대편에 살았던 이름 모를 서기관이 남긴 글을 그 누구의 도움도 받지 않고 오롯이 혼자만의 힘으로 읽는다는 자각은 그 무엇과도 비견할 수 없는 희열과 자부심을 가져다줬다.

2012년 이집트학 박사 학위를 취득할 때부터, 아니, 몰입의 즐거움을 만끽하며 원전을 독파하는 재미를 알게 된 대학원 시절부터 고대 이집트의 주요 서사문학 작품과 (주문이나 찬가와 같은) 종교문서, 그 외의 다양한 사료와 문헌을 한국어로 번역해 소개하는 것이 일생의 목표로 뚜렷하게 자리 잡았다. 1822년 프랑스의 언어학자 장-프랑수아 샹폴리옹(Jean-François Champollion, 1790~1832년)이 그간 신비한 문자로만 알려졌던 상형문자 체계를 해독한 것을 계기로 서구에서는 고대 이집트 문명의 주요 문헌이 영어·프랑스어·독일어를 비롯한 각국의 언어로 속속 번역되었으나, 이집트학은 물론이고 고대 근동학을 위한 학문적 기반이 전혀 없는 국내에서는 21세기가 될 때까지 고대 이집트어로 작성된 그 어떤 문서도 한국어로 직접 번역된 적이 없었다.

원전의 자국어 번역은 단순한 문헌학적 보완 작업을 넘어 그 나라의 학문적 토대를 구축하는 가장 기본적인 학문 활동이다. 각종 첨단 기술로 무장한 고고학이 한 문명의 물질문명을 재구성하는 데 막대하게 이바지하는 것은 사실이지만, '문명의 속살'이라고 할 수 있는 구성원의 가치관과 사고방식, 그들의 신념과 의도를 파악할 수 있는 가장 직접적이고 효과적인 방법은 이들이 남긴 텍스트를 정확하게 번역해 파악하는 것이다. 고고학적 유물과 마찬가지로 문헌학적 자료도 정치·경제·사회·문화·종교 등 당대를 살아간 사람들의 삶 전체를 재구성하는 데 핵심 역할을 한다. 나는 이런 사실을 한국으로 돌아온 후 학술 논문을 작성하면서 더욱 뼈저리게 체감할 수 있었다.

서구의 학자들은 자신의 논지를 전개할 때 다른 학자들이 이미 작업해놓은 신뢰할 만한 번역문을 인용할 수 있다. 그러나 나는 인용해야 할 모든 원문을 직접 번역할 수밖에 없었다. 가장 핵심적인 문헌자료를 한국어로 번역하는 작업을 미룰 수 없다고 결심한 시점도 졸업 후 귀국해 첫 번째 논문을 쓸 때인 2012년이었다. 가장 먼저 목표로 잡은 대상은 고대 이집트의 서사문학 작품들, 특히 '고전 문학의 황금기'라 할 수 있는 중왕국 시대(기원전 2055~기원전 1650년)에 창작된 주요 작품들이었다.

일단 목표가 정해지자 이 책에서 소개될 《시누헤 이야기(Tale of Sinuhe)》를 비롯해 《난파당한 선원(Shipwrecked Sailor)》,《언변 좋은 농부(Eloquent Peasant)》,《쿠푸 왕과 마법사 이야기(The Tale of King Khufu's Court)》 같은 주요 작품을 틈틈이 번역하고 주해도 달았다. 처음에는 이렇게 번역한 작품들을 한데 묶어서 《고대 이집트 문학: 중왕국 시대의 서사문학》과 같은 문집(anthology)으로 출간할 계획이었지만, 연구과제를 수행하고 학생들을 가르치면서 번역 작업이 우선순위에서 밀리는 경우가 많아졌다. 그 결과, 애초 기획했던 문집의 출간도 기약 없이 미뤄졌다. 이런 답답한 상황에서 휴머니스트 출판사로부터 《시누헤 이야기》를 우선

옮긴이 서문

출간하지 않겠냐는 제의를 받았다. 그간 묵혀뒀던 한국어 번역과 주해가 마침내 한국의 독자에게 소개될 기회가 찾아온 것이다.

높은 수준의 역사서와 인문학 관련 교양서를 지속해서 출간하던 휴머니스트 출판사에 대해 나는 평소에도 좋은 인상을 받고 있었다. 특히 김산해 선생의 《최초의 신화 길가메쉬 서사시》의 개정판이 '국내 최초 수메르어·악카드어 원전 통합 번역'이라는 문구와 함께 출간된 것은 매우 고무적이었다. 내가 생각하기에, 고대 메소포타미아에 '최초의 신화'라는 수식어가 무색하지 않은 《길가메쉬 서사시》가 있었다면, 고대 이집트에는 '최초의 소설'이라 할 수 있는 《시누헤 이야기》가 있었다고 단언할 수 있다. 《길가메쉬 서사시》는 여러 판본과 서로 다른 장르의 문헌들이 기원전 13세기경 바빌로니아의 신관이었던 씬-리키-운니니(Sin-leqe-unninni)에 의해 기승전결의 구조를 갖춘 한 편의 서사시로 편찬된 것이다. 《시누헤 이야기》는 이와 마찬가지로 다양한 분야의 텍스트에 대한 해박한 지식을 바탕으로 신의 섭리에 지배받는 인간의 운명과 분열된 자신의 정체성에 대해 끊임없이 고뇌하는 한 사람의 육체적·정신적 방황을 망명과 귀환의 서사로 승화시킬 수 있는 문학적 재능을 지녔던 이름 모를 서기관에 의해 창작된 고대 이집트 문학의 최고 걸작이다.

지금까지 10여 년간 열 편 넘는 논문을 작성하면서 제법 다양한 문헌을 직접 번역해 우리 학계에 소개했다. 그러나 적잖은 분량의 서사문학 작품 한 편을 '원전 완역본'이라는 제목 아래 한 권의 책으로 엮어 독자에게 선보이는 것은 이번이 처음이다. 모쪼록 나의《시누혜 이야기》번역본이 독자에게 오랜 고전을 새롭게 읽는 즐거움을 선사해주기를 바란다. 이 책의 구성과 관련해, 작품의 역사적·지리적 배경에 관심 있는 독자라면 원문 번역에 해당하는 〈I. 최초의 소설《시누혜 이야기》〉를 읽기 전에 바로 뒤에 수록된 〈II. 최초의 소설《시누혜 이야기》길라잡이〉를 통해 기본적인 배경지식을 넓혀보기를 권한다.

《시누혜 이야기》가 창작된 시기는 중왕국 시대 제12왕조의 두 번째 파라오였던 센와세레트 1세 치세 말엽으로 추정된다. 지금으로부터 약 4,000년 전 작성된 문학작품이다 보니 번역 과정에서 현대 한국어의 어휘만으로는 그 의미를 정확하게 전달할 수 없는 개념이나 상황과 마주치는 경우가 많았다. 따라서 부득이하게 지금은 사용되지 않는 단어나 표현을 번역문의 중간중간에 사용해야 했다. 이런 의고체(擬古體, archaism)가 어렵고 생소하게 느껴질 독자에게 이 자리를 빌려 미리 양해를 구한다. 아울러 원전 번역의 모든 실수와 오류는 온전히 나의 몫임을 밝힌다.

바쁘신 와중에도 흔쾌히 추천의 글을 써주신 한국고대근동학회 주원준 회장님과 서울대학교 신형철 교수님께 깊이 감사드린다. 끝으로, 책이 나오기까지 수고를 아끼지 않은 편집자를 비롯한 출판사의 모든 직원께 다시 한번 감사드린다.

2024년 4월

유성환

옮긴이 서문

# 차례

# 일러두기

1. 본문의 고대 이집트어 원전 번역은 모두 옮긴이가 원문을 읽고 직접 수행했다. 번역의 대상이 된 주요 필사본은 〈베를린 파피루스 3022〉와 그 일부인 〈애머스트 파피루스〉, 〈라메세움 파피루스 A〉다. 〈베를린 파피루스 3022〉와 〈애머스트 파피루스〉는 합쳐서 B로, 〈라메세움 파피루스 A〉는 R로 각각 줄여 표기했으며, 문장을 시작할 때 '(B5~15),' '(R1~5)'와 같이 필사본 약어와 행수를 표기했다. 번역 저본에 대한 자세한 설명은 〈번역 저본 소개〉에 실었다.

2. 고대 이집트 서기관들은 표제·키워드·주석·새로운 장(章)의 시작 등을 붉은색으로, 본문을 검은색으로 각각 표기했다. 현대 이집트학에서는 붉은색으로 표기된 본문의 음역과 번역 부분에 밑줄을 쳐서 표시하는 것이 일반적인 관례다. 이책에서도 이와 같은 관례를 따르기로 한다.

3. 고대 이집트어 원전의 음역은 미국식 표준을 사용했다. 한편, 단어 사이에 사용된 등호(=)는 의미 또는 정체가 같다는 뜻이다.

4. 음역에서 원문에는 표기되지 않았지만 단어의 일부라는 사실이 분명하게 알려진 경우, 빠진 자음은 소괄호(( )) 안에 표기했다. 원문이 훼손·소실·오염되어 판독할 수 없지만 문맥 등을 통해 음소의 유추가 가능한 경우에는 대괄호([ ]) 안에 표기했다.

5. 음역 또는 번역 뒤에 물음표(?)가 붙은 단어는 원문이 훼손·소실·오염되어 판독과 해독이 불가능해 단어의 음역 또는 번역이 옮긴이나 다른 학자에 의해 유추되었다는 의미다.

6. 인용문에서 옮긴이가 생략한 경우는 줄임표(…)를 사용했다.

7. 고대 그리스어·라틴어·아카드어·히브리어 등 외래어의 표기는 일반적으로 통용되는 영어식 표기로 통일했으며, 이외의 발음에 대해서는 우리말에 가장 가까운 발음으로 표기했다.

8. 이집트의 지명은 현대 이집트학에서 통용되는 지명을 사용했으며, 필요할 때는 고대 이집트어·콥트어·그리스어·중세 아랍어 지명을 함께 적었다.

9. 고대 이집트 파라오 또는 여타 고대 그리스 및 서아시아 국가의 왕이나 로마 황제의 경우, 괄호 안의 연도는 모두 재위 기간이다. 기타 인명의 경우, 괄호 안의 연도는 모두 생몰 연도이며 재위 기간을 밝혀야 할 때는 따로 표기했다.

10. 본문에 사용된 '기독교(그리스도교)'는 '가톨릭'과 '개신교'를 모두 포괄하는 용어이며, 성서 구절의 인용과 각 권의 명칭은 기본적으로 대한성서공회의 《성경전서 표준새번역》을 따랐다.

11. 외국어를 함께 표기할 때는 해당 외국어 문자를 괄호 안에 표기했다. 아울러 단행본, 논문집, 작품집, 잡지, 장편소설 등 서적으로 간주할 수 있는 것은 겹화살괄호(《 》)로, 논문과 신문 기사, 예술작품(미술·음악·단편소설·희곡·영화) 등은 홑화살괄호(〈 〉)로 각각 표기했다. 성서의 서명은 겹화살괄호로, 편명은 홑화살괄호로 각각 표기했다. 신화의 경우, 기승전결의 완결된 구조를 갖춘 독립적인 작품으로 간주할 수 있는 것은 겹화살괄호로, 신화소 또는 단편적 서사를 취합해 신화의 전체 내용을 추정해야 하는 상황이라면 홑화살괄호로 각각 표기했다.

12. 이 책에 삽입된 성각문자는 성각문자 텍스트 전용 오픈소스 편집기인 JSesh를 사용해 생성했다. JSesh에 대한 더 자세한 정보는 다음 사이트를 참조하라. https://jsesh.qenherkhopeshef.org

# I

## 최초의 소설 《시누헤 이야기》

1장

시누헤의 도주

# 01. "시누헤가 말한다"

**"나는 그의 주인을 따르는 종자." (R2~3)**

이야기의 도입부는 귀족 분묘의 벽면에 새겨졌던 전형적인 자전적 기록의 형식을 따르고 있으며, 시누헤의 직함과 그가 맡았던 직책 등이 중심을 이룬다.

(R1~5) 귀족이자 고관, 아시아인의 땅에 자리한 폐하의 영지 담당관, 폐하께서 총애하시는 왕의 진실한 지인이자 종자,[1] 시누헤가 말한다.[2] 나는 그의 주인을 따르는 종자, 귀족이자 높이 칭

---

1) "왕의 진실한 지인"은 왕을 직접 알현할 수 있는 지위에 있는 궁정 관리를 의미한다.

2) 고대 이집트어로 '자-네헤트'로 발음되는 '시누헤'는 '돌무화과나무의 아들'이라는 뜻이다. 돌무화과나무(sycamore)는 뽕나뭇과에 속하는 열대성 교목(喬木)으로, 이집트에 자생하는 나무 중에서는 드물게 우람하게 자라며 줄기의 무성한 가지가 시원한 그늘을 만들어주는 나무다. 이집트 지역에서 사철 푸르게 자라는 돌무화과나무는 관의 재료로도 사용되었으며, 종교적으로는 성애와 다

송받는 이, 케넴수트에 거하시는 센와세레트 폐하의 대왕비이시며 카네페루에 거하시는 아멘엠하트의 왕녀이자 공경받으시는 여주이신 네페루 마마의 왕실 사저의 궁인이다.[3]

---

산, 풍요와 부활을 관장하는 여신 하토르(Hathor)의 신수(神樹)다.

3) 네페루(Neferu) 공주는 아멘엠하트 1세의 딸이자 센와세레트 1세의 대왕비이며 다음 왕인 아멘엠하트 2세의 어머니다. 케넴수트(Khnemsut)와 카네페루(Qaneferu)는 오늘날의 엘-리시트(el-Lisht) 근처에 조성된 센와세레트 1세와 아멘엠하트 1세의 피라미드 단지를 말한다.

# 02. 아멘엠하트 1세의 죽음

**"신께서 그의 아케트로 오르시다."(R6)**

(R5~11) 치세 30년 범람기 셋째 달 7일[4] 신께서 그의 아케트
로 오르시다.[5] 상·하이집트의 왕 세헤텝이브레 폐하께서 하늘에
오르시어 태양 원반과 하나가 되시고 신의 몸은 그 창조주와 결

---

4) 기원전 1956년 2월 12일로 추정된다.

5) '아케트(akhet)'는 태양(신)이 동쪽 지평선에 뜨기 직전이나 서쪽 지평선으로
진 직후 지평선 아래에서 변신(transformation)의 과정을 거치는 공간이다. 아
케트에서 진행되는 신비로운 변신은 부활과 밀접한 연관이 있다. 왕의 분묘에
서는 왕의 석관이 안치된 묘실(墓室)이 명계(冥界)에 해당한다면, 현실(玄室)
앞에 만든 전실(前室)이 바로 아케트에 해당한다. 현실에서 부활한 왕의 혼은
아케트에서 자신이 원하는 존재로 변신해 영생을 누린다. 이 작품에서 아케트
는 중의적으로 사용되어 변신의 공간과 전실을 모두 가리키는 것으로 판단된
다. 한편, 마치 일지(journal)와 같이 날짜 다음의 첫 번째 사건에는 '~함' 혹은
'~하다'로 번역될 수 있는 서사부정사(narrative infinitive)가 사용되었다. 서사
부정사는 대개 일지와 같은 종류의 실용문에서 자주 발견되는데, 《시누헤 이
야기》 같은 서사문학 작품에서 새로운 사건이 시작되는 서두에서도 찾아볼 수
있다. 각주 13번 참조.

합하셨다. 도성은 침묵에 잠겼고 심장은 비탄에 빠졌으며 두 대문은 잠겼으니,[6] 궁인들은 머리를 무릎에 묻었고[7] 귀족들은 애도했다.

**"매는 자신의 종자들만 거느리고 날아올랐다." (R21~22)**

(R11~22) 한편 폐하께서 체메흐 땅에 군사를 보내시고 폐하의 장자를 그 우두머리로 삼으시니 (그가 바로) 젊은 신 센와세레트이시다.[8] 그가 이방의 나라들을 정벌하시고 유목민을 치러 내려오신 후 이제 체헤누의 포로와 온갖 종류의 짐승을 끝없이 데리고 귀환하실 때[9] 궁의 조신들이 왕태자께 알현실에서 사건이

---

6) "두 대문"은 왕궁의 정문을 의미한다. 왕궁의 정문이 잠겼다는 것은 왕의 알현실로 이어지는 통로가 닫혔다는 의미이며, 왕의 서거라는 비정상적인 상황을 상징적으로 그리고 있다. 두 문의 상징성은 이후 B188~189행에서 다시 등장하는데, 여기서는 시누헤가 귀환을 실감하는 장소로 언급된다. 한편, 작품 속 R9행에서 잠긴 대문은 이후 시누헤가 오랜 망명 생활을 마치고 수도로 돌아올 때 다시 열린다.

7) "머리를 무릎에 묻"는 행위는 이집트인이 애도할 때 취하던 전형적인 자세다.

8) "젊은 신(junior god)"은 죽어서 '위대한 신(senior god)'이 된 아멘엠하트 1세와 대조를 이루는 호칭이다. '위대한 신'은 서거한 왕에게 쓰는 호칭이지만, 아멘엠하트 1세와 센와세레트 1세의 공동통치 시기를 배경으로 하는《시누헤 이야기》에서는 '위대한 신'과 '젊은 신'이 왕과 왕태자를 각각 가리키는 용어로 사용되었다.

발생했음을 알리고자 서쪽으로 (사람을) 보냈다. 전령들이 저물녘에 그에게 이르러 그를 길 위에서 찾아냈다. 그는 조금도 머뭇거리지 않았으며 매는 원정대에게는 알리지 않은 채 자신의 종자들만 거느리고 날아올랐다.[10]

9) "체메흐(Tjemeh)"는 파이윰(Fayum) 호수에서 남쪽으로 누비아에 이르는 서부 리비아의 사막지대를, "체헤누(Tjehnu)"는 파이윰 호수에서 북쪽으로 지중해에 이르는 북부 리비아의 사막지대를 각각 가리킨다. 뒤이은 R29행(B6행)에 묘사된 시누헤의 도주 경로를 고려할 때, 센와세레트가 왕태자의 자격으로 지휘한 이 원정은 삼각주 지역 서쪽 사막에서 진행된 것으로 추정된다.

10) "매"는 왕권의 적법한 계승 문제를 다룬 〈오시리스 신화(Osirian Cycle)〉에서 이상적인 군주 오시리스(Osiris)의 적법한 후계자이자 왕가의 수호신인 호루스(Horus)의 화신으로 여겨졌다. 호루스는 송골매 또는 매의 머리를 한 남신으로 표상되며, 따라서 R21행에 언급된 매는 호루스의 화신인 센와세레트 1세를 뜻한다. 왕위를 계승하기 위해 황급히 도성으로 향한 왕태자의 행보를 매의 비상으로 묘사한 원작자의 절묘한 문학적 감각이 돋보인다.

# 03. 시누헤의 도주

**"이것이 죽음의 맛이구나." (B23=R48)**

여기서부터 작품의 주인공 시누헤에 관한 이야기가 본격적으로 시작된다. 원정에 참여한 왕실 자녀의 시중을 들던 시누헤는 왕궁에서 따로 보낸 전령으로부터 왕이 암살당했다는 소식을 우연히 듣고, 이어 정신이 혼미해진 채 근무지에서 달아난다. 시누헤의 도주 동기는 아래 B6~7행에 간단하게 언급되는데, 자신이 도주한 이유가 무엇이었는지를 모색하고 파악하려는 주인공의 노력은 이후 작품 전체를 관통하는 주제 중 하나가 된다.

(R22~29) 그때 이 원정에서 그의 뒤를 따르던 왕실의 자녀들에게도 (전령이) 보내지니 그중 한 명이 호명될 때 (마침) 내가 시중을 들고 있었다.[11] 그가 말할 때 나는 조금 떨어져서 그의 목소

---

11) 시누헤가 왕실 자녀의 시중을 들고 있을 때 또 다른 전령이 왕자 중 한 명을 불러냈다는 의미다. 아마도 왕위 계승에서 센와세레트 1세와 경쟁하던 세력이 다른 왕자의 즉위를 꾀한 것으로 추정된다.

리를 들었다. (그러자) 심장이 갈피를 잡지 못하며 팔은 늘어지고 사지가 떨리니 숨을 곳을 찾아 펄쩍 뛰어올라 행인과 길이 나뉘는 풀숲 사이로 몸을 숨겼다.[12]

(B5~15) (이윽고) 상류로 올라가다.[13] 이 도성에 올 의도가 없었으니, 소요가 일어날 것으로 생각했고, 폐하 이후로는 내가 살아남을 것이라고 예상하지 않았기 때문이다.[14] 나는 돌무화과 인근의 두 진리 수로를 건너 스네페루의 섬에 도착해 경작지 주변에서 하루를 보냈다.[15] 낮이 되자 출발했고 길 어귀에 서 있는

---

12) 중왕국 시대에 창작된 '재앙문학(catastrophe literature)' 장르에 속하는 《이푸웨르의 경고(Admonition of Ipuwer)》에서 "풀숲 사이"는 도둑들의 은신처로 묘사된다(p. Leiden I 344, 5. 11행). 이런 묘사는 시누헤의 신분이 '종자'이자 '궁인'에서 '도주자'로 급전직하했음을 시각적으로 보여준다.

13) 《시누헤 이야기》에서 주인공의 도주를 묘사한 여정에서는 일지의 형식이 특히 두드러지는데, 한 여정이 끝나고 새로운 여정이 시작되는 대목에는 항상 서사부정사가 사용되었다. 첫 번째 여정에서 시누헤는 나일강 하류 삼각주지대 서쪽에 자리한 리비아의 사막에서 출발해 "상류로", 즉 남쪽으로 이동한 뒤 마침내 다슈르(Dashur) 인근의 경작지에 이른다.

14) 시누헤가 아멘엠하트 1세의 서거 이후 전개될 정국의 혼란과 왕위를 둘러싼 왕실의 분쟁에서 생존하지 못하리라고 생각했다는 의미다.

15) 여러 지명이 잇달아 언급되는데, "돌무화과"는 하토르의 성소를 이르는 지명이었을 것으로 추정된다. "두 진리(Two Truths)"는 멤피스(Memphis)와 다슈르 사이에 자리한 수로를 말한다. 한편, "스네페루의 섬(Sneferu's Island)"에서 '섬'은 주위가 물로 완전히 둘러싸인 땅이 아니라 주변과 구별되는 특정 경작지를 의미한다. 고왕국 시대 제4왕조의 첫 번째 왕인 스네페루(Sneferu, 기원전 2613~기원전 2589년)는 다슈르 지역에 2기의 피라미드를 건설한 것으로 알려졌는데, 여기서는 다슈르 지역에 있는 피라미드 주변의 왕실 직할 영지를 가리키는 것으로 보인다.

한 남자를 만났는데 두려워하며 나를 피했다. 저녁 무렵에는 소 떼의 부두에 다다랐다.[16) 키도 없는 너벅선에 올라 서풍에 의지해 강을 건넜고 채석장의 동쪽, 붉은 산의 여신 위를 지났다.[17)

(B15~19) (이윽고) 하류로 발걸음을 옮기다. 아시아인을 막으려고 세운 군주의 벽에 이르러서는 일직을 맡은 요새 위의 초병이 볼까 두려워 덤불에 웅크렸다.[18)

---

16) "소 떼의 부두(Cattle-Quay)"는 다슈르에서 하루 거리, 즉 30킬로미터쯤 떨어진 곳에 자리한 기자고원(Giza plateau) 인근의 작은 마을이었을 것으로 추정된다.

17) 나일강 서안에서 동안으로 이동했다는 의미다. "키도 없는 너벅선"에 올랐다는 말은 야음을 틈타 아무도 없는 배를 훔쳐 탔다는 뜻이다. 그러나 이집트인이 국가를 종종 배에 비유했다는 사실을 고려할 때 '키도 없는 너벅선'은 왕의 서거 이후 혼란에 빠진 이집트의 상황과 도주하는 신세가 된 시누혜의 처지를 이중으로 상징한다고 볼 수 있다. 한편, 지명으로 사용된 "채석장"은 오늘날의 카이로(Cairo) 서부에 자리한 투라(Tura)의 석회암 채석장을 말한다. 투라 채석장에서 캐낸 석회암은 건축자재와 피라미드의 외장석으로 사용되었다. "붉은 산의 여신(Lady of the Red Mountain)"은 카이로 남동쪽의 무카탐(Muqattam) 언덕을 가리킨다. 이 지명은 오늘날의 '제벨 알-아흐마르(Gebel al-Ahmar, 붉은 산)'라는 지명으로 남아있다. 여기서 '붉은 산의 여신'은 이방의 신이자 채석장과 광산의 수호신인 하토르를 말한다. 시누혜의 이동 경로에는 '돌무화과'나 '붉은 산의 여신'처럼 하토르와 관련된 지명이 등장하는데, 이방의 신이라는 하토르의 신격을 고려할 때 이집트에서 외국으로 이동하는 주인공의 여정을 암시하는 문학적 장치로 보인다.

18) "군주의 벽(Walls of the Ruler)"은 아멘엠하트 1세가 아시아 접경 지역에서 아시아인이 이집트로 유입되는 것을 통제하기 위해 삼각주지대 동쪽으로 약 50킬로미터에 걸쳐 뻗은 와디 투밀라트(Wadi Tumilat) 끝에 세운 요새다.

(B19~23) 땅거미가 질 때 출발하다.[19] 동틀 녘 페텐에 이르렀으며 켐웨르 호수의 섬에 올랐다.[20] 갈증이 찾아와 나를 덮치니 몸은 타들어가고 목은 말라붙었다. 이에 내가, "이것이 죽음의 맛이구나." 하였다.[21]

(B23~28) 마음을 고쳐먹고 몸을 추스르다. 가축 떼의 울음소리가 들리고 아시아인들이 보였다.[22] 그중 한때 검은 땅에 머물렀던 적이 있는 길잡이가 나를 알아보더니[23] 나에게 물을 주고 우유를 끓여줬다.[24] 그와 함께 그의 부족에게로 가니 그들이 잘

---

19) 여기서부터 시누헤는 초병이 볼 수 없도록 밤의 어둠을 틈타 이집트 본토에서 시나이반도로 건너간다.

20) 페텐(Peten)의 정확한 위치는 알려지지 않았지만, 하룻밤 동안 걸어갈 수 있는 거리에 자리한 것으로 보아 '군주의 벽'에서 동쪽으로 30킬로미터쯤 떨어진 곳의 지명으로 추정된다. 켐웨르(Kemwer)는 '거대한 검은 물(Great Black)'이라는 의미인데, 수에즈 운하(Suez Canal)가 지나는 이집트 동북부의 '대염호(大鹽湖, Great Bitter Lake)'를 가리킨다. 소금물로 채워져 있기 때문에 빛깔이 검고 맛이 쓰다고 해서 이런 이름이 붙었다.

21) 작품의 원작자는 "죽음의 맛"을 통해 시누헤가 마침내 국경을 넘는 것을 '작은 죽음'에 비유하고 있다. 오랜 도주와 망명 기간에 주인공이 겪는 상징적인 죽음은 이후 B290~295행에 묘사된 것처럼 귀국 후의 극적인 회춘으로 상쇄된다.

22) "아시아인"은 대개 정착 생활을 하는 시리아-팔레스타인 지역의 부족민을 의미하지만, B26행에 "길잡이"가 등장하는 것으로 보아 여기서는 계절별로 목초지를 따라 이동하는 반유목 생활을 하는 부족을 말하는 것으로 추정된다.

23) "검은 땅(Black Land)"은 이집트인이 자신들의 땅을 일컫는 말 중 하나였다. 한편, 아시아인 길잡이가 이집트에 머물 때 폐쇄된 궁정에서 근무하던 시누헤를 개인적으로 만났을 가능성은 희박하므로 여기서 "알아보더니"는 시누헤가 이집트 사람을 알아봤다는 의미로 보인다.

대해줬다.

---

24) "물"은 B23행의 '죽음의 맛'에 대한 즉각적인 구원이라 할 수 있다. 아시아인
이 제공하는 물은 향후 시누헤가 이 땅에서 누릴 모든 지위와 재산에 대한 복
선이 된다. 목마른 사람에게 물을 주는 것은 이집트인이 반드시 해야 할 선행
중 하나였으며, 시누헤도 B96행에서 "목마른 자에게는 물을 췄"다고 언급한
다. 여기서는 선행의 주체와 수혜자가 뒤바뀌었는데, 도망친 이후 신분이 궁
인에서 도망자로 바뀐 시누헤의 처지를 극명하게 보여준다. 한편, 우유를 끓
이는 것은 우유 속의 미생물을 제거해 우유가 상하지 않도록 하는 조리법이
다. 이런 조리법은《시누헤 이야기》에 소개된 이색적인 아시아 지역의 풍습
중 하나라 할 수 있는데, 이를 통해 고대의 독자들은 시누헤가 마침내 이방에
도착했음을 실감했을 것이다.

# 04. 암무넨쉬와의 만남

**"나와 같이 있으면 좋을 것일세. 그대는 검은 땅의 말을 들을 것이네."**
**(B31~32=R55~56)**

(B28~34) 한 나라를 지나니 다른 나라가 나왔다. 구블라를 떠나 카타누에 이르렀다.[25] 그곳에서 반년을 지낼 때 상례체누의 족장 암무넨쉬가 나를 데려가며 말하기를,[26] "나와 같이 있으면 좋을 것일세. 그대는 검은 땅의 말을 들을 것이네." 하니, 그가 그렇게 말한 것은 그가 내 품성을 알았고 내 슬기로움을 들었으

---

25) 구블라(Gubla)는 오늘날의 베이루트(Beirut) 북부의 지중해 인근에 자리했던 레바논의 항구도시 비블로스(Byblos)를 말한다. 케뎀(Qedem)의 현지 이름은 카타누(Qatanu)였으며, 일반적으로 카트나(Qatna)로 알려졌다. 레바논 동부 산악지대에 자리한 카트나는 메소포타미아와 지중해를 잇는 거점 도시였다.

26) 암무넨쉬(Ammunenshi)는 아모리 부족의 이름으로, "암무 신께서 높임 받으시다"라는 뜻이다.

1장. 시누헤의 도주

며 그와 함께 있던 검은 땅의 사람들이 나를 보증했기 때문이었
다.[27]


　(B34~43) 그가 나에게 (물어) 말하기를, "무슨 연유로 여기까
지 왔소? 그것이 무엇이오? 본국에 무언가가 일어난 것이오?" 하
니 (내가 그에게 대답하기를), "상·하이집트의 왕 세헤텝이브레 폐
하께서 아케트로 돌아가셨습니다. 그로 인해 무슨 일이 일어날
지는 아무도 모릅니다." 하고는 모호하게 말하기를, "체메흐 땅의
원정에서 돌아오는 길에 (그 사실이) 제게 보고되었습니다. 제 마
음은 갈피를 잡지 못했고 제 심장―제 몸속에 있는 것이 그것이
아니었기에 저를 도주의 길로 내몰았습니다.[28] (그러나) 그 누구
도 저를 입에 담지 않았으며 제 얼굴에 침을 뱉지 않았습니다. 저
는 책망하는 언사를 듣지 않았으며 그 누구도 제 이름을 전령의
입에서 듣지 못했습니다.[29] 누가 저를 이 이방으로 인도했는지를


27)　"그와 함께 있던 검은 땅의 사람들"이 이집트 본토에서 파견된 전령일 가능성
　　도 있으나, 그보다는 이집트에서 레체누로 망명한 사람들로 추정된다. 제1중
　　간기(기원전 2160~기원전 2055년)에 내전을 피해 레체누로 망명한 사람들
　　이거나 아멘엠하트 1세의 즉위 당시 전 왕조인 제11왕조에 끝까지 충성하던
　　사람들이었을 것으로 보인다. 이들의 보증으로 시누헤는 암무넨쉬의 신임을
　　얻었으나, 흥미롭게도 시누헤가 이들과 계속해서 교류했다는 정황은 작품 속
　　에서 더는 발견되지 않는다.

28)　여기서 시누헤는 도주를 결정할 당시 고대 이집트인이 기억과 판단, 의도 등
　　을 담당하는 기관이라고 생각한 (정상적인) 심장이 아닌 다른 무언가가 자기
　　몸 안에 들어있었다고 주장하고 있다. 도주를 결정했을 때 자신은 정상적인
　　판단력을 상실한 상태, 요컨대 일종의 심신미약 상태였다는 의미다.

알 길이 없으니, 마치 신의 섭리 같습니다."라고 말했다.[30]

---

29) "책망하는 언사"는 "비천한 언사"를 의역한 것으로, '비난'이나 '중상(中傷)' 또는 '악담'이나 '욕설'을 뜻한다. 한편, "전령"은 왕명을 비롯한 공무와 관련된 소식을 주변국에 전하는 관리이므로 "아무도 내 이름을 전령의 입에서 듣지 못했다."는 말은 이집트 정부가 자신을 수배하는 명령을 내리지 않았으며, 따라서 자신은 죄를 짓고 외국으로 도주한 범죄자가 아니라는 의미다.

30) 여기서 시누헤는 자신의 의지에 따라 외국으로 도망친 것이 아니라 "신의 계획" 또는 "신의 섭리" 때문이었다고 주장하는데, 이런 태도는 B6~7행에서 밝힌 동기와는 상당한 차이를 보인다. 한편, 도주한 이유를 신의 계획으로 돌리는 태도는 이후 B156~157행의 "이 도주를 결정하신 신"이라는 말을 통해 다시 한번 확인된다. 앞서 언급한 것처럼, 도주의 동기를 모색하고 의지와 섭리 사이의 거리를 좁히려는 주인공의 노력은 이 작품 전체를 관통하는 주제 중 하나다.

1장. 시누헤의 도주

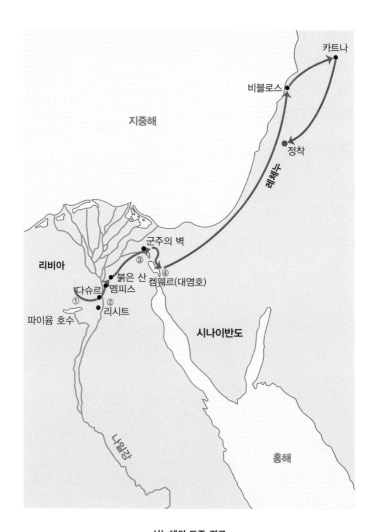

**시누헤의 도주 경로**

시누헤의 도주는 크게 네 단계로 나뉜다. 시누헤는 첫 번째 단계(B5~10=R29~34)에서 서부 리비아의 사막으로부터 '스네페루의 섬'이 있는 다슈르로 도주한다[①]. 두 번째 단계(B10~15=R34~41)에서는 멤피스 인근의 기자에서 너벅선을 타고 '붉은 산'을 통과한다[②]. 세 번째 단계(B15~19=R41~45)에서는 '군주의 벽'을 몰래 우회한다[③]. 네 번째 단계(B19~23=R45~48)에서는 페텐을 거쳐서 '켐웨르', 즉 '대염호'에 이른다[④]. 여기서 사막을 지나 비블로스에 도착하고, 이곳을 지나 카타누, 즉 카트나로 이동해 6개월을 머물다 상례체누의 족장 암무넨쉬를 만난다.

# 05. 센와세레트 1세 찬가

**"성읍(의 백성)은 (그들) 자신보다 그를 더 사랑하니." (B66=R90~91)**

(B43~47) 그러자 그가 나에게 (물어) 말하기를, "그렇다면 역병이 창궐하던 해의 세크메트 여신처럼 그 두려움이 온 이방에 미쳤던 탁월하신 신, 폐하께서 안 계신 그 땅의 형국은 어떻소?" 하니[31] 내가 그에게 (다음과 같이) 대답하기를, "진실로, 그의 아

---

31) 세크메트(Sekhmet)는 태양신의 딸 중 한 명으로, 태양(빛)의 포악한 속성을 상징하는 여신이다. 여성의 몸에 암사자의 머리를 한 모습으로 표상되며, 역병의 신이라는 신격도 가졌다. 사자는 사막을 건너와 나일강의 물을 마시는 습성이 있어서 사막의 속성을 가진 동물로 여겨졌는데, 고대 이집트인은 역병이 사막 또는 하늘에서 온다고 생각했다. 역병은 또한 나일강의 수위가 가장 낮고 태양 빛이 가장 강렬한 6~7월에 집중적으로 발생했는데, 이런 이유로 세크메트가 역병을 퍼뜨리는 신격을 가지게 된 것으로 추정된다. 아울러 본문에서 아멘엠하트 1세는 "그 두려움이 온 이방에 미쳤던 탁월한 신"으로 묘사되는데, 파라오의 용맹함은 종종 세크메트의 포악함과 비교되었다. 일례로, 중왕국 시대에 창작된 왕을 위한 찬가인 《센와세레트 3세 찬가(Hymn to Senwosret III)》1, 7행에서 왕은 "세크메트와 같이 화살을 쏘시는 이"로 묘사되는데, 고대 이집트뿐만 아니라 다양한 문화권에서 화살은 태양 빛을 상징

1장. 시누헤의 도주

드님이 왕궁으로 드시어 부왕의 유산을 상속받으셨소." 하였다.

## 센와세레트 1세 찬가 전반부

도입부에 해당하는 B43~47행 다음부터는 센와세레트 1세에 대한 시누

헤의 장황한 찬가가 본격적으로 시작된다. 찬가를 통해 시누헤는 센와세레

트 1세가 부왕 아멘엠하트 1세에 비견될 만큼 뛰어난 군주라는 사실을 부

각하고자 한다. 센와세레트 1세 찬가 첫 번째 부분에서는 왕의 지혜로움과

전사의 자질이 언급된다.


(B47~56) 그는 버금가는 이 없는 신이시라

그보다 앞서 발현한 이는 없도다.[32]

그는 지혜의 주, 뛰어난 계획과 권능의 명령을 소유하신 이라,

올라감과 내려감이 (모두) 그의 명령에 따른 것이라,[33]

---

하는 동시에 인간이 인지할 수 없을 만큼 빠르게 날아와 목표물을 살상하는
무기라는 점에서 신이 내리는 징벌인 역병(신의 보이지 않는 죽음의 무기)
을 상징한다. 그리스 신화에서 아폴론과 아르테미스가 테베의 왕비 니오베
(Niobe)의 아들딸을 활로 쏴 죽인 이야기와 기원후 3세기경 로마의 디오클레
티아누스(Diocletian, 284~305년) 황제가 재위할 때 화살에 맞아 순교한 세
바스티아누스(Sebastianus)가 전염병의 수호성인이 된 것 등이 대표적인 예
다. 끝으로, 암무넨쉬가 세크메트를 언급했다는 사실은 그가 이집트의 문화
를 비교적 잘 안다는 인상을 주며, 그가 상당히 현실적이고 냉철한 인물이리
라고 추론할 수 있다. 이런 추론은 이후 B75~76행을 통해서도 확인된다.

32)  왕의 신성한 자질은 고대 이집트의 창세신화에서 다른 모든 신보다 앞서 스
     스로 발현한 창조주의 속성에 비유되었다.

33)  "올라감과 내려감"은 이집트의 신민이 취하는 모든 동작을 의미한다. 따라서
     의역하면, (신민이) "손가락 하나 까닥하는 것조차" 정도의 의미다.

부왕께서 왕궁에 계실 때 이방을 제압하는 이가 그이시니,

부왕께서 실현하기로 하신 것을 (이루고) 고하시네,[34]

게다가 그는 자신의 강한 팔로 행하는 승자이시라

대등한 자가 없는 전사이시니,

사람들이 그가 활잡이들을 공격하는 것을 볼 때,[35]

그가 대적자들에게 접근하는 것을 볼 때,

그는 손을 무력하게 하여 예봉을 꺾는 이시니[36]

적들은 군대를 모을 수 없도다.

그는 이마를 쪼개시어 복수를 행하는 이시니[37]

누구도 그 옆에 설 수 없도다.


(B56~65) 그는 도주하는 자들을 칠 때 활보하시는 이,

그에게 등을 보이는 자에게 끝은 없노라,[38]

---

34)  왕위 계승 문제를 두고 발생할지도 모르는 분쟁을 피해 도주한 시누헤는 여
기서 부왕이 부여한 임무를 충실하게 수행하고 보고한 센와세레트 1세야말
로 왕위에 오를 자격이 있는 유일한 계승자라는 점을 강조하고 있다.

35)  "활잡이들"은 이집트 북동부의 아시아인, 다시 말해 시리아-팔레스타인의 거
주민을 말한다.

36)  직역하면 "뿔을 구부리는 자"다. 문맥상 '달려드는 황소의 뿔을 제압하는 자'
정도의 의미로 추정되며, 이에 따라 (공격의) "예봉을 꺾는 이"로 의역했다.

37)  "이마를 쪼개시어"라는 표현은 고대 이집트의 대표적인 무기인 곤봉으로 적
의 머리를 부수는 전사-파라오의 이미지와 조응한다. 파라오가 사로잡은 적
의 머리를 내리치는 이미지는 초기왕조 시대(기원전 3000~기원전 2686년
경) 〈나르메르 화장판(Narmer Palette)〉 이후 그리스 지배기(기원전 332~기
원전 30년)에 이르기까지 왕의 초인적인 자질을 묘사하는 가장 일반적인 모
티프 중 하나였다.

1장. 시누헤의 도주

그는 물리치는 순간 꿋꿋하신 이,

등을 보이지 않을 때 격퇴하시는 이,

그는 대중을 보실 때 심장이 굳센 이,

그의 심장에 태만함을 두지 않으시네,

그는 멈춘 것을 볼 때 대담하게 행하시는 이,[39]

활잡이들을 치시는 것이 그의 즐거움이라,

방패를 들 때가 치실 때이니

살육을 되풀이하지 않으시네,[40]

그의 화살을 피할 자는 없으며

그의 활을 당길 수 있는 자도 없도다,

궁수들이 그의 두 팔을 피해 도주하니

마치 위대한 여신의 현현(顯現)과 같도다,[41]

끝을 헤아리시고 전투에 임하시니

후사를 근심하지 않으시도다,[42]

---

38) 여기에서의 "끝"은 '전투의 끝'을 말한다. 요컨대 도주하는 적을 끝까지 추격해 섬멸하는 왕의 상무적 기질을 언급한다.

39) 자신이 지휘하는 군대가 진군을 멈췄거나 전투가 교착 상태에 빠졌을 때 대담하게 군대를 독려한다는 의미다.

40) "살육을 되풀이하지 않으시네"라는 말은 왕의 첫 번째 공격으로 적들이 몰살당한다는 뜻이다.

41) 전사-파라오의 "두 팔"이 '위대한 여신', 즉 파라오를 수호하는 코브라 여신 '우레우스(Uraeus)'의 권능과 동일시되고 있다. 한편, "위대한 여신의 현현과 같이"는 앞서 B45행의 "역병이 창궐하던 해의 세크메트 여신처럼"을 상기시킨다.

## 센와세레트 1세 찬가 후반부

이후 센와세레트 1세 찬가의 후반부가 시작된다. 전반부가 왕의 지혜로움과 전사의 자질에 초점을 맞췄다면, 후반부에서는 신민을 돌보는 자애로운 왕의 면모가 강조된다. 이처럼 중왕국 시대 왕의 찬가는 일반적으로 전반부에서는 이민족의 침입을 단호하게 물리치는 전사-파라오의 면모를 강조하는 반면, 후반부에서는 이집트인의 사랑을 받는 자애로운 군주의 면모가 강조되는 구조를 취한다. 한편, 왕의 자애로운 면모는 작품 후반부에서 시누헤가 이집트로 돌아와 사면받는 데 있어 핵심적인 자질로 언급된다.


> (B65~70) 그는 온화함의 주, 지극히 감미로운 분이시니
> 사랑으로 지배하시도다,
> 성읍(의 백성)은 (그들) 자신보다 그를 더 사랑하니
> 그들의 신보다 그에 대해 더 기뻐하노라,
> 남녀가 (서로) 앞다퉈 그를 찬미하니
> 그가 왕이시기 때문이라,
> 그는 태중(胎中)에서부터 (왕권을) 취하였으니[43]


---

42) 왕은 언제나 전투의 결과를 미리 내다보고 싸우므로 필연적으로 승리할 수밖에 없으며, 따라서 결과에 개의치 않는다는 의미다. 고대 이집트인은 우주적 질서를 지상에 구현하는 파라오에 대항하는 적은 창조주의 질서를 어지럽히는 혼돈의 세력이며, 따라서 필연적으로 패배할 수밖에 없다고 믿었다.

43) 직역하면, "알 안에서 그는 취했다."가 된다. R21행에서처럼 여기서 왕은 '매'에 비유된다.

1장. 시누헤의 도주

나신 후에도 그것을 염두에 두셨도다.[44]

그와 함께 태어난 이들은 많으나

그는 신이 내리신 독보적인 이라.[45]


센와세레트 1세에 대한 찬가를 끝낸 시누혜는 시리아-팔레스타인은 새로운 왕이 즉위한 이집트와 더욱 긴밀한 외교 관계를 맺어야 한다고 제안하면서 암무넨쉬의 질문에 대한 자신의 답변을 마무리한다. 앞서 찬가를 통해 전사-파라오라는 왕의 자질과 면모를 강조한 시누혜가 이집트 왕은 국경 북부 지역을 무력으로 정복할 의도가 없다고 확언했다는 점이 이채롭다.


(B70~75) 그가 다스리기 시작한 이 땅은 얼마나 흥에 넘치겠소? 그는 국경을 넓히는 분이시오. 남쪽의 땅은 취할 것이나 북쪽의 이방은 도모하시지 않을 것이오. (그러나) 활잡이들을 치시고 사막을 걷는 자들을 짓밟으실 가능성은 있소.[46] 그에게 전갈을 보내 멀리서 폐하의 문안을 여쭙는 자로서 그대의 이름을 아

---

44) 문장 전체의 의미는 왕이 태어나기 전부터 신성한 왕권을 자신의 권리로 취했으며, 태어난 후에도 그것을 계속해서 염두에 두고 관리했다는 것이다.

45) 수많은 사람이 왕과 같은 세대에 태어났지만, 신으로부터 주어진 존재는 왕이 유일하다는 의미다.

46) 앞선 B72행에서 시누혜는 암무넨쉬에게 센와세레트 1세가 "남쪽의 땅", 즉 누비아 지역은 공격해 복속시킬 테지만 "북쪽의 이방", 즉 시리아-팔레스타인 지역은 무력으로 차지하려 하지 않으리라고 단언한다. 하지만 체계적인 정복전은 아니더라도 상황에 따라서는 시리아-팔레스타인 지역에 거주하는 정착민, 즉 "활잡이들"과 "사막을 걷는 자들", 다시 말해 '사막의 유랑민'을 상대로 군사적인 조치를 할 수도 있음을 경고한다.

시게 하시오. 자신에게 충성스러운 이방에 호의를 보이시지 않는 경우는 절대로 없을 것이오."[47]

---

47) R91행에는 필사본 B에 없는 행이 첨가되어 있다. 번역하면, "그[센와세레트 1세]는 그의 아버지가 했던 것을 그대에게 할 것이오."이다. 이것은 암무넨쉬가 센와세레트 1세에게 사절단을 파견해 우호적인 관계를 맺는다면 이집트와 레체누는 부왕이었던 아멘엠하트 1세 치세와 마찬가지로 평화로운 관계를 유지할 수 있을 것이라는 조언이다.

1장. 시누헤의 도주

# 아멘엠하트 1세는 암살당했나?

고대 서아시아의 전제군주와 마찬가지로 고대 이집트에서 파라오의 지위와 권력은 한마디로 절대적이었다. 파라오는 국가의 최고 통치자로서 행정과 사법을 담당했으며, 최고위 신관으로서 전국의 신전에서 거행되는 모든 의례를 주관했다. 그러나 파라오에게는 고대 서아시아의 전제군주와 크게 다른 점이 하나 있는데, 바로 신성한 왕권에 대한 절대적인 믿음이다. 파라오는 단순히 한 나라의 최고 통치자가 아니라 창조주인 태양신을 대신해 인간 세계에 신적 질서를 구현하고 유지하는 존재였으며, 인간을 대표해 신과 홀로 소통할 수 있는 지상에 현현한 신이었다. 따라서 왕을 시해하는 것은 신을 시해하는 것이었으며, 창조주가 세운 우주적 질서를 파괴하는 상상도 할 수 없는 범죄였다. 그러나 문헌 증거를 통해 이집트에서 왕을 시해하려는 시도가 실제로 여러 차례 일어났다는 사실을 알 수 있다. 왕을 시해하려는 음모를 꾸민 사람은 대부분 왕비나 후궁이었다. 이들은 왕을 제거한 후 자기 아들이 왕위를 계승하도록 음모를 꾸몄으며, 궁정의 유력한 인사나 왕의 측근 관리를 음모에 끌어들이기도 했다.

왕의 시해 음모와 관련한 가장 오래된 기록은 고왕국 시대 제6왕조

페피 1세(Pepy I, 기원전 2321~기원전 2187년) 치세에 작성된 기록에서 발견된다. 당시 왕의 측근이었던 궁정 관리 웨니(Weni)는 아비도스 (Abydos)에 자리한 자신의 분묘에 새겨진 자전적 기록에서 왕비가 연루된 음모에 관해 다음과 같이 언급한다.

> 왕의 사저에서 정비, 거룩한 홀을 쥐신 이에 대한 심문이 비밀리에 이뤄졌다. 폐하께서 (이 사건을) 심리하도록 나를 홀로 내려보내시니 나를 제외하고 거기에는 (다른) 어떤 추밀사(樞密使)-총리대신도 (다른) 어떤 관리도 없었는데, (이는) 내가 탁월했고 폐하의 마음에 내가 깊이 자리 잡았으며 폐하의 마음에 내가 흡족했기 때문이다. (비록) 내 관직이 왕실 소작인 담당관에 불과했으나 한 명의 고관-네켄 (히에라콘폴리스)의 대변인과 함께 홀로 문서를 작성한 사람은 바로 나였다. 폐하께서 내게 심문하시게 한 일을 제외하면 이전에 나와 같은 이가 왕의 사저의 비밀을 심리한 전례는 없었는데, (이는) 폐하의 마음에 (다른) 모든 관리, (다른) 모든 궁인, (다른) 모든 일꾼보다 내가 (더) 탁월했기 때문이다.
>
> – 《웨니의 자전적 기록》, *Urk. I*, 100. 13~101. 7

여기서 웨니는 음모에 관해서는 구체적으로 언급하지 않았지만, 사안의 중대함으로 볼 때 왕비가 연루된 왕의 시해 음모였을 가능성이 높다.

신왕국 시대에도 왕의 시해 음모와 관련된 기록이 풍부하게 전해진다. 제20왕조 람세스 4세(Ramesses IV, 기원전 1153~기원전 1147년)

고전 길라잡이 하나

치세에 작성된 심문 및 재판 기록에 따르면, 왕녀 중 일부가 선왕 람세스 3세(Ramesses III, 기원전 1184~기원전 1153년)를 시해한 후 적법한 후계자인 람세스 4세 대신 정비의 다른 왕자 중 한 명인 펜타웨레트(Pentaweret)를 왕으로 옹립하려는 음모를 꾸미고 이를 실행에 옮겼다. 그러나 람세스 3세는 바로 사망하지 않았고, 음모에 가담한 사람은 모두 체포되어 심문과 재판을 받았다. 이 시해 음모에는 알현실 담당관, 시종, 이재국 관리, 고위 장교 등 상당수의 고위 관리가 연루되었으며, 일단 왕궁 안에서 시해한 직후 반란군이 왕궁 밖에서 군사 쿠데타를 일으킨다는 계획까지 수립되어 있었다. 아울러 시해 음모에 가담한 주술사는 왕실 도서관에서 훔친 주술 파피루스에 따라 흑마술에 사용될 신상을 밀랍으로 만들기도 했다. 체포된 국사범들에게는 가혹한 고문이 행해졌으며 왕족에게는 자살형, 다른 범인들에게는 사형이 선고되었다. 죄가 가벼운 범인들은 코와 귀가 잘리는 형벌을 받았으며, 음모를 알면서도 당국에 고발하지 않는 사람들은 그 배우자에게까지 불고지죄가 적용되었다.

불고지죄와 관련해 후기왕조 시대(기원전 664~기원전 332년)에 창작된 것으로 추정되는 데모틱(Demotic)어 문학작품《앙크셰숑키의 교훈서(Instruction of Ankhsheshonqy)》에서도 재미있는 일화가 발견된다. 이 교훈서의 도입부에는 저자인 앙크셰숑키와 관련한 일화가 소개되는데, 여기에서도 이름이 알려지지 않은 파라오를 시해하려는 음모가 등장한다. 한 궁인이 근위대, 장군, 고위 관리가 연루된 시해 음모가 있음을 왕에게 알린다. 왕은 다음 날 음모에 연루된 사람들을 모두 화형에 처한다. 그리고 지금까지 자신이 믿어왔던 앙크셰숑키를 불고지

죄로 투옥한다. 얼마 후 파라오는 다른 사람은 모두 풀어주지만 앙크세숑키만은 풀어주지 않는다. 낙담한 앙크세숑키는 왕의 허락을 받아 감옥에서 아들을 위한 교훈서를 작성한다.《앙크세숑키의 교훈서》는 왕의 시해 음모 모티프를 교훈서가 쓰인 배경으로 사용했다. 물론 여기서 언급되는 시해 음모는 독자의 주의를 끌려고 마련된 문학적 장치일 뿐이다.

그렇다면《시누헤 이야기》에 언급된 왕의 급작스러운 죽음은 어떻게 봐야 할까? 작품 속에서 왕의 죽음은 아무런 배경 설명도 없이 간략하게만 언급된다.

신께서 그의 아케트로 오르시다.
상·하이집트의 왕 세헤텝이브레 폐하께서 하늘에 오르시어 태양 원반과 하나가 되시고
신의 몸은 그 창조주와 결합하셨다.

－《시누헤 이야기》, R6~8

왕이 예기치 않게 죽었다는 사실은 원정 중이던 왕태자 센와세레트 1세에게 왕실 전령이 파견되는 대목에서 확인된다. 이집트에서는 왕의 서거를 앞둔 시점에서 왕태자가 원정을 위해 왕궁을 떠나는 일은 있을 수 없다. 〈오시리스 신화〉에 따르면 호루스는 세트(Seth)에게 살해당한 선왕 오시리스에 대한 장례를 치른 후 적법한 왕이 된다. 이집트에서는 왕의 장례를 치르는 자가 적법한 후계자가 될 수 있었다. 센와세레트 1세로서는 만일 제때 귀국하지 못한다면 다른 왕자가 왕

위에 오를 수도 있는 급박한 상황에 놓인 것이다. R21행에서 센와세레트 1세가 말 그대로 날아오른 것—"매는 날아올랐다."—은 그런 이유 때문이었다. 아멘엠하트 1세의 암살과 관련해 이런 정황 증거만 존재하는 것은 아니다. 《시누헤 이야기》와 거의 같은 시기에 창작된 것으로 추정되는 《아멘엠하트 1세의 교훈서(Instruction of Amenemhat I)》에서는 암살당한 왕이 유령이 되어 아들 센와세레트 1세의 꿈에 나타나 훌륭한 왕이 되는 데 필요한 조언을 한다. 꿈에 나타난 선왕의 유령은 자신이 암살당했음을 분명히 밝힌다.

저녁을 물린 뒤라 밤이 되었다. 나는 쾌락의 시간을 가졌고 노곤해져 침대에 누웠다. 내 심장이 잠을 따르기 시작했는데 (갑자기) 위호(衛護)의 병기가 (되레) 나를 겨누므로 나는 사막의 뱀처럼 행동했다. (의식이) 돌아와 싸우려고 정신을 차려보니 그것이 근위병의 일격임을 알았다. 내가 병기를 재빠르게 잡았더라면 겁쟁이들이 혼비백산 뒷걸음치게 할 것이었으나 밤에 강한 자 없으며 홀로 싸울 수 없고 조력 없이 성공할 수도 없는 법이다. 보라, 네가 없을 때, 내가 너에게 (왕위를) 양도한다는 말을 궁인들이 아직 듣지 않았을 때, 내가 너와 함께 앉아 너의 일을 아직 도모하지 않았을 때 이런 일이 일어났으니, 이는 내가 그것에 방비하지 않았고 숙려하지도 않았으며 종들의 불충에 괘념하지도 않았기 때문이다.

　　　　　－《아멘엠하트 1세의 교훈서》, *p. Millingen*, I. 10~II. 5

아멘엠하트 1세의 유언과 같은 이 교훈서의 말을 액면 그대로 믿는다면 왕은 침소에서 "위호의 병기"를 자신에게 휘두른 근위병에게 살해되었다. 근위병 같은 왕의 최측근이 왕을 시해했다는 사실은 이것이 왕실 내부, 특히 람세스 3세의 사례에서처럼 왕실 사저의 왕녀들이 개입했을 가능성을 강력하게 암시한다. 이런 추정은《시누헤 이야기》를 통해서도 어느 정도 뒷받침된다. 센와세레트 1세의 원정을 수행하던 주인공 시누헤는 궁성에서 발생한 아멘엠하트 1세의 시해 소식을 듣고 독자가 쉽게 이해할 수 없는 반응을 보인다.

> 그때 이 원정에서 그의 뒤를 따르던 왕실의 자녀들에게도 (전령이)
> 보내지니 그중 한 명이 호명될 때 (마침) 내가 시중을 들고 있었다.
> 그가 말할 때 나는 조금 떨어져서 그의 목소리를 들었다. (그러자) 심
> 장이 갈피를 잡지 못하며 팔은 늘어지고 사지가 떨리니 숨을 곳을
> 찾아 펄쩍 뛰어올라 행인과 길이 나뉘는 풀숲 사이로 몸을 숨겼다.
>
> - 《시누헤 이야기》, R22~29

이 진술에 따르면 아멘엠하트 1세가 시해되었다는 소식은 왕태자인 센와세레트 1세 이외의 다른 왕자들에게도 전달되었으며, 이들 중한 명은 전령에게서 무언가 아주 비밀스러운 메시지를 듣는다. 그리고 이것을 우연히 엿들은 시누헤는 두려움에 몸을 떨면서 원정대에서몰래 빠져나와 일생에 걸친 도주와 망명 생활을 한다. 시누헤가 들었던 내용은 무엇일까?

단정할 수는 없지만, 왕의 시해를 완수한 왕비나 후궁이 자기 아들에게 무언가를 지시하는 내용이 아니었을까? 그 내용은 시누헤를 그

가 그렇게 사랑하던 이집트를 떠나 시리아-팔레스타인 지역을 떠돌게 할 만큼 무시무시하지 않았을까? 더구나 당시 시누헤는 왕실 사저의 궁인이었다. 요컨대 시누헤는 왕실 사저 내의 역학관계나 음모와 관련된 정보를 누구보다 잘 파악할 수 있는 위치에 있었으며, 따라서 전령이 전한 메시지의 의미를 바로 파악할 수 있었을 것이다.

《시누헤 이야기》와 《아멘엠하트 1세의 교훈서》에 묘사된 국왕 시해 사건이 왕비나 후궁의 음모였다면, 결과적으로는 실패한 음모였다. 왜냐하면 아멘엠하트 1세는 살해당했지만, 자신이 수립한 공동통치(co-regency)라는 제도 덕분에 왕위는 대왕비 네페리타체넨(Neferitatjenen)의 아들 센와세레트 1세가 '무사히' 승계했기 때문이다. 나를 비롯한 많은 학자가 아멘엠하트 1세는 누군가에게 살해되었다고 본다. 《시누헤 이야기》와 《아멘엠하트 1세의 교훈서》가 허구를 다루는 문학작품이고, 더구나 이들은 체제를 찬양하기 위해 창작된 어용문학이라는 점은 분명하지만, 아무리 그렇다 하더라도 만일 왕이 실제로 살해되지 않았다면 왕의 시해라는 극단적인 주제를 문학적 모티프로 다루지는 못했을 것이기 때문이다.

특히 《아멘엠하트 1세의 교훈서》는 센와세레트 1세 치세에 활약했던 서기관 케티(Kheti)가 창작한 것으로 알려졌는데, 센와세레트 1세는 이 교훈서를 통해 부왕의 시해 사건을 왕권 계승의 정당성을 강화하는 전화위복의 기회로 삼으려 했던 것으로 보인다. 아멘엠하트 1세의 시해 사건이 사실이든 아니든 왕의 시해 이야기는 이후 끈질기게 전승되면서 마침내 고대 그리스의 역사 저술가인 헤로도토스(Herodotus, 기원전 484~기원전 425년)에게도 전해졌으며, 그는 자신의 저서《역사(Histories)》에서 아멘엠하트 1세의 시해 사건을 다음과 같이 기술했다.

> 신관들에 따르면, 아이깁투스 왕 세소스트리스는 귀국할 때 그가 정복한 나라들에서 수많은 포로를 데리고 왔다. 그리고 세소스트리스가 펠루시움의 다프나이에 도착했을 때, 그의 원정 기간 중 아이깁투스의 통치권을 위임받았던 그의 아우가 그에게 연회를 베풀며 그의 아들들도 함께 초대했다. 그러나 그와 그의 아들들이 왔을 때, 그의 아우는 집 밖에 장작을 빙 둘러쌓고 불을 질렀다. 세소스트리스는 어떤 일이 벌어지고 있는지 알고는 즉시 아내에게 조언을 구했다. 그는 아내도 함께 데려갔던 것이다. 그러자 그의 아내는 그의 여섯 아들 가운데 두 아들을 화염 위에 누이면 나머지는 그들을 다리처럼 밟고 탈출할 수 있다고 조언했다. 세소스트리스는 그렇게 했고 비록 두 아들은 불타 죽었지만, 나머지 아들들은 아버지와 함께 탈출할 수 있었다.

– 헤로도토스,《역사》, 2. 107

여기서 "세소스트리스(Σέσωστρις, Sesostris)"는 지방 호족들을 억누르고 왕권을 크게 강화하면서 중왕국 시대 제12왕조를 번영으로 이끈 센와세레트 3세(Senwosret III, 기원전 1870~기원전 1831년)를 말하는 것으로 추정된다. 이 '세소스트리스'는 신왕국 시대 제19왕조의 람세스 2세(Ramesses II, 기원전 1279~기원전 1213년)와 함께《역사》를 비롯한 그리스-로마 시대의 고전 문헌에서 '강력한 파라오'의 대명사로

고전 길라잡이 하나

사용되었다. 헤로도토스의 이야기는 아멘엠하트 1세의 시해 사건보다 〈오시리스 신화〉의 서사구조를 상기시킨다. 따라서 헤로도토스가 페르시아의 지배(후기왕조 시대 제27왕조, 기원전 525~기원전 404년)를 받던 이집트를 방문했던 기원전 480년경 신관들이 그에게 전한 이야기는 〈오시리스 신화〉와 왕의 시해와 관련된 이런저런 전승을 모두 반영한 것이라 할 수 있다.

아멘엠하트 1세의 시해 사건은 고대 이집트의 역사를 집대성한 그리스 지배기의 신관인 마네토(Manetho, 생몰년도 미상)의 역사서 《아이깁티아카(Aegyptiaca)》에서 단 두 줄로 언급된다. "아멘네메스 [Ammenemes, 아멘엠하트 1세] 38년. 그는 자신의 환관에게 살해당했다."[48]

역사에서 아멘엠하트 1세는 제11왕조의 마지막 왕 몬투호텝 4세 (Mentuhotep IV, 기원전 1992~기원전 1985년)의 총리대신이었던 것으로 추정한다. 몬투호텝 4세의 할아버지인 몬투호텝 2세(Mentuhotep II, 기원전 2055~기원전 2004년)는 고왕국 시대(기원전 2686~기원전 2160년)가 몰락한 이후 거의 80년 동안 지속되었던 제1중간기의 혼란을 끝내고 이집트를 다시 통일해 중왕국 시대를 연 인물이다. 남부의 중심 도시 테베(Thebes) 근처의 콥토스(Koptos)에서 홍해까지 연결된 건천(乾川, wadi) 통로였던 와디 함마마트(Wadi Hammamat)의 채석장지대인 하트눕(Hatnub)에 새겨진 기록에 따르면, 총리대신 아멘엠하트

---

48) "Ἀμμανέμης, ἔτη λή, ὃς ὑπὸ τῶν ἰδίων εὐνούχων ἀνῃρέθη." Waddell Fr. 34.3=Verbrugghe/Wickersham F2a, XII. 2.

가 왕의 석관에 사용할 석재를 구하려고 원정대를 이끌고 건천을 방문했을 때 마침 큰 비가 내려 깨끗하게 씻긴 석재가 스스로 모습을 드러냈다고 한다.

이 '기적'의 진위는 알 수 없지만 총리대신이 신의 총애를 받는 비범한 인물임을 보여주는 일화라는 것은 분명하다. 아멘엠하트가 어떻게 왕위를 계승했는지는 분명하지 않다. 왕위 계승 직후 반란을 암시하는 기록이 남아있는 것으로 보아 통일 후에도 상당한 권력을 보유하던 일부 지방 호족이 반발했던 것으로 추정된다.

아멘엠하트 1세는 왕위에 오른 후 담수호인 파이윰 호수 근처에 새 수도인 이취타위(Itj-tawy)를 세우고 이 지역을 개간하는 등 내치에 힘쓰는 한편, 고왕국 시대 이후 처음으로 조직적인 군대를 시리아-팔레스타인 지역으로 파견해 이집트의 군사적 팽창을 시도했다. 또한 이집트와 시리아-팔레스타인을 잇는 이집트 동북부 국경지대에 방어를 위한 군사 기지인 '군주의 벽'을 건설했다. 이와 같은 노력에도 불구하고 제12왕조 초기의 정국은 여전히 불안했던 것으로 추정되며, 왕의 암살도 불안한 내정과 무관하지 않아 보인다.

새 왕조의 정통성을 강화하기 위해 왕권의 중요성을 강조하는 문학작품이 여럿 창작되었는데 그중 하나가 재앙문학의 대표적인 작품 중 하나인 《네페르티의 예언(Prophecies of Neferti)》이다. 작품의 화자인 예언자 네페르티는 이집트 남부에서 한 왕이 출현해 아시아의 침략자들을 몰아내고 이집트를 다시 안정과 번영으로 이끌 것이라고 예언한다. 여기서 새롭게 등장할 왕의 이름이 바로 아멘호텝 1세의 축약형이라 할 수 있는 아메니(Ameny)다.

남쪽에서 왕이 오실 것이니 아메니 진실한 목소리가 그 존명이시라.

활의 땅의 여인의 아들이시며 네켄 가문의 후손이라.

그분은 백색관을 취하실 것이며 적색관을 들어 올리리라.

그분은 그들의 염원대로 두 힘을 하나로 합칠 것이며 두 주(主)를 만족시키리라.

들판의 측량줄을 쥐고 계실 것이며 노(櫓)를 저으시리라.

......

아시아인은 그의 살육에 쓰러질 것이며, 리비아인은 그의 화염에 쓰러지리라.

......

군주의 벽이 건설될 것이니,

아시아인을 검은 땅으로 오게 하는 일이 없으리라.

청원자들의 처신대로 그들의 가축에게 물을 먹이기 위해 물을 구걸하리라.

마아트가 제자리로 돌아올 것이며 이제페트는 축출되리라.

– 《네페르티의 예언》, *p. Leningrad 116B*, 57~60, 63~64, 66~69

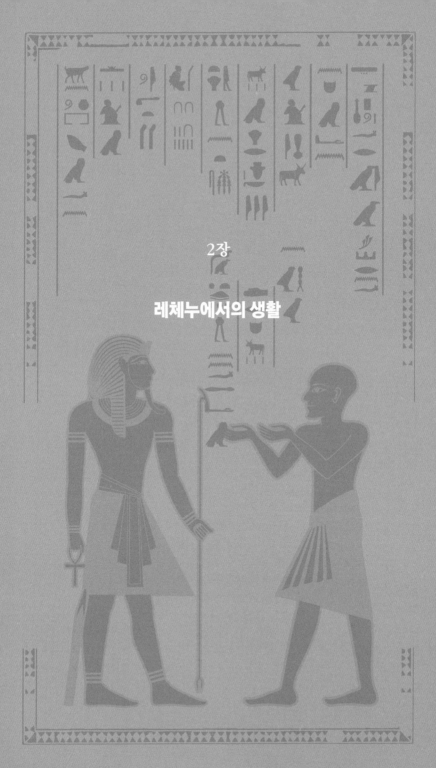

2장

레체누에서의 생활

# 06. 레체누에서의 정착

**"그곳은 매우 실한 땅으로 이름은 이아아였다." (B81=R108~109)**

B81~92행에서 시누헤는 풍요로운 이아아를 자신만의 작은 이집트로 가꾸고 다스리고자 하며, B92~97행에서는 이집트의 귀족이라면 누구나 따라야 할 행동규범에 따라 선한 일을 행한다. 그리고 B97~109행에서는 파라오와 같은 방식으로—다시 말해 이집트식 교전 방식으로—전쟁에 임한다. 요컨대, 시누헤는 외국에서 오랫동안 망명 생활을 하면서도 이집트인의 세계관을 변함 없이 유지·적용·실천한다.

(B75~77) 그러자 그가 나에게 말하기를, "그가 강건한 것을 알고 있으니 이집트는 분명 평안하겠소이다.[49] 보시게, 그대는 여

---

49)  시누헤의 장황한 찬가와 (다소 주제넘은) 조언에 비해 암무넨쉬의 대답은 무례할 정도로 간결하다. 이를 통해 이집트에 대한 애착을 아직 버리지 못한 시누헤에 비해 암무넨쉬가 매우 현실적이고 냉철한 성격의 소유자임을 알 수 있다.

기 있으니 나와 있을 것이오. 내가 그대를 위해 하는 일은 (모두) 좋을 것이오." 하였다.

(B78~92) 그는 나를 자신의 자녀들(보다) 앞에 두었고 자기 장녀와 혼인시켰다.[50] 다른 땅과 국경을 마주한 자신의 영토 중에서, 그리고 자신이 소유한 것 중에서 가장 좋은 것을 내가 직접 선택할 수 있게 해줬다. 그곳은 매우 실한 땅으로 이름은 이아 아였다.[51] 그곳에는 무화과나무와 포도나무가 있었으며 포도주

---

50) 이름이 밝혀지지 않은 암무넨쉬의 장녀는 처음이자 마지막으로 이 행에 등장한다. 한편, "혼인시키다"는 "정박시키다" 또는 "동여매다"의 의역이다. 시누헤는 암무넨쉬의 장녀와 결혼함으로써 레체누 지역에 본격적으로 정착하는데, 이는 《구약성서》〈출애굽기〉 2장 21절에서 미디안(Midian) 부족의 제사장 이드로(Jethro)가 자신의 장녀인 십보라(Zipporah)를 이집트에서 도주한 모세(Moses)와 혼인시키는 사건을 상기시킨다.

51) "이아아(Iaa)"의 표기에 사용된 의미한정사를 고려할 때 고대 이집트어로 '이아르' 또는 '이아아'로 발음되는 '갈대'를 염두에 둔 것으로 보인다. 따라서 이 지명이 '골풀이 무성한 지대'를 의도한다고 추정할 수 있다. 그러나 후대의 필사본에서 발견되는 또 다른 표기법을 고려할 때 앞선 표기법이 단순히 셈어 지명에 대한 창작자 또는 필사자의 자의적인 해석일 가능성도 제외할 수 없다. 외국의 지명을 수록한 후대의 목록에도 등장하지만, 역사적으로 존재했던 지역인지 아닌지는 확실하지 않다. 실제 발음은 '알랄라' 정도였을 것으로 추정된다. 한편, 모든 것이 풍족한 이아아 지역에 대한 시누헤의 묘사는 《난파당한 선원》 47~56행에서 주인공인 선원이 표류한, 모든 것이 갖춰진 풍요로운 섬을 연상시킨다. "소인은 무화과와 포도, 온갖 좋은 채소를 발견했습니다. 익은 돌무화과나무와 익지 않은 돌무화과나무가 거기 있었고 멜론도 마치 경작된 것처럼 있었습니다. 그곳에는 물고기와 함께 새도 있었습니다. 그 안에는 없는 것이 없었습니다. 소인은 배를 채웠으며 두 팔로 들기에 (너무) 많아 (일부는) 땅에 내려놓아야 했습니다. 소인은 부지깽이를 들어 불을 피웠으며 신께 번제를 바쳤습니다."

가 물보다 더 흔했다. 꿀이 풍부했고 올리브나무도 많았으며 나무에는 온갖 과일이 매달려 있었다.[52] 보리와 밀이 자랐으며 온갖 종류의 가축은 수를 셀 수 없었다. 양자로서 내게 돌아오는 몫이 상당했는데 (이는) 그가 나를 자신의 영토 중 가장 좋은 곳에 사는 부족의 족장으로 삼았기 때문이다.[53] 음식과 포도주, 목초지의 가축 이외에도 익힌 고기와 구운 새고기가 날마다 제공되었으며, 사냥에서 얻은 것과 내 개들이 잡아 온 것도 내게 제공되었다.[54] 많은 단 것과 우유가 나를 위해 온갖 요리로 만들어졌다.[55]

(B92~97) 여러 해를 보내고 나니 자식들이 장성해 제가끔 자

---

52) 이아아에 무화과, 포도, 올리브 등과 같은 과일이 풍부하다는 시누헤의 설명은 《구약성서》〈민수기〉 13장 23절에서 모세가 보낸 정탐꾼들이 가나안 지역의 풍요를 실감하는 부분, 즉 "그들은 에스콜 골짜기에 이르러, 거기에서 포도 한 송이가 달린 가지를 꺾어서, 두 사람이 막대기에 꿰어 둘러메었다. 석류와 무화과도 땄다."와, 13장 27절에 언급된 "젖과 꿀이 흐르는 곳"이라는 유명한 묘사, 즉 "우리에게 가라고 하신 그 땅에, 우리가 갔었습니다. 그 곳은 정말 젖과 꿀이 흐르는 곳입니다. 이것이 바로 그 땅에서 난 과일입니다."를 상기시킨다.

53) 시누헤가 레체누에 정착하면서 누린 모든 혜택의 이유를 집약적으로 설명한다.

54) 시누헤도 다른 부족민과 함께 사냥에 참여했음을 암시한다. 한편, 귀족 분묘의 벽화를 통해 이집트 귀족도 사냥개와 함께 사막에서의 사냥을 즐겼다는 사실을 알 수 있다.

55) 달콤한 재료와 우유를 사용해 후식을 만드는 풍습은 지금도 이 지역에 남아 있는데, 본문에서는 시누헤의 이국적인 생활을 강조하기 위해 언급된 것으로 보인다. 한편, 우유에 대한 언급은 B26~27행의 "나에게 물을 주고 우유를 끓여줬다."를 연상시킨다.

2장. 레체누에서의 생활

기 부족을 다스렸다. 본국을 오가는 전령들이 내 집에 머무니[56] 이는 내가 모든 이를 머물게 했고 목마른 자에게 물을 줬기 때문이다. 나는 길을 잃은 자에게 길을 일러줬으며 약탈당한 자를 구해냈다.[57]

(B97~109) 아시아인이 대담해져 이방의 족장들에게 대항하므로 그 레체누 족장이 여러 해 내게 그의 군대를 모으게 하니 내가 그들의 움직임을 논했다.[58] 내가 떠나간 모든 땅마다 일단 내가 공격을 감행하자 그곳의 목초지와 우물에서 쫓겨났다. 나는 그곳의 가축을 약탈했고 그곳의 주민을 데려왔으며 그들의 식량을 빼앗았다. 나의 강한 팔과 활과 진법(陣法)과 뛰어난 계략으로 나는 그곳 사람들을 죽였다.[59] 그가 보기에 내 쓸모가 크니 내 용

---

56) 이집트를 오가는 전령이 꾸준히 그의 집에 머물렀다는 말은 시누헤가 계속해서 이집트와 간접적으로 접촉했을 가능성을 시사한다.

57) 레체누에 확고하게 정착한 뒤부터 시누헤가 이집트의 도덕규범에 따라 귀족이라면 응당 행해야 할 선행을 했다는 내용이다. "목마른 자에게 물을 주"는 것과 같은 행위는 귀족의 분묘에 새겨진 자전적 기록에 관례적으로 등장하는 선행이다. 이것은 《시누헤 이야기》가 분묘의 자전적 기록 형태로 작성되었다는 점을 상기시키는 동시에, B150~153행에 언급된 선행과도 조응한다. 외국에 머물면서도 이집트의 사고방식과 가치를 고수하는 태도는 레체누에 자신만의 이상향, 즉 '이방에서의 작은 이집트'를 구축하려는 시누헤의 의도를 드러낸다. 이런 의도는 B97~109행에서 시누헤가 마치 전사-파라오와 같은 모습으로 전쟁을 수행하는 장면을 통해 더욱 분명해진다.

58) "그들의 움직임"에서 '그들'은 가장 가까운 명사인 '이방 족장들'로 추정된다. 시누헤가 암무넨쉬가 소집한 군대의 움직임, 다시 말해 전략 등을 조언했다는 의미다.

맹함을 알고 나를 귀하게 여겼고 내 두 팔의 강건함을 본 연후에 나를 자신의 자녀들(보다) 앞에 뒀다.

---

59) 여기에 묘사된 시누헤의 뛰어난 전투 수행 능력은 앞서 R15~16행에 묘사된 센와세레트 1세의 무훈을 상기시킨다. 이집트의 세계관에 따르면 이상적인 왕은 이집트의 수호자로서 외적에게 공포심을 불어넣을 수 있는 전쟁 수행 능력을 가져야 했으며, 적을 섬멸하는 왕의 전사적 기질은 이집트 귀족이 전쟁터에서 따라야 할 귀감이었다. 시누헤도 현지 족장의 군대를 지휘하면서 군사적으로 큰 성공을 거두는데, 이때 그는 이집트의 왕이 전투에서 행한 것을 그대로 답습한다. 특히 B103~106행에서 "나는 그곳의 가축을 약탈했고 그곳의 주민을 데려왔으며 그들의 식량을 빼앗았다. 나의 강한 팔과 활과 진법과 뛰어난 계략으로 나는 그곳 사람들을 죽였다."는 시누헤의 증언은 센와세레트 3세가 재위 16년 누비아 제2급류 남쪽의 셈나(Semna)에 세운 경계비, 즉 《셈나 경계비(Boundary Stela of Semna)》 12~14행에 묘사된 파라오의 전투 수행 방식과 놀라울 만큼 유사하다. "나[왕]는 그들의 여인을 약탈했으며 그들의 식솔을 데려왔노라. 그들의 우물로 갔으며 그들의 소를 죽이고(치고), 그들의 보리를 베고 거기에 불을 질렀노라."

2장. 레체누에서의 생활

# 07. 시누헤와 레체누 용사의 결투

**"진실로, 저는 다른 무리 사이에 있는 야생 황소라서"**
**(B117~119=R142~143)**

(B109~113) 레체누의 장사가 와서 내 천막에서 나와 대거리했다. 그는 버금가는 이 없는 용자(勇者)로, 그곳 일대를 복속시켰다.[60] 그는 나와 겨루겠다고 말했고 나를 강취할 요량이었으며 자기 부족의 간언에 따라 내 가축을 약탈할 생각이었다.[61]

(B113~127) 그 족장이 나에게 상의하기에 내가 말하기를,[62]

---

60) "용자"는 "앞으로 나서는 자"를 의역한 것이다. 두 진영이 결투할 때, 각 진영을 대표해 앞으로 나서는 사람을 뜻한다. 이후 B123행에 같은 의미로 다시 등장한다.

61) 레체누 용사가 시누헤에게 도전하는 것을 《구약성서》 〈사무엘 상〉 17장 21~58절에 언급된 다윗과 골리앗 이야기의 원형으로 보는 견해도 있다.

"저는 그를 모릅니다. 제가 대체 그의 동료라도 되어 그의 진영을 활보합니까? 그의 (천막) 뒷문을 열어보거나[63] 방책을 넘어뜨리기라도 했습니까? 이것은 제가 그의 일을 하는 것을 그가 보고 악의를 품었기 때문입니다.[64] 진실로, 저는 다른 무리 사이에 있는 야생 황소라서 (그) 무리의 우두머리 황소가 공격하려 하고 거세한 황소들이 달려듭니다.[65] 우세한 자만큼 사랑받는 열등한 자가 있습니까?[66] 활에 속한 자는 갈대에 속한 자와 화친하지 않는 법입니다.[67] 누가 파피루스를 산에 심습니까? 황소는 싸우려

---

62) 여기서 "그 족장"은 시누헤를 양자로 삼은 암무넨쉬다.

63) '뒤' 또는 '후방'을 의미하는 단어가 사용되었으나 정확한 의미는 알 수 없다. 다만 천막의 뒷부분, 즉 '뒷문'으로 추정된다. 천막의 뒷문을 열었다는 것은 천막 주인의 개인적인 공간 또는 여성이 거주하는 공간을 침범했다는 의미다.

64) "그의 일"이라는 표현을 통해 레체누 용사가 시누헤의 무훈을 원래 자신이 이뤘어야 할 업적으로 생각한다는 것을 알 수 있다. 한편, "악의"는 "대적하는 마음" 또는 "기울어진 마음"을 의역한 것이다. "질투심"으로 대체할 수도 있다.

65) 시누헤는 자신을 방랑하는 "야생 황소"에 비유하고 있는데, 이런 논리에 따르면 "다른 무리"는 레체누의 아시아인을 의미한다. 아울러 "우두머리 황소"는 '야생 황소'인 시누헤에게 도전한 레체누 용사를, 원래는 긴 뿔을 가진 비육우(肥肉牛)를 가리키는 "거세한 황소"는 레체누 용사를 따르는 전사 무리를 각각 뜻한다.

66) "열등한 자"는 '우두머리' 또는 '감독관'을 뜻하는 "우세한 자"와 대비되는데, 각각 시누헤와 레체누 용사를 의미한다. 또는 '열등한 자'를 이방인인 시누헤, '우세한 자'를 이방에서 성공함으로써 질투의 대상이 된 시누헤로 보는 견해도 있다.

67) "활에 속한 자", 즉 '활을 다루는 자'는 활로 무장하고 사막을 방랑하며 사냥이나 약탈을 생계로 삼는 남부 사막 유목민을, "갈대에 속한 자", 즉 '습지에 거주하는 자'는 비옥한 북부 삼각주지대에서 농경에 종사하는 농경 정착민을 각각 의미한다. 여기서 시누헤는 아시아인과 이집트인의 차이를 남부 사막

---

2장. 레체누에서의 생활

하는데 (어떤) 싸움소가 그를 대적하는 소가 무서워 뒷걸음질한
단 말입니까?[68] 그가 싸우고자 한다면 그 마음속에 품은 것을 말
하게 하면 됩니다.[69] 신께서 자신이 정하신 바를 알지 못하겠습
니까, (아니면) 그것이 어떤 상황인지 알고 계시겠습니까?"


(B127~135) 활에 시위를 얹고 화살을 쏘고 단검을 시험해보고
병장기를 닦으니 밤이 지나갔다. 날이 밝자 (온) 레체누가 부족
을 몰고 왔으며[70] 이 싸움을 염두에 두고 주변의 부족을 불러 모

---

유목민과 북부 농경 정착민의 극명한 차이에 빗대고 있다. 각각 다른 장소에
속한 사람들의 서로 다른 성격 또는 처지의 비교는 R65~66행에서도 시도된
바 있다.

68) 이 부분을 "황소는 싸우려 합니까? 아니면 싸움소는 그를 대적하는 소가 무
서워 뒷걸음질하려 합니까"로 보는 견해도 있으나 위의 번역이 더 타당해 보
인다. 번역문의 의미는 '힘과 기량이 비슷한 상대를 굳이 피할 필요가 없다'
정도인데 이와 같은 시누혜의 확신 또는 자신감은 B125행에서 이어지는 말,
즉 "그가 싸우고자 한다면 그 마음속에 품은 것을 말하게 하면 됩니다."를 통
해 더욱 분명하게 드러난다. 한편, 이 문장은 "그의 마음이 싸움을 향해 있다
면 그가 그의 심장의 상태를 말하게 하라."를 의역한 것이다.

69) "그 마음속에 품은 것을 말하게 하면 됩니다."라는 말은 의도를 밝히라는 의
미로, 결투나 전투 전에 상대에게 선전포고하는 고대 서아시아의 풍습을 말
한다. 한편, 《메리카레 왕을 위한 교훈서(Instruction for King Merikare)》
E93~95에는 선전포고도 하지 않고 적을 공격하는 아시아인의 모습이 다음
과 같이 묘사되어 있다. "그[아시아인]는 호루스의 때 이래로 싸움질하고 있
으니, 그가 이기는 법도 없고 그를 정복할 방법도 없다. 그는 전쟁의 날을 보
고하지 않는다, 마치 동료들조차 내쳐버린 도적처럼." 여기서 "호루스의 때"
는 '신들이 이집트를 다스리던 상고시대'를, "전쟁의 날을 보고하지 않는다"
는 '선전포고하지 않는다'를 각각 의미한다.

70) 여기서 "레체누"는 B110~111행에서 레체누 용사가 복속시킨 지역의 거주민
을 말한다. 이후 B143~146행에서 시누혜가 대결 후 바로 레체누 용사의 천

왔다. 나 때문에 모든 심장이 타올랐으니 여자와 남자가 (모두) 지껄였고,[71] 나 때문에 모든 마음이 아파하며 말하기를, "그에 대항해 싸울, 그의 방패와 도끼, 창에 맞서 싸울 다른 장사는 없는가?" 하였다.

(B135~146) 그가 선공(先攻)하게 한 다음 그의 화살을 하나하나 피해 무위로 돌렸다.[72] 그가 돌진하기에 내가 그에게 화살을 쏘니 내 화살이 그의 목에 꽂혔다. 그가 비명을 지르더니 앞으로 고꾸라지자 나는 그의 도끼로 그를 쓰러뜨렸다.[73] 그의 등 위에서 승리의 함성을 지르자 모든 아시아인이 흐느끼며 울었다. 그의 아랫것들이 그를 애도하는 동안 나는 몬투를 찬양했다.[74] 부족장 암무넨쉬가 나를 얼싸안았다. 그러고는 그의 재물을 챙겼

---

막을 약탈하는 것으로 보아 이들이 결투 전날 시누헤의 진영 옆에서 야영한 것으로 추정된다.

71) 일반적인 어법과 달리 여성이 남성보다 먼저 언급되었다. 아마도 이어지는 동사 "지껄이다" 또는 "흐느끼다"의 어감 때문인 듯하다. 아울러 여기에 언급된 여성은 모두 기혼 여성으로, 이들에게만 결투 참관이 허락되었을 것으로 추정된다.

72) 레체누 용사가 쏜 화살이 연속해서 날아오는 장면을 원문에서는 "하나가 (다른) 하나에 접근했다."로 표현했다. B136~137행 문장 전체를 직역하면 "나는 그의 화살이 나를 넘어가도록 했으며 (이에 따라) 아무것도 없는 상황(이 되었는데 이때 화살) 하나가 (다른) 하나에 접근했다."가 된다.

73) 이미 고꾸라진 적에 대해 "쓰러뜨리다"라는 동사가 다시 사용된 이유는 시누헤가 레체누 용사의 숨통을 끊을 때 "그의 도끼"를 무기로 사용했기 때문이다. 여기서 적의 도끼로 적을 쓰러뜨리는 역설적인 상황은 B144~145행의 "그가 내게 하려던 것을 내가 그에게 했다."로 이어진다.

2장. 레체누에서의 생활

고 그의 가축을 빼앗았으니, 그가 내게 하려던 것을 내가 그에게 했다. 나는 그의 천막에 있던 것을 취했으며 그의 진영을 걷어냈다.[75]

---

74) "몬투(Montu)"는 이집트의 전쟁신이다. 원래 테베의 주신으로, 매 또는 황소의 모습으로 표상된다. 여기서 '황소'는 시누헤와 레체누 용사의 대결을 관통하는 이미지다. 한편, 앞서 시누헤가 지른 "승리의 함성"과 아시아인의 "흐느끼는 울음"에서와 마찬가지로, 이 행에서도 몬투를 "찬양"하는 행위와 레체누 용사를 추종하는 사람들의 "애도"가 대조를 이룬다. 《난파당한 선원》 5행에는 항해를 무사히 마친 배가 종착지에 정박한 뒤에 "찬가가 불리고 신이 찬양되었다."라고 언급되어 있는데, 의도했던 바를 성취한 후 감사하는 의미로 신을 찬양하는 풍습은 고대 이집트에서 일관되게 발견된다.

75) "걷어내다"라고 번역한 동사에는 '드러내다', '벗기다', '박탈하다' 등의 의미가 있다. 여기서는 레체누 용사의 천막에 있는 모든 재물을 취한 후 그의 진영을 전부 철거했다는 뜻이다.

**이집트를 방문한 힉소스 민족**

시리아-팔레스타인 지역에 사는 셈족 계열의 부족이 사막을 지나 이집트를 방문한 사건을 기록한 벽화다. 중왕국 시대 제12왕조 때 이집트 중부 베니하산(Beni Hasan)에 조성된 지방 호족 크눔호텝 3세(Khnumhotep III)의 분묘(BH-III)에 그려진 이 벽화를 통해 시누헤가 레체누에 머물렀을 때 현지 부족의 실제 모습을 미뤄 짐작할 수 있다. 첫 번째 장면에서 앞쪽의 두 명은 이집트 서기관이다. 그 뒤에 묘사된, 영양의 목을 잡은 첫 번째 인물이 족장인데, 그의 이름 '입샤(Ibsha)'가 영양 앞에 기록되어 있다. 이집트인이 짙은 갈색의 피부에 각진 수염을 가진 데 비해, 셈족—더 정확하게는 힉소스(Hyksos) 민족—남성은 족장과 (부족장이거나 그의 아들로 추정되는) 그 뒤의 인물을 제외하면 모두 옅은 노란색 피부에 끝이 뾰족한 형태의 수염을 한 모습으로 묘사되어 있다. 이들은 모두 샌들을 신고 있으며 활이나 창 또는 부메랑과 유사한 무기로 무장했다. 여성들은 머리띠를 착용했으며 가죽신을 신었다. 이집트인이 아마포로 만든 단순한 흰색 요의(腰衣, loincloth)를 입은 데 비해, 셈족은 화려하게 채색된 양모로 만든 옷을 입었다. 당나귀의 등에는 풀무가 실려있는데, 이를 통해 이집트의 공방에서 대장일을 수행했을 가능성도 있다. 후위(後衛)를 맡은 두 남성 중 한 명은 수금을 들고 있는데, 수금과 하프 모두 메소포타미아에서 시리아-팔레스타인을 거쳐 이집트로 전해졌다.

이 장면의 표제에는 "그[입샤]가 아시아인 37명을 이끌고 눈화장품을 가지고 옴."이라고 적혀 있다.

# 08. 시누헤의 향수(鄕愁)

**"내 진심은 고국에 있네." (B150)**

레체누 용사와 대결한 이후 시누헤는 레체누에서의 삶에 회의를 느끼며 신이 부여한 자신의 운명을 반추하는 독백을 한다. 여기서부터 이야기의 시간적 초점은 B149행의 "오늘 그의 심장이 씻기었네."를 기점으로 과거에서 현재로, 공간적 초점은 B150행의 "내 진심은 고국에 있네."와 B156행의 "내 기억은 왕궁에 머물러 있네."에서 볼 수 있듯 레체누에서 이집트로 옮겨간다. 시누헤는 이국에서 살게 된 불행과 재산이 늘고 지위가 높아진 행운이 모두 신의 뜻이라고 생각한다. 한편, 시누헤가 열거한 "이웃에게 빵"을 줄 수 있는 경제적 능력(B151~152행), "고운 아마포의 흰옷"(B153행), "많은 하인"(B155행), "넓고 안락한 저택"(B155행) 등은 귀족 분묘의 자전적 기록에서 성공한 이집트인을 묘사하는 데 사용되는 전형적인 표현이다. 이와 같은 묘사를 통해 시누헤가 자신이 이방에서 성취한 것조차 이집트인의 기준으로 평가한다는 것을 알 수 있다. 시누헤는 자신을 성공한 이집트인으로 묘사함으로써 곤궁한 상황 때문에 도망친 "도주자"와 거리를 두려 하지만, 이런 시도는 역설적으로 도주자인 시누헤의 현실을 강조할 뿐이다. B146~156행에 걸친 차분한 독백 바로 뒤에 격정적인 기도가 등장하는 이유는 바로 이 때문이다. 필사본 R에는 B146~156행이 빠져서 없다.

(B146~156) 그로 인해 불어났으니[76] 내 재산은 늘었고 내 가축은 많아졌다. (그러니) 신께서 자신이 책망한 자, 이방으로 보내신 자에게 자비를 베푸셨음이 틀림없네. 오늘 그의 심장이 씻기었네.[77] 도주자는 그의 사정 때문에 도주하지만 내 진심은 고국에 있네. 기는 자는 허기 때문에 기지만 나는 이웃에게 빵을 줬네. 어떤 이는 헐벗음 때문에 자기 땅을 떠나지만 나에게는 고운 아마포의 흰옷이 있네. 어떤 이는 보낼 사람이 없어 자신이 움직이지만 나에게는 많은 하인이 있네.[78] 내 집은 좋고 내 거처는

---

76) "그로 인해"는 결투에서 승리한 후 레체누 용사의 재산을 몰수했기 때문이라는 의미다. 위 문장은 B147~149행에서 시누헤가 보여주는 확신의 근거가 된다.

77) 고대 이집트어에서 "심장을 씻다"는 '화를 풀다'를 뜻하는 관용어구다. 따라서 "오늘 그의 심장이 씻기었네."는 자신을 외국으로 도망치게 한 신의 분노가 가라앉았다는 의미이며, 이런 심정은 B156~173행의 기도로 이어진다.

78) B149~155행의 네 연은 서로 대구를 이루며 문법적으로도 모두 같은 구조다. 대구를 이루는 각 연의 첫 번째 부분은 일반적인 상황을 묘사하며, 원문에서는 "~때문에"가 해당 행위의 이유를 설명한다. 두 번째 부분은 레체누에 정착하기 전의 시누헤의 개별적 상황을 묘사하면서 첫 번째 부분과 의미상의 대조를 이룬다. B149행의 "도주자는 도주하지만"과 B151행의 "기는 자는 기지만"의 경우, 명사로 전용(轉用)된 분사(Participle)가 주어로, 같은 어근의 동사가 관계사형(Relative)의 술부로 각각 사용되었다. 이러한 언어유희는 운문의 시적 효과를 극대화하려는 장치로 해석된다.

2장. 레체누에서의 생활

넓으나 내 기억은 왕궁에 머물러 있네.[79)]

---

79) 도주자의 "사정" 또는 '원심형 공간개념(centrifugal geography)'의 동인
인 공간이 시누헤가 지향하는 "고국" 또는 '구심형 공간개념(centripetal
geography)'의 동인인 공간과 대비된다.

# 09. 시누헤의 기도

**"멀리 있는 자의 기도를 들으시고" (B163)**

시누헤의 기도는 B156~164행에 걸친 "이 도주를 결정한 신"에 대한 기도와 B165~173행에 걸친 왕에 대한 기도로 이뤄진다. 신왕국 시대 이전에는 왕실 구성원이 아닌 일반인이 왕실 또는 신전의 매개 없이 직접 신과 접촉하는 사례가 문헌이나 조형적 예술에서 거의 발견되지 않는다. 따라서 시누헤의 기도는 신왕국 시대 이전의 개인 신심(personal piety)을 시사하는 흥미로운 사례라고 할 수 있다. 그러나 현재 외국에 머무는 시누헤의 불가피한 상황에 따른 것이라는 추정도 가능하다. 한편, 왕은 지상에 현현한 태양신–창조주의 대리자이므로 기도의 대상이 될 수 있다. 첫 번째 기도에서는 이집트로의 귀환이, 두 번째 기도에서는 이집트에서 맞을 영생이 각각 강조된다.

2장. 레체누에서의 생활

## 시누헤의 기도 전반부

(B156~164) 이 도주를 결정하신 신이 누구시든, 만족하시고 저를 고국으로 보내주소서. 어쩌면 제 심장이 온종일 머무는 곳으로 저를 보내주시겠지요. 저를 낳으신 땅에 제 시신이 묻히는 것보다 더 중요한 것이 무엇입니까?[80] 그러니 저를 도와 좋은 일이 생기게 하시고 저에게 자비를 베푸소서.[81] 고난을 주시어 그의 마음이 고통스러운 자를 위해, 사막에서 살게 했던 자를 위해 끝이 좋을 수 있도록 부디 행하소서. 그리하여 이것이 오늘 그가 만족하셨다는 뜻이라면 멀리 있는 자의 기도를 들으시고 그가 다다랐던 곳에서 그가 그를 데리고 나온 곳으로 팔을 구부리소서.[82]

---

80)  고대 이집트인이 가장 두려워했던 것 중 하나가 외국에서 사망하는 것이었다. 시신이 미라로 제작되어 방부처리가 되지 못하는 것은 물론이고, 올바른 장례 절차를 거쳐(B190~199행 참조) 아름답게 조성된 분묘에 묻히지 못하므로 내세에서 영생을 누릴 수 없다고 생각했기 때문이다. 이런 생각은 센와세레트 1세가 시누헤에게 보낸 서신 중 일부인 B197~198행에서도 확인된다. "그대의 죽음이 이방에서 있을 수는 없으며 아시아인이 그대를 매장해서는 안 될 것이다. 그대의 무덤이 만들어질 것이니 그대가 양가죽 속에 놓여서는 안 될 것이다."

81)  "좋은 일"은 이집트로 귀국해 적합한 장례 절차를 치르는 것을 뜻한다. 이와 같은 소망은 B161행의 "고난을 주시어 그의 마음이 고통스러운 자를 위해, 사막에서 살게 했던 자를 위해 끝이 좋을 수 있도록 부디 행하소서."에서 다시 한번 반복된다.

82)  "그가 그를 데리고 나온 곳으로"에서 앞의 주격인 "그"는 신을, 뒤의 목적격인 "그"는 시누헤를 각각 지칭한다. 따라서 '신이 시누헤를 데리고 나온 곳으로'라는 뜻인데, 이곳은 바로 이집트다. 한편, "팔을 구부리다"는 '인도하다' 정도의 의미로 추정된다. 장소를 나타내는 선행사는 생략되었으나 문맥을 통해

## 시누헤의 기도 후반부

여기서부터 시누헤의 두 번째 기도가 시작된다. 첫 번째 기도가 자신을 이 방으로 보낸 신에 대한 기도라면, 두 번째 기도는 지상에 있는 신의 대리자인 왕에 대한 기도다. 이 기도를 통해 시누헤는 고국으로 돌아가려는 소원을 더 직접적이고 담담하게 드러낸다. 한편, B165~173행에 해당하는 R193~201행은 문장을 구성하지 못할 정도의 단편으로만 전해진다.

(B165~173) 그의 은혜로 제가 살아가오니 검은 땅의 왕께서는 자비를 베푸소서. 그의 왕궁에 계신 그 땅의 여주께 문안드리고 그 자녀들의 전갈을 듣게 하소서. 그리하면 제 몸이 젊어지겠습니다. 노환이 찾아오고 피로가 덮쳤기 때문에[83] 제 두 눈은 무거워졌고 제 두 팔은 무력해졌습니다.[84] 제 두 다리는 심장을 따

---

"그가 다다랐던 곳"이 레체누임을 알 수 있다.

83) 시누헤가 자신에게 갑작스럽게 찾아온 노쇠를 묘사하는 부분은 고대 이집트에서 가장 유명한 지혜문학 작품 중 하나인 《프타호텝의 교훈서(Instruction of Ptahhotep)》의 도입부와 유사하다. 이 교훈서의 서두에서 현자 프타호텝은 자신의 노쇠함을 한탄하면서 죽음을 맞기 전에 아들에게 올바른 언행을 가르치기 위해 교훈서를 썼다고 말하는데, 이때 자신에게 찾아온 노환을 다음과 같이 묘사한다. "구별이 생기니 노환이 찾아왔습니다. 피로가 찾아오니 허약함이 매번 새로워집니다."(p. Prisse, 8~9) 여기서 "구별이 생겼다"는 것은 몸의 상태가 '예전과 다르게 노쇠해졌다'는 의미다. 한편, B167~168행의 "피로가 덮쳤기 때문"이라는 말은 시누헤가 이집트를 벗어나면서 맛본 죽음의 경험을 묘사한 B21~23행의 "갈증이 찾아와 나를 덮치니 몸은 타들어가고 목은 말라붙었다."를 연상시킨다. 아울러 B167~168행의 "그리하면 제 몸이 젊어지겠습니다."는 마침내 이집트로 돌아온 후 시누헤가 회춘하는 B290~295행으로 이어진다.

2장. 레체누에서의 생활

르지 못하게 풀어졌으며 행렬에 다가간 자는 기력이 쇠했습니다.[85] 그들이 저를 영겁회귀의 성읍으로 보내오니 저는 궁극의 여주를 따르겠습니다.[86] 그리하면 여주께서 저를 위해 자기 자녀들에게 잘 말씀드릴 것이며 제게 영겁회귀의 축복을 내리실 것입니다.[87]

---

84) 이 부분도 《프타호텝의 교훈서》의 도입부 11행과 유사하다. "두 눈은 보잘것없어졌고 두 귀는 먹었습니다." 《시누헤 이야기》에 사용된 동사 "무거워지다"와 《프타호텝의 교훈서》에 사용된 동사 "보잘것없어지다(작아지다)"의 대비가 흥미롭다.

85) "행렬"은 '장례 행렬(funerary procession)'을 말하며, 따라서 "행렬에 다가간 자"란 '죽음을 눈앞에 둔 자'를 의미한다. 한편, 형용사 술부 "기력이 쇠하다", 즉 "지치다"는 '망자'를 가리키는 고대 이집트어의 완곡어법인 '심장이 지친 이(weary‐hearted)'를 연상시킨다.

86) "영겁회귀의 성읍"은 '공동묘지'를 뜻한다. "궁극의 여주"는 하토르와 세크메트에게 사용되던 호칭 중 하나이다. 이것은 주인공의 이름이 의미하는 '돌무화과나무의 아들'과 조응한다. 아울러 '궁극의 여주'는 B166행 "그의 왕궁에 계신 그 땅의 여주", 다시 말해 이제는 대왕비가 된, R4행에 언급된 네페루 대왕비의 이미지와 겹친다. 마찬가지로 B167행에 언급된 "그 자녀들", 즉 왕실의 자녀들은 B172행에 언급된 "자기 자녀들", 즉 하토르의 자녀들과 조응한다. 또한 '궁극의 여주'는 모든 망자의 어머니인 하늘의 여신 '누트(Nut)'를 의미하기도 하는데, 이 맥락에서 '그녀의 아이들'은 망자가 다다르는 별들을 의미한다. 누트는 땅의 지배권을 상징하는 남신 '게브(Geb)'의 아내인데, 이들은 〈오시리스 신화〉에 등장하는 '오시리스', '이시스(Isis)', '세트', '네프티스(Nephthys)'의 부모 신들이다. 이 선언을 통해 시누헤가 영생의 방법으로 '궁극의 여주'를 따르는 것을 택했음을 알 수 있다. 요컨대, 여기에서의 '궁극의 여주'는 하토르/세크메트 또는 누트를 말하는 동시에 대왕비를 뜻하도록 설정되었는데, 이런 문학적 장치는 시누헤의 대표적인 직함인 '종자'를 연상시킨다.

87) 직역하면 "그녀가 제 위로 영겁회귀를 덮을 것입니다."가 된다. 이것은 누트가 망자에게 부여하는 영겁회귀의 축복을 의미하는 동시에, 말 그대로 누트

의 형상이 새겨진 관 뚜껑을 의미한다. 이집트인은 관 뚜껑에 누트를 새김으로써 누트가 망자를 포옹할 수 있게 했다. 이런 풍습은 태양신이 매일 밤 누트의 몸속으로 들어가 잉태시킨 후 매일 아침 어린이의 모습으로 부활한다는 믿음에서 나온 것이다. 따라서 누트의 포옹은 태양신과 동일시된 망자의 부활을 의미한다.

2장. 레체누에서의 생활

# 10. 왕실 포고문

**"소인에게 전달된, 그를 검은 땅으로 데려오는 것에 관한 왕실 포고문 사본"**
**(B178)**

여기서부터 《시누헤 이야기》의 후반부가 시작된다. 후반부에서는 시누헤의 이집트 귀환에 관한 이야기가 다뤄진다. 시누헤의 격정적인 기도 바로 뒤에 왕실 포고문이 등장하는 것으로 보아 시누헤가 두 번째 기도, 즉 왕에 대한 기도를 탄원의 형식으로 왕에게 전달했을 가능성도 제외할 수 없다. 앞서 B92~97행에 언급된 것처럼 시누헤의 집에는 이집트의 전령이 꾸준히 방문했으며, 따라서 시누헤는 이집트의 정세나 왕실의 분위기 등을 상당히 정확하게 파악하고 있었을 공산이 높다. 아울러 이들 전령을 통해 두 번째 기도와 유사한 내용이 왕실에 전달되도록 조치할 수도 있었을 것이다. 한편, 필사본 R은 B174행에 해당하는 R202행을 끝으로 소실되었다.

(B173~177) 이제 상·하이집트의 왕, 진실한 목소리, 케페르카레 폐하께서 내가 처한 이 상황에 관해 들으시고 왕실의 선물과 함께 전갈을 보내시어 열방의 군주와 같이 이 종의 심장을 기쁘게 해주셨다.[88] (그리고) 그의 왕궁에 있는 왕실의 자녀들도 내가 그들의 소식을 듣게 해주셨다.[89]

---

88) 필사본 B에는 센와세레트 1세의 즉위명인 '케페르카레(Kheperkare)' 대신 센와세레트 3세의 즉위명인 '카카우레(Khakaure)'가 적혀 있다. 아마도 필사 작업을 한 서기관이 두 왕명을 혼동한 것으로 보인다(번역문에서는 이를 바로잡았다). 이후 B180행의 왕실 포고문에서도 탄생명이 '센와세레트'가 아니라 '아멘엠하트'로 잘못 표기되어 있는데, 이런 오류를 고려할 때 필사본 B는 센와세레트 3세와 아멘엠하트 3세의 공동통치 기간(기원전 1831년 전후)에 작성된 것으로 추정된다. 시누헤의 기도에 왕이 바로 응답하는 서사구조는 왕이 B163행에 묘사된 "멀리 있는 자의 기도를 들으시는" 자애로운 신임을 시사한다. 한편, "진실한 목소리(true of voice)"는 일반적으로 죽은 이후 명계에서 받는 심판에서 의로움을 인정받은 망자의 호칭으로 사용되지만, 왕과 관련해 사용될 때는 신들의 법정에서 세트를 물리치고 적법한 왕위 계승자로 인정받은 〈오시리스 신화〉의 호루스를 가리킨다. 요컨대, '진실한 목소리'는 왕의 경우에는 왕위 계승을 둘러싼 법정 분쟁에서 승소한 호루스를, 망자의 경우에는 최후의 심판을 통과해 오시리스 왕국의 일원이 될 자격을 받은 의인을 각각 의미한다. 아울러 여기서 굳이 "열방의 군주와 같이"라는 표현이 사용된 이유는 당시 이집트를 비롯한 고대 서아시아의 군주들이 양국의 우호 증진을 위해 선물을 주고받는 것이 일종의 외교적 관례였기 때문이다. 여기서 시누헤는 자신이—마치 외국의 군주나 소국의 왕들처럼—파라오로부터 외교 선물을 받은 것을 자랑스럽게 밝히고 있다. "이 종"은 고대 이집트의 서간문에서 화자를 나타내는 관용적 표현이며, 이후 이어질 왕과 시누헤의 서신 교환을 예비한다.

89) 여기서 "왕실의 자녀들"은 B167행에 언급된 "그[대왕비] 자녀들"을 뜻한다. "왕실의 자녀들도 내가 그들의 소식을 듣게 해주셨다."를 통해 B166~167행의 "제가 그 자녀들의 전갈을 듣게 하소서."라고 했던 기도도 이뤄졌음을 알 수 있다. '왕실의 자녀들'에는 귀족의 자녀도 포함되었으며, 이들은 어렸을 때부터 왕궁에 설치된 교육기관에서 함께 교육받았다. 아울러 신왕국 시대에는

## 센와세레트 1세가 시누헤에게 보낸 왕실 포고문

B178행의 표제 다음부터 왕실 포고문 사본이 작품에 삽입되면서 서사의 흐름이 일시적으로 끊어지는데, 이야기의 흐름은 이후 시누헤의 회신이 들어가면서 한 번 더 끊어진다. 포고문은 다섯 개의 전통적인 왕명으로 시작되는데, 왕명이 적힌 B179행은 수평으로 쓰인 본문과 달리 수직 방향으로 쓰였다. 한편, 왕이 보낸 서신은 《시누헤 이야기》의 표면적인 서술 형식인 자전적 기록과도 잘 맞는다. 이집트 귀족은 왕에게서 받은 개인적인 서신이나 왕의 명령을 큰 영광으로 여겼으므로 이들을 분묘의 자전적 기록에 포함했다. 가장 대표적인 예로는 이집트 최남단 엘레판틴(Elephantine) 지역의 행정관으로서 누비아를 여러 차례 방문했던 고왕국 시대의 귀족 하르쿠프(Harkhuf)에게 당시 소년 왕이었던 제6왕조의 페피 2세(Pepy II, 기원전 2278~기원전 2184년)가 보낸 서신을 들 수 있다. 이 서신에서 왕은 태양신을 위한 무용수로 고용될 피그미를 이집트로 데려오는 하르쿠프에게 피그미가 수도에 무사히 도착할 때까지 주의를 게을리하지 말라고 거듭 당부한다.

(B178~189) 소인에게 전달된, 그를 검은 땅으로 데려오는 것에 관한 왕실 포고문 사본

호루스 명: 탄생으로 살아계신 이, 두 여신 명: 탄생으로 살아계신 이, 즉위명: 케페르카레, 탄생명: 센와세레트[90] — 영생하소서 —

---

이집트의 지배 아래 있던 보호국에서 일종의 인질로 보내진 외국 왕의 자녀도 포함되었다. 이들 '왕실의 자녀들'은 이후 B269~279행에서 이집트로 돌아온 시누헤를 위해 왕을 찬양하는 노래를 부른다.

종자 시누헤에 대한 왕실 포고문.[91] 보라, 왕의 이 포고문이 그대에게 전달되었으니 이는 케뎀에서 레체누까지 나아가며[92] 이방 땅을 방황하므로 한 나라를 지나 다른 나라가 나온 것이[93] 결국 그대의 심장의 조언에 따른 것임을 그대가 알게 하려 함이다.[94]

---

90) 고대 이집트의 왕은 공식적으로 '호루스 명(Horus Name)', '두 여신 명(Two Ladies Name)', '황금 호루스 명(Golden Horus Name)', '상·하이집트의 왕 (Dual King)'='즉위명(throne name)', '태양신의 아들(Son of the Sun)'='탄생 명(birth name)' 등 모두 다섯 개의 이름을 가졌다.《시누헤 이야기》의 왕실 포고문에는 세 번째 '황금 호루스 명'이 생략되어 있다. 아울러 앞서 언급한 것처럼, 원문의 탄생명에는 '센와세레트' 대신 '아멘엠하트'가 표기되었다(번역문에서는 이를 바로잡았다).

91) 왕실 포고문에서 수신자인 시누헤의 직함은 그가 이집트를 떠날 당시의 직책인 "종자"로만 되어 있다. B180행의 간결한 직함은 이야기 도입부 R1~2행에 나열된 다양한 직함과 대조를 이룬다. '종자'는 궁인을 뜻하는 가장 일반적인 직함으로 추정된다. R2행에서 시누헤가 이름 바로 앞에 배치한 직함도,《난파당한 선원》의 주인공인 이름 모를 선원의 직함도 '종자'였다.

92) 이 말을 통해 시누헤가 케뎀 지역에 머무르지 않고 해안의 고산지대로 바로 이동했음을 알 수 있다. 이와 같은 사실은 B30~31행에 언급된 "상례체누의 족장"을 통해서도 확인되는데, 앞서 언급했듯이 상례체누는 팔레스타인 동부의 산악지대를 말한다.

93) B28~29행의 "한 나라를 지나니 다른 나라가 나왔다."와 똑같은 동사와 구문이 사용되었다.

94) 여기서 왕은 시누헤의 도주가 바로 시누헤 자신의 의지에 따른 일임을 분명히 밝힌다. 앞서 B147~149행에서 시누헤는 "신께서 자신이 책망한 자, 이방으로 보내신 자에게 자비를 베푸셨음이 틀림없네."라고 언급하며, 이어 B156행에서는 "이 도주를 결정하신 신이 누구시든"이라고 기도를 시작하는 등 자신의 도주가 신의 결정이나 섭리에 의한 것이라고 여러 차례 주장해왔으나 왕은 그 책임을 일관되게 시누헤에게 돌린다. 이런 맥락에서 왕의 서신이 무단 도주를 저지른 망명자에 대해 그의 최종 직함인 '종자'를 사용했다는 점역시 역설적인 색채를 더한다.

다른 이가 그대에게 대적할 만한 짓이라도 했다는 말인가? 그대가 저주하지 않았으니[95] 아무도 그대의 언사(言辭)를 막지 않았고, 그대가 관리들과 언쟁하지 않았으니 아무도 그대의 언사를 반박하지 않았다. 그대의 마음을 사로잡은 바로 그 의도를 (그 누구도) 그대에 대해 품고 있지 않노라.[96] 왕궁에 있는 그대의 하늘, 그녀는 여전히 강녕(康寧)하니[97] 그녀의 왕관은 이 땅의 왕권으로 굳건하며[98] 그녀의 자녀들은 알현실에 머무노라. 그대는 그들이 그대에게 준 보재를 간수하고 그들이 베푼 너그러움으로 살라.[99]

---

95) "저주하다"로 번역한 동사에는 '모욕하다'라는 의미도 있으므로 이 행위를 '독신(瀆神)'으로 해석하는 것도 가능하다.

96) 시누헤가 품었던 의도를 다른 사람은 시누헤에 대해 품고 있지 않다는 의미다. 문장성분을 어떻게 해석하느냐에 따라 왕이 시누헤에 대해 나쁜 감정을 가지지 않았다고 해석할 여지도 있다.

97) "왕궁에 있는 그대의 하늘"은 시누헤가 도주하기 전에 모시던 네페루 공주를 가리킨다. 공주는 이제 센와세레트 1세의 대왕비가 되었다. 여기서 대왕비는 시누헤의 "하늘", 즉 '여신'으로 언급되는데, 이는 B172행의 "궁극의 여주"를 상기시킨다. 한편, 왕이 왕비의 안부를 알려주는 이유는 대개 왕의 시해 음모에 궁정의 여성들이 연루되기 때문이다. 이런 맥락에서 왕은 시누헤를 안심시키기 위해 그가 모셨던 공주는 아멘엠하트 1세의 시해 사건과 아무 관련이 없으며, 지금은 대왕비가 되어 잘 지낸다고 분명하게 말하고 있다.

98) "그녀의 왕관은 이 땅의 왕권으로 굳건하며"라는 말은 앞서 언급한 "그녀는 여전히 강녕하니"의 부연 설명이라 할 수 있다. 여기서 "왕관"은 파라오가 이마에 달았던 코브라 형태의 머리 장식인 우레우스를 의미한다. 우레우스는 원래 왕에게만 허용되었으나 중왕국 시대 이후부터는 왕비의 권위를 나타내는 장식으로도 사용되었다.

99) 신왕국 시대의 필사본과 마찬가지로 마지막 두 문장이 붉은색으로 표기되었으나 그 정확한 이유는 파악할 수 없다. 다만 B188~189행에서 주제가 바뀌는 것을 표시하려는 의도로 추정된다.

**장례식에 고용된 전문 여성 곡꾼**

신왕국 시대 제18왕조의 아멘호텝 3세(Amenhotep III, 기원전 1390~기원전 1352년)와 아멘호텝 4세/아켄아텐(Amenhotep IV/Akhenaten, 기원전 1352~기원전 1336년) 치세에 총리대신을 지낸 라모세(Ramose)가 테베 서안에 세운 분묘(TT55)에 귀족의 장례식에서 보수를 받고 곡을 해주는 전문 여성 곡꾼이 세세하게 묘사되어 있다.

(B188~199) 검은 땅으로 귀환하라. 그리하면 그대가 자라난 도성을 볼 것이며, 두 대문이 솟은 땅에 입맞춤할 것이며, 궁인들과 회동하리라. 이제 그대도 나이가 들어 기력을 잃었으니[100] 명예로운 노년에 이르렀을 때 매장의 날을 명심하라. 그대를 위해 백향목 기름이 발린 타예트의 매듭을 이용한 철야 의례가 거행될 것이며,[101] 장례 당일에는 사람들이 행렬을 따를 것이니,[102] 속관은 금으로 만들어질 것이요 (그) 머리는 청금석으로 제작될 것이며,[103] 그대가 상여에 누울 때 천개(天蓋)가 덮일 것이요 황소가

---

100)  왕이 언급한 시누헤의 노쇠는 B168~169행에서 시누헤가 자신에게 찾아온 노환을 호소하는 부분과 조응한다.

101)  B191~196행에는 장례식 전날 밤의 철야에서 장례 행렬과 분묘 앞의 의례에 이르기까지 이집트 장례 풍속이 상세하게 묘사되어 있다. B191행의 "(그대를 위해) … 철야 의례가 거행될 것이며"를 직역하면, "(그대를 위해) … 밤이 나뉘리라."가 되는데, 여기서 '자르다', '나누다', '구획하다'를 의미하는 동사가 사용된 이유는 장례식 전날에 망자를 위해 철야 의식을 진행할 때 밤을 12시간으로 나눠 각 시간에 대응하는 몸의 부분을 기름과 매듭으로 감싸는 의식이 진행되었기 때문이다. 한편, "타예트(Tayet)"는 길쌈을 관장하는 여신을 말하는데, 그녀의 이름은 아마포로 만든 '수의(壽衣)'를 의미한다. 향기로운 백향목 기름에 담근 아마포로 미라를 감싸는 것은 미라 방부처리 과정의 마지막 단계였다.

102)  B192~193행은 미라 제작소부터 분묘까지 망자의 시신이 운구되는 장례 행렬에 관한 언급이다.

103)  "속관(inner coffin)"은 '미라 형상을 한 관(mummiform coffin)'을 의미한다. 중왕국 시대 제11왕조에 처음 도입된 이 속관은 하나 이상의 사각형 목관 안에 안치되었다. 한편, 고대 이집트인은 신들의 몸은 금, 뼈는 은, 모발과 체모는 청금석(lapis-lazuli)으로 만들어졌다고 생각했는데, 이런 발상은《난파당한 선원》64~66행에서도 발견된다. "그[섬을 다스리는 신]의 몸은 금박으로 둘러싸였으며 눈썹은 진품 청금석이었습니다." 따라서 B193행은 속관의 재료를 설명하는 동시에, 사후 영생을 얻어 신적인 지위로 격상된 망자

그대(의 상여)를 끌 것이고,[104] 곡꾼들이 그대(의 상여) 앞을 인도
할 것이며[105] 무덤의 입구에서는 장례의 춤이 거행될 것이니,[106] 봉
헌물 목록이 그대를 위해 낭송될 것이요 제단 입구에서 희생 제
의가 있을 것이며,[107] 그대 (분묘의) 기둥들은 석회암으로 만들어

---

의 모습을 묘사한다고 할 수 있다.

104) 직역하면 "하늘이 그대 위에 있고 그대는 상여 위에 놓여있다."인데, 여기에
언급된 "하늘"을 "천개"로 번역했다. 분묘에 묘사된 '천개'를 보면 대개 '하
늘'을 나타내는 성각문자 형태다. 여기서 '하늘=천개'의 이미지는 B172~173
행의 "그녀가 제 위로 영겁회귀를 덮을 것입니다", 즉 "여주께서 … 제게 영
겁회귀의 축복을 내리실 것입니다."와 조응한다. 한편, "상여"는 '이동식 사
당'으로 번역될 수도 있는데, 시신을 분묘까지 운구하는 데 사용되던 고
대 이집트의 상여는 썰매 형태로 제작되었으며, 망자의 지인들이나 황소가
끌었다.

105) 고대 이집트에서는 장례식 때 날카로운 소리를 내며 애곡(哀哭)하는 전문
곡꾼을 고용하는 풍습이 있었다. 이들 전문 곡꾼 중에는 여성도 있었는데,
신왕국 시대에 만들어진 귀족의 분묘에는 이들을 묘사한 장면이 관습적으
로 그려졌다. 장례식에서 곡꾼이 날카로운 소리를 내는 풍습의 유래는 〈오
시리스 신화〉에서 찾을 수 있다. 세트가 오시리스를 살해하고 시신을 유기
하자 오시리스의 아내인 이시스와 그녀의 자매인 네프티스가 오시리스의
시신을 찾아내 수습하는데, 이때 두 여신은 솔개로 변신한 모습으로 등장한
다. 고왕국 시대의 왕실 전용 장례문서인 《피라미드 텍스트(Pyramid Texts)》
532번 주문에는 이 장면이 다음과 같이 묘사되어 있다. "이시스가 왔도다,
네프티스가 왔도다—그들 중 하나는 서쪽에서부터 그들 중 (다른) 하나
는 동쪽에서부터, 그들 중 하나는 날카롭게 우는 새로서 [네프티스가 왔도
다] 그들 중 (다른) 하나는 솔개로서, 그들 중 하나는 날카롭게 우는 새로
서 그들 중 (다른) 하나는 솔개로서—그들이 오시리스를 찾은 후에, 그의
동생 세트가 그를 네디트로 던진 후에."(PT 1255c~1256b) 이 신화적 선례
(mythological precedence)에 따라 이집트인은 두 여신이 오시리스를 애도하
면서 냈던 날카로운 소리를 장례식에서 재현했다.

106) "장례의 춤"은 "활기 없는 자들의 춤"을 의역한 것이다. 여기서는 조상신으
로 꾸민 무용수들이 분묘 앞에서 장례 행렬을 맞으며 추는 춤을 말한다.

2장. 레체누에서의 생활

질 것이요.[108] 왕가의 자녀들이 그들 중 있으리라. 그대의 죽음이 이방에서 있을 수는 없으며 아시아인이 그대를 매장해서는 안 될 것이다. 그대의 무덤이 만들어질 것이니 그대가 양가죽 속에 놓여서는 안 될 것이다.[109] 이제 방황하기에는 너무 늦었으니 노환을 염려해 귀환하라.[110]

---

107) 봉헌물이 올려지는 "제단"은 음식물과 각종 제기(祭器)가 새겨진 석판을 말한다. 제단은 일반적으로 망자의 혼이 분묘를 마음대로 드나들 수 있도록 만들어놓은 '가짜 문(false door)' 앞에 설치되었는데, 제단에 제물을 바치면 망자의 혼이 지하에 조성된 묘실(burial chamber)에서 수직 갱도를 타고 올라와 '가짜 문'을 통해 제의가 행해지는 곳으로 이동한 후 이곳에 마련된 자신의 조각상에 깃들어 제물을 흠향(歆饗)한다고 여겨졌다.

108) 시누헤의 분묘가 왕실 공동묘지에 건립될 것이라는 내용이 이집트에서 귀족의 일원으로서 엄수될 장례의 대미를 장식한다. 석회암 기둥으로 장식된 귀족 분묘는 아래 B198행의 "양가죽"과 선명한 대조를 이룬다. "석회암"은 "흰 돌"을 의역한 것인데, 이집트에서 흔한 석재 중 하나로, 분묘를 건립하는 데 자주 사용되었다.

109) 시신을 양가죽에 넣어 매장하는 아시아의 장례 풍습이 언급되었다. 이집트에서는 양모를 의복의 재료로 사용했으나 신전이나 분묘 같은 곳에서는 금기시되었는데, 정확한 이유는 알 수 없다. 헤로도토스는 《역사》에서 양모와 관련된 금기에 대해 다음과 같이 기록했다. "그들[이집트인들]은 다리까지 내려오는, 술 장식이 달린 아마포 키톤(kiton, 소매가 짧고 무릎까지 오는 윗옷)을 입는데, 그들은 그것을 칼라시리스(kalasiris)라고 부른다. 그리고 그 위에 흰 모직 외투를 입는다. 그러나 신전 안으로 양모를 갖고 들어가면 안 되고, 사후에 양모 제품과 함께 매장되어서도 안 된다."(《역사》, II. 81) 요컨대 이집트의 기준에서는 아시아인의 장례 풍습이 완전하지 않고 영속적이지 못하며 정결하지 않은 금기에 해당한다.

110) B199행의 "귀환하라"는 B188행의 "귀환하라"를 수미쌍관 방식으로 반복하고 있다.

**《사자의 서》 삽화에 묘사된 장례 행렬**

황소와 망자의 친인척, 지인이 상여를 끄는 장례 행렬이 신왕국 시대 제19왕조(기원전 1295~기원전 1186년) 때 활약했던 서기관 아니(Ani)가 소장했던 《사자의 서(Book of the Dead)》의 삽화에 묘사되어 있다. 아니가 소장했던 《사자의 서》는 현재 영국박물관(British Museum)이 보관하고 있다.

**중왕국 시대 귀족의 분묘 벽화에 묘사된 무우 무용수들**

장례식 때 분묘 앞에서 '장례의 춤'을 추는 '무우 무용수들(Muu-dancers)'이 중왕국 시대 제12왕조의 귀족 인테피케르(Intefiqer)와 그의 아내 세네트(Senet)의 분묘(TT60) 벽화에 묘사되어 있다. '무우'가 무엇을 의미하는지는 정확히 알 수 없다. 학계에서는 고대 이집트어의 '물'에서 파생된 용어로 추정하는데, 이때 '물'은 고대 이집트의 창세신화에서 태초부터 스스로 존재했던 '태초의 대양(Primeval Ocean)'을 의미한다. 원문에 언급된 "활기 없는 자들" 역시 아무런 움직임 없이 관성적으로 존재했던 태초의 대양이 신격화된 '눈(Nun)' 또는 '누(Nu)'와 관련된 것으로 보인다.

# 11. 시누헤의 회신

**"이 포고문에 대한 회신 사본. 궁인 시누헤"** (B204)

 (B199~204) 이 포고문이 나에게 전해졌을 때 나는 내 부족 사이에 서 있었다. 그것이 나에게 낭독되었을 때 나는 배를 깔고 엎드렸으며 몸을 땅에 댔다.[111] 나는 그것을 내 가슴 위에 펼친 채 내 진영 주위를 뛰며 외치기를, "그의 마음이 낯선 이방으로 벗어난 종에게 어떻게 이 같은 일이 이루어졌는가! 저를 죽음에서 구한 결정은 마땅히 공명한 것이니[112] 이는 폐하의 카께서 제 육신의 끝을 본국에서 있게 해주실 것이다."라고 했다.[113]

---

111) 궁인 시누헤는 문서를 읽고 쓰는 것이 가능했지만, 전교(傳敎)와 마찬가지로 왕의 포고문은 의례적으로 수신자 앞에서 낭독되었던 것으로 보인다.

112) "결정"은 "마음을 (내려) 둠"을 의역한 것이다. 이 단어는 어떤 행동에 대한 '인내심'도 의미해, 도주한 시누헤에 대한 왕의 '관용'으로 해석할 수도 있다.

## 시누헤의 회신(또는 보고서)

B178~199행의 왕실 포고문과 마찬가지로 시누헤가 왕궁에 보낸 회신 사본이 작품에 끼워지면서 서사의 흐름이 다시 한번 끊어진다. 실제 자전적 기록에 왕의 서신이나 왕명에 대한 회신이 포함되는 사례는 없다. 그러나 《시누헤 이야기》는 서사의 흐름에서 시누헤의 "회신"이 필요하다. 당시 서간문의 양식에 따라 원문은 수평으로 쓰였다. '회신'이라고 번역한 단어에는 '보고(서)'라는 의미도 있는데, 이 경우 시누헤의 회신은 지금까지 자신의 행적과 상황을 정리한 문서가 된다.

(B204~214) 이 포고문에 대한 회신 사본. 궁인 시누헤가 아룁니다. 강녕하소서![114] 소인이 무지 속에서 행한 도주를, 태양신께서 사랑하시고 테베의 주 몬투께서 축복하시는 젊은 신, 두 땅의 주이신 폐하의 카께서 양지(諒知)하셨습니다. 두 땅의 왕좌의 주이신 아문,[115] 소벡-레,[116] 호루스,[117] 하토르,[118] 아툼과 그의 아

---

113) "카(ka)"는 고대 이집트인이 생각한, 인간을 구성하는 다섯 가지 요소 중 하나다. '생기(生氣, life force)' 정도로 번역될 수 있는 '카'는 말 그대로 육신에 생기를 불어넣는 생명력이다. 여기서 "폐하의 카"는 센와세레트 1세의 '의식' 또는 '이성'을 의미하는데, 문맥에 따라 '이성적 판단'으로 해석하는 것도 가능하다.

114) 직역하면, "매우 좋은 평화 속에서"가 된다. 같은 문구가 환영의 인사로 사용된다는 점을 고려할 때 회신의 첫 번째 문구로 쓰인 이 문장은 안부를 묻는 인사로 해석될 수도 있고, 왕의 포고문을 환영한다는 의미로 해석될 수도 있다.

115) 이집트 서간문의 서두는 대개 수신자에게 신의 축복을 내려달라는 기원으로 구성되는데, 여기서 시누헤는 다양한 신의 이름을 늘어놓으며 왕에 대한 자신의 충심을 과시한다. 따라서 작품을 더욱 잘 이해하려면 서신의 서두에

---

2장. 레체누에서의 생활

홉 주신,[119] 소피두-네페르바우-셈세루 동방의 호루스,[120] 임혜

관례로 언급된 각종 신의 이름과 신격의 기본 정보를 이해할 필요가 있다. 우선 "아문(Amun)"은 '(그 본질이) 숨겨진 자'라는 뜻이다. 대개 두 개의 기다란 깃털로 장식된 관을 쓴 하늘색 피부의 남성으로 표상된다. 아문은 중왕국 시대 제12왕조의 종교 중심지인 테베 카르나크 신전(Karnak Temple)의 주신으로서 중왕국 시대부터 지위가 상승하다가 신왕국 시대로 접어들면서 국가신의 반열에 올랐다. 국가신이 된 아문은 '신들의 왕(king of the gods)'이자 왕가의 수호신이었으며, 모든 파라오의 영적인 아버지였다. 이와 같은 아문의 신격은 본문에 사용된 아문의 "두 땅의 왕좌의 주(Lord of the Throne of the Two Lands)"를 통해서도 확인된다. 시누헤의 회신에 나열된 신 중 아문이 가장 먼저 언급되는 것도 바로 이런 아문의 신격에 기인한다.

116) "소벡-레(Sobek-Re)"는 물의 신 '소벡'과 태양신 '레'가 하나로 습합(褶合)된 신이다. 소벡은 악어의 민첩함과 파괴적인 속성을 구체화한 신으로, 대개 악어 또는 악어의 머리를 한 남신으로 표상된다. 소벡은 악어가 출몰하는 지역에서 특히 인기가 높았는데, 중왕국 시대 제12왕조 이후 대대적인 개간 작업이 이뤄진 파이윰 호수 지역과 엘-리시트에서 광범위하게 숭배되었다. 고대 이집트인은 악어가 물에서 나오는 모습에서 태양이 태초의 대양에서 솟아오르는 모습을 연상했으며, 이런 이유로 소벡은 태양신의 한 측면인 소벡-레가 되었다.

117) "호루스"는 '멀리 (떨어져) 있는 자'를 의미한다. 초기왕조 시대부터 남부 상이집트 지역에서 천신과 태양신으로 숭배되었다. 앞서 R21~22행에서 언급된 것처럼, 호루스는 일반적으로 송골매나 매의 머리를 한 남신으로 표상되며, 지상의 파라오로 현현한 천신(天神)이자 왕가의 수호신이다.

118) "하토르"는 '호루스의 거처(Enclosure of Horus)'를 의미한다. 천신이자 태양신 호루스의 활동무대인 하늘을 체화한 여신으로서, 어린 파라오에게 신유(神乳)를 먹이는 자애로운 암소의 신이자 왕가의 수호신이다. 여기서는 이방에 머무는 이집트인의 수호신이라는 신격이 주로 두드러진다.

119) "아툼과 그의 아홉 주신"은 이집트 창세신화에 언급되는 아홉 명의 신으로 구성된 동아리와, 고대 이집트 신화체계에 편입된 모든 신의 집합체(pantheon)를 동시에 의미한다. 한편, 태양신을 중심으로 한 창세신화에서 창조주-원발자로 여겨지는 아툼(Atum)은 우주의 지배자인 동시에 신성한 왕권의 원천이다.

트의 여주[121] — (모쪼록) 여신께서 폐하의 머리를 감싸시기를, 아울러 누의 첫째 동아리,[122] 이방의 민-호루스,[123] 웨레레트,[124] 푼

---

120) "소피두-네페르바우-셈세루 동방의 호루스(Sopedu-Neferbau-Semseru, Eastern Horus)"는 시누헤의 도주 경로였던 와디 투밀라트와 동부 사막지대의 수호신이다. '소피두'는 '뾰족한 자'라는 뜻으로 웅크리고 앉은 송골매로 표상되며, 시나이반도에 자리한 터키석 광산 세라빗 엘-카딤(Serabit el-Khadim) 등지에서 이방의 수호신인 하토르와 함께 숭배되었다. 소피두는 송골매로 표상되는 호루스와 동일시되어 원문에서처럼 '동방의 호루스'로 불린다. "네페르바우"는 '훌륭한 권능을 가지신 이' 또는 '뛰어난 인상을 보유하신 이'라는 뜻으로 소피두의 호칭 중 하나인데, 특이하게도《시누헤 이야기》에서만 언급된다. "셈세루" 역시 소피두의 호칭 중 하나인데 소피두의 호칭 중 하나인 '장자(長子)'에서 파생된 것으로 보인다. 여기까지 나열된 신들이 회신에서 첫 번째 동아리를 이룬다. 이들은 왕권의 원천이 되거나 왕실을 수호하는 신들, 우주의 질서를 주관하는 신들, 동부 사막지대를 수호하는 신들의 순서대로 언급된다.

121) "임헤트의 여주(Lady of Imhet)" 또는 "성스러운 동굴의 여주(Lady of the Sacred Cavern)"는 파라오의 수호여신인 우레우스를 가리킨다. 여기서 '임헤트', 즉 '동굴'은 오늘날의 텔 엘-파라인(Tell el-Fara'in)의 고대 지명인 부토(Buto)를 말한다. 원문에 삽입된 기원문인 "(모쪼록) 여신께서 폐하의 머리를 감싸시기를"은 파라오의 이마 위에 곧추서서 파라오를 호위하는 우레우스의 신격을 표현한다.

122) "누의 첫째 동아리(First Conclave of Nu)"는 태초의 대양 누, 다시 말해 창조력으로 충만한 물의 힘과 나일강의 범람을 주관하는 창조신들을 말한다.

123) "이방의 민-호루스(Min, Horus of Foreign Lands)"는 "민, 즉 이방들 사이의 호루스"를 의역한 것이다. 선왕조 시대(기원전 5300~기원전 3000년경)부터 숭배되었던 민은 생식력과 다산의 신으로서 발기한 성기를 드러낸 남신으로 형상화되었는데, 상이집트 동부의 사막·광산·채석장의 수호신이었다. 테베 지역에서는 아문과 습합되어 '아문-민(Amun-Min)'으로, 다른 한편으로는 호루스와 습합되어 '민-호루스'로 각각 숭배되었다. 여기까지가 신들의 두 번째 동아리다. 첫 번째 동아리와 마찬가지로 왕권과 관련된 신들, 우주의 질서를 주관하는 신들, 동부 사막지대의 수호신 순서로 언급되었다.

124) "웨레레트(Wereret)"는 '위대한 여신(Great One)'이라는 뜻으로 여신으로 의

트의 여주,[125] 누트,[126] 하웨리스-레,[127] 수로의 땅과 바다 섬들의
모든 신[128] — 이들께서 폐하의 코에 생명과 권세를 내리시고 이
들의 너그러움과 폐하가 하나가 되게 하시기를,[129] 무궁한 영겁

---

인화된 왕관을 의미하며, B208행에서 언급된 "임헤트의 여주", 즉 우레우스
와 조응한다.

125) "푼트의 여주(Lady of Punt)"는 하토르를 가리킨다. 푼트는 고왕국 시대부터
이집트인이 중앙아프리카의 특산물과 신전의 여러 의식에 꼭 필요한 향을
수입하던 곳이다. 이집트인은 이곳을 '신들의 땅'으로 불렀는데, 정확한 위
치는 아직도 밝혀지지 않았다. 학자에 따라 에리트레아 인근이나 소말리아
북부의 해안지대 등이 후보지로 거론된다.

126) 누트는 B207행에 언급된 헬리오폴리스의 아홉 주신 중 한 명으로 하늘의
여신이다. 앞서 B172~173행에 언급된 것처럼 누트는 매일 밤 태양신을 잉
태한 후 매일 아침 어린 태양신을 분만하는 부활의 권능을 가졌다. 원문에
서는 바로 다음에 언급된 "하웨리스-레(Haroeris-Re)"와 함께 우주의 질서
를 주관하는 신으로서 언급되었다.

127) "하웨리스-레"는 '장자 호루스-레'를 의미한다. 〈오시리스 신화〉에 편입되
기 이전부터 존재했던 천신-태양신으로서의 호루스를 '위대한 호루스(Great
Horus)', 그리스식으로는 '하웨리스(Haroeris)'라고 부르는데, '장자 호루스
(Horus the Elder)' 역시 이와 유사한 신격을 보유한다. 태양신 레와 습합되
면서 높은 신격을 갖춘 노년의 태양신을 지칭하게 되었다.

128) 마지막으로 시누헤는 "수로의 땅과 바다 섬들의 모든 신", 다시 말해 이집트
와 이방의 모든 신을 언급한다. "수로의 땅(Canal-Land)"은 검은 땅과 함께
이집트를 가리킨다. "바다 섬들", 즉 "거대한 푸른 물의 섬들"은 이집트를 제
외한 이방의 모든 지역을 상징하는 표현이다. 세 번째 동아리는 웨레레트와
하토르가 왕권의 수호신으로, 누트와 하웨리스-레가 우주의 섭리를 주관하
는 신으로, 수로의 땅과 바다 섬들의 모든 신이 이방의 신들로 각각 언급되
었다.

129) "이들의 너그러움"은 "이들의 선물"을 의역한 것으로, B175행의 "왕실의 선
물"을 상기시킨다. 고대 이집트의 도상(圖像, iconography)에서 신들은 생명
을 상징하는 성각문자를 왕의 코에 댄 모습, 즉 생명을 코로 불어넣는 모습
으로 자주 묘사된다. 본문의 표현은 조형예술상의 묘사를 반영한 것이다.

회귀와 끝없는 영원불변의 축복을 폐하께 내리시기를,[130] 폐하의 존외(尊畏)가 온 땅과 사막에 거듭되고 태양 원반이 주행하는 모든 곳이 폐하께 복종하기를 바랍니다.[131] 이것은 서방으로부터 구원받은 소인이 그의 주를 위해 올리는 기도입니다.[132]


(B214~218) 신민을 (두루) 살피시는 통찰의 주께서는 소인이 아뢰기 두려워하던 것을 왕궁의 현신(現身)으로서 인지하고 계십

---

130)  고대 이집트인은 (영원한) 시간을 하나의 개념이나 단어를 사용해 포괄적으로 정의하지 않았다. 대신 "영원한 반복성(Eternal Recurrence)"과 "영원한 동일성(Eternal Sameness)"이라는, 서로 대극(對極)이 되는 두 가지 개념을 사용했다. 순환적 시간관 속에서 '영원한 반복성'은 역동적이고 반복적인 변화(change)를, '영원한 동일성'은 완전한 상태로 완결된 정체(停滯, stasis)를 각각 의미한다. 여기서 '영원한 동일성'은 창조의 순간 정해져 세상이 끝날 때까지 변하지 않는 완전한 양식을, '영원한 반복성'은 '영원한 동일성'을 통해 영구적으로 고착된 원칙을 바탕으로 발현되는 반복적이고 다양한 현상을 각각 상징한다. 이 책에서 '영원한 반복성'은 "영겁회귀(continuity)"로, '영원한 동일성'은 "영원불변(perpetuity)"으로 각각 번역했다. 한편, 두 번째 기원문의 목적어로 언급된 "무궁한 영겁회귀와 끝없는 영원불변"은 B171행의 "그들이 저를 영겁회귀의 성읍으로 보내오니"와 B172~173행의 "여주께서 … 제게 영겁회귀의 축복을 내리실 것입니다."를 상기시킨다.

131)  앞서 언급된 "태양신"과 마찬가지로, "태양 원반(solar disc)" 역시 왕권을 상징하는 존재로 언급되는데 이는 이야기의 서두 R6~7행의 "세헤텝이브레 폐하께서 하늘에 오르시어 태양 원반과 하나가 되시고"라는 표현을 상기시킨다.

132)  B214행에 언급된 "서방으로부터 구한다"는 표현은 '죽음(의 영역)에서 구한다'는 의미다. 왕의 결정에 따라 시누헤가 죽음에서 구원받고 영생을 누리게 되었다는 사실을 다시 한번 언급한다는 점에서, 이 표현은 B203행의 "저를 죽음에서 구한 결정"과 조응한다. 한편, 왕으로부터 포고문과 함께 이집트로의 귀환을 허락받은 시누헤는 신께 기도를 올림으로써 왕의 호의에 보답하고자 한다.

니다.[133] 그것은 거듭 여쭙기 중대한 일과 같은데[134] 위대한 신, 태양신의 현현께서는 자신을 위해 일하는 자를 스스로 깨치게 하십니다. 소인은 시교(示敎)하시는 분의 손에 있으니, 그분의 의도 아래 놓이게 하소서.[135] 폐하께서는 (모든 것을) 취하시는 호루스이시니 폐하의 양손은 모든 땅을 제압합니다.[136]

---

133)  "통찰의 주"는 전통적으로 창조주를 가리키는 호칭 중 하나다. 창조의 권능을 가진 신은 창조되어야 할 대상을 인식하는 '창조적 인식력' 또는 '창조적 기획력'과 창조하려는 대상을 실제로 창조할 수 있는 '창조의 능력' 또는 '창조적 발화의 능력'을 모두 가지고 있어야 한다. 고대 이집트의 창세신화에서 이 두 권능은 신격화되어 '창조적 인식력'을 상징하는 '시아(Sia)'라는 신과 '창조적 발화'를 상징하는 '휴(Hu)' 또는 생각한 것을 실행할 수 있는 '주술의 권능'을 상징하는 '헤카(Heka)'로 각각 표상되는데, 일반적으로 태양의 전용 범선인 태양선(solar barque)에서 태양신을 보좌하는 모습으로 묘사된다. 한편, 이 문장에서는 '인지하다', '통찰하다'를 의미하는 '시아'라는 발음의 동사가 각기 다른 품사로 세 차례 사용되었는데, 고대 이집트인은 붉은색으로 쓰인 이 문장의 첫 부분을 "넴 시아 시아 레쿠트 시아에프 ……"와 비슷하게 읽었을 것이다. 같은 어근에서 파생되었기 때문에 발음은 같지만, 문장성분은 서로 다른 단어들이 절묘하게 반복되면서 마치 동어반복과 같은 효과를 구사할 수 있었던 창작자의 문학적 기교가 그 어느 때보다 돋보이는 부분이다. 여기서 첫 번째 '시아'는 명사로 전용된 동사로서 바로 다음 명사인 '주인'과 직접 속격(direct genitive) 관계로 결합해 명사구 "통찰의 주"를 구성한다. 두 번째 '시아'는 분사로서 선행사인 "인지의 주"를 수식해 "(두루) 살피시는 통찰의 주"를 구성한다. 세 번째 '시아'는 동사로서 "신민을 인지하는 인지의 주, 그가 인지한다."라는 문장을 완성한다.

134)  직역하면, "그것을 반복하기(에는) (너무) 큰 문제와 같다."이다. 한편, "큰 문제"를 '대단한 일' 또는 '대단한 사건'으로 해석해 왕이 시누헤에게 포고문을 보낸 것으로 보는 견해도 있다.

135)  "시교하시는 분"은 "그에 대해 자문하는 자"를 의역한 것인데, 여기서는 왕을 가리킨다. 전치사구 "그에 대해"에서 "그"는 시누헤를 말한다. 이 문장에서 시누헤는 자신이 완전히 왕의 처분 아래 놓여있음을 강조한다.

(B219~223) 더구나 폐하께서 카타누의 마키, 키주 남쪽의 칸투다위쉬, 페케누 두 땅의 무니네스를 <u>부르시는 것이 온당하니</u>[137] 이들은 폐하의 성은으로 성장한 명망 있는 지배자들입니다.[138] 레체누는 두말할 것이 없으니, 폐하의 것으로 폐하의 개와

---

136) "폐하의 양손은 모든 땅을 제압합니다."는 "그대의 두 팔은 모든 땅에 대해 강건합니다."를 의역한 것이다. 같은 행에 언급된 "(모든 것을) 취하시는 호루스"와 함께 B218~219행에 묘사된 왕의 면모는 B217행에서 언급한 "~의 손에"라는 표현으로 요약될 수 있는 왕에 대한 종속의 관계를 시누헤 개인에서 모든 이방과 전 우주로 확대한다.

137) 첫 번째 단어 "마키"는 '왕'을 의미하는 셈어 '말레크(√m-l-k)'를 음역한 것으로 보인다. 아울러 "칸투다위쉬"는 '지배자(ḫantawattiš)'를 뜻하는 루위어(Luwian)로 추정된다. 고대 이집트의 중왕국 시대와 신왕국 시대에 오늘날의 튀르키예에 해당하는 아나톨리아(Anatolia)를 지배했던 민족은 히타이트(Hittite)족이었다. 그런데 히타이트족 이외에도 아나톨리아 남부 및 서부 지역에는 루위(Luwiya)족이, 흑해 북서쪽에는 팔라(Pala)족이 정치적 세력을 형성하고 있었다. 이들의 언어, 즉 히타이트어(=네사어·루위어·팔라어)와 이후 등장하는 리디아어(Lydian)나 리키아어(Lycian) 등은 모두 인도-유럽 어족에 속한다. "칸투다위쉬"와 함께 언급된 "키주"는 루위 지역에서 가장 강력한 세력을 과시했던 키주와트나(Kizuwadna)를 가리키는 것으로 보인다. 한편, "무니네스" 역시 '지배자(ammummines)'를 뜻하는 후르리어(Hurrian)로 보인다. 후르리어를 사용했던 민족(후르리족)은 오늘날의 튀르키예 동부와 시리아 및 이라크 북부, 이란 북서부를 아우르는 광대한 지역에 미탄니(Mitanni) 왕국을 건설했다. 끝으로, "페케누 두 땅"의 의미는 명확하지 않으나 이 지역의 강에 의해 분할된 지역일 것으로 추정된다. (단순한 회신이 아닌) '보고서'의 취지에 맞게 시누헤는 여기서 이들 지역의 통치자들과 외교 관계를 수립하라고 왕에게 조언하고 있다.

138) 시누헤는 카트나, 키주와트나, 페케누의 통치자를 차례로 언급하는데, 이는 그가 B218행에서 언급한 왕의 속성, 즉 "폐하의 양손은 모든 땅을 제압합니다."에 부합할 뿐만 아니라, 왕의 부름을 받을 만한 자격이 있는 이들 통치자와 작은 부족의 족장에 지나지 않는 자신의 지위를 선명하게 대비시킨다. 이런 대비는 이어 언급될 파격적인 선언의 근거가 된다.

같습니다.[139)]

(B223~234) 소인이 저지른 도주는 의도된 것이 아니니, 그것은 제 마음에 없었으며 제가 궁리한 것이 아닙니다. 제가 어떻게 이곳으로 떨어져 나왔는지 모르니, 마치 꿈이 인도한 것 같으며, 마치 갈대에 속한 자가 아부에서 자신을 보는 것과 같고, 습지 사람이 활의 땅에 있는 것과 같습니다.[140)] 저는 두려워하지 않았으니 그 누구도 제 뒤를 쫓지 않았으며, 저도 책망하는 언사를 듣지 않았으니 그 누구도 제 이름을 전령의 입에서 듣지 못했습니다—다만 온몸에 소름이 돋으니 두 발은 허둥대고 제 심장이 저를 조종하는 가운데 이 도주를 운명으로 부여하신 신께서 저

---

139) "레체누는 두말할 것이 없으니"는 "레체누를 상기함이 없이"를 의역한 것이다. 레체누는 앞서 언급한 세 지역보다 이집트에 가까우며 여러 부족이 느슨한 연합체를 이룬 상태여서 통일 왕조인 다른 지역보다 이집트의 직접적인 영향권에 속해 있었다. 이 때문에 시누헤는 자신의 망명지인 레체누에 대해 "폐하의 개와 같습니다." 같은 배은망덕한 언사를 서슴없이 내뱉는다. 그런데 시리아-팔레스타인을 '개'에 비유하는 사례는 어용문학 장르였던 왕실 교훈서에서도 찾아볼 수 있다. 《아멘엠하트 1세의 교훈서》 12장에서 아멘엠하트 1세는 외적으로부터 이집트를 보호했던 때를 회상하며 다음과 같이 말한다. "나는 시리아인이 개걸음(dog-walk)을 걷게 만들었다."(M 3.1)

140) 시누헤는 B43행에서 암무넨쉬에게 했던 대답을 되풀이하고 있다. 전치사구의 뒷부분이 붉은색으로 표기된 이유는 알 수 없으나 역설적인 상황을 강조할 목적으로 추정된다. 한편, 다음에 이어지는 문장은 B41~42행의 변주라 할 수 있다. 붉은색으로 표기된 부분만 새로 덧붙은 것으로 보아 왕에게 보내는 편지에서는 B39행에서 그가 묘사했던, "제 심장—제 몸속에 있는 것이 그것이 아니었기에"와는 다른 심리 상태를 표현하려고 한 것으로 보인다. 한편, "아부(Abu)"는 '코끼리의 땅'으로서 오늘날의 아스완(Aswan) 지역에 해당하는, 고대 이집트 최남단 도시였던 엘레판틴을 가리킨다.

를 끌고 가실 뿐이었습니다.[141] 저는 교만한 자, 출중한 자, 두려움을 사는 자, 자신의 땅에 알려진 사람이 아니지만[142] 태양(신)께서 폐하의 두려움을 온 땅에, 폐하의 공포를 온 이방 땅에 퍼뜨리셨으니 제가 고국에 있든 이 땅에 있든 이 아케트를 덮으시는 분은 폐하이십니다.[143] (오직) 폐하에 대한 사랑으로 태양 원반은 떠오르고 강의 물은 폐하께서 윤허하실 때 그들이 (비로소) 마시며 하늘의 공기는 폐하께서 말씀하실 때 그들이 (비로소) 들이쉽니다.

(B234~238) 소인에게 행해진 것은 돌아가는 것이오니 (이제)

---

141) "다만 온몸에 소름이 돋으니"는 "제 사지를 기어다니는 그것은 별도로 하고"를 의역한 것이다. 온몸에 돋은 "소름"은 자신이 파악할 수 없는 불가항력을 표현하려고 언급됐으며, 이어 자신도 모르게 도주를 감행하는 시누헤의 모습이 진행형을 통해 박진감 있게 묘사된다. 한편, 시누헤는 도주를 기획할 능력이 있는 "심장", 요컨대 개인의 자발적 의도를 상징하는 기관과 신적인 불가해성과 불가항력을 상징하는 존재, 즉 "이 도주를 운명으로 부여하신 신"을 절묘하게 병치시킴으로써, 자신의 도주가 그가 저지른 것인 동시에 다른 한편으로는 신의 의도였다고 강력히 주장한다.

142) 앞서 B219~223행에서 이방의 지배사와 자신의 지위를 대비시킨 것과 마찬가지로, 시누헤는 자신의 지위를 이후 B231~234행에서 묘사될 왕의 절대적인 지위와 대비시키고 있다. 한편, "교만한 자"는 "등이 높은 자"를, "자신의 땅에 알려진 사람"은 "그의 땅이 아는 사람"을 각각 의역한 것이다.

143) "태양(신)께서 폐하의 두려움을 온 땅에, 폐하의 공포를 온 이방 땅에 퍼뜨리셨으니"라고 선언함으로써 시누헤는 태양(신)의 권능에 힘입어 온 세상에 널리 퍼진 왕의 위세를 강조한다. 이어지는 문장에서는 자신이 어디에 있든 왕의 지배 아래에 있(을 수밖에 없)다는 사실을 담담히 언급함으로써 자신의 도주가 얼마나 무의미한지 고백한다. 그러므로 "이 아케트를 덮으시는 분"에서 "이 아케트"는 시누헤가 머무는 레체누로 해석될 수 있다.

2장. 레체누에서의 생활

소인은 <u>소인이 이곳에서 생산한</u> 제 아이들에게 일임할 것입니다.[144] 폐하께서 주시는 공기로 누구든 사는 것이니, 폐하께서는 뜻하는 바대로 하소서.[145] 태양신과 호루스, 하토르께서, 테베의 주 몬투께서 영원불변하도록 생존하기를 바라시는 폐하의 이 고귀한 코를 사랑하시기를 기원합니다.[146]

---

144) 행이 바뀌면서 필사한 서기관이 여격 전치사를 빠뜨린 것으로 보인다. 또한 새로운 페이지가 시작된다는 것을 붉은색으로 표시했다. 한편, "아이들"로 번역한 집합명사는 원래 조류의 '새끼들'을 의미한다. 이 집합명사는 문법적으로 여성이지만 이 선행사를 수식하는 관계사절인 "내가 만든(생산한)"이 남성형인 것으로 보아 시누헤 또는 이 텍스트를 필사한 서기관이 '아들들'을 염두에 뒀음을 짐작할 수 있다.

145) B217행에서 "소인은 시교하시는 분의 손에 있으니, 그분의 의도 아래 놓이게 하소서."라고 언급했던 것과 마찬가지로, 이 문장을 통해서도 시누헤는 귀국 후 자신의 신병을 오롯이 왕의 처분에 맡긴다.

146) 회신의 마지막 기원에 언급된 "폐하의 이 고귀한 코"는 앞서 설명한 것처럼 고대 이집트의 조형예술에서 신들이 파라오의 코에 '생명'을 부여하는 장면을 연상시키며, 이와 동시에 B236행의 "폐하께서 주시는 공기로 누구든 사는 것이니"라는 시누헤의 선언과도 조응한다. 여기서 시누헤는 신들이 왕의 코에 생명을 부여하듯 왕도 자신에게 생명의 선물, 즉 사면을 단행해달라고 염원한다. 마지막으로, 회신의 시작 부분인 B206~211행에서 수많은 신이 언급된 것과 대조적으로, 끝부분에서는 이들 중 가장 중요한 신들, 즉 창조주인 '태양신'과 왕권의 상징인 '호루스', 이방의 수호신인 '하토르', 테베의 주신이자 전쟁신인 '몬투'만 간략하게 언급된다.

**세티 1세의 코에 생명을 부여하는 토트**

주로 따오기의 머리를 한 남신으로 표상되는 지혜와 문자의 신 토트(Thoth)가 '생명'을 의미하는 성각문자를 신왕국 시대 제19왕조 세티 1세(Sety I, 기원전 1294~기원전 1279년)의 코에 부여하는 모습이 아비도스에 건립된 그의 장제전(葬祭殿, mortuary temple) 부조에 묘사되어 있다.

# 시리아-팔레스타인을 어떻게 볼 것인가?

고대 이집트인은 주변의 외국인에게 언제나 양가적인 태도를 보였다. 우선, 외국인이 집단·민족·국가일 때는 거의 예외 없이 이집트인이 생각했던 우주적 질서이자 사회적 준거였던 '마아트(ma'at)'의 적으로 묘사되었다. 신적 질서인 마아트는 그 자체로 신성했으나 저절로 유지될 수는 없는 취약한 질서였다. 따라서 우주가 창조 이전의 '무질서한 원래의 평형상태(original equilibrium of the disordered state)'로 되돌아가는 것을 막으려면 신과 인간을 비롯한 우주의 구성원 모두가 질서와 정의가 유지될 수 있도록 '지속적인 에너지의 투입(constant input of energy)'에 동참할 필요가 있었다.

마아트의 대극 지점에 '이제페트(izefet)'가 있었다. 이제페트는 '무질서', '불의', '거짓(falsehood)' 등을 개념화한 것으로, 신적인 우주의 질서를 지속해서 위협하는 존재로 인식되었다. 마아트와 이제페트라는 이분법적인 사고방식은 이집트의 국경 밖에 존재하는 지역과 그곳의 거주민에 대한 인식에도 영향을 미쳤다. 고대 이집트인은 국경의 남쪽에는 누비아인, 서쪽에는 리비아인, 동북쪽인 시리아-팔레스타인과 서아시아에는 아시아인 등이 존재한다고 생각했는데, 우주의 질서가 이상적으로 확립된 이집트와 달리 이집트의 국경 밖에서 집단·민족·국가를 형성한 주변의 이방인은 이제페트의 구현이자 마아트의 적으로 여겨졌다.

그 결과, 고대 이집트의 문헌과 조형예술에서 이집트를 둘러싼 외국인이 하나의 동아리로서 적으로 취급될 때는 '열방(列邦)의 적'을 뜻하는 '아홉 활(Nine Bows)'이라는 용어가 사용되었다. 고대 서아시아의 전투에서 활은 기원전 12000~기원전 9000년경부터 사용되기 시작했으며, 원거리에서 적을 살상할 수 있는 가장 강력한 무기로 널리 선호되었다. 이 때문에 이집트에서는 이민족을 상징하는 문학적·도상적 기표로 활이 널리 사용되었다. 반면, 이집트는 창조주에 의해 최초로 구현된 (질서 잡힌) 공간이자 신과 인간, 인간과 인간 사이에 완벽한 조화가 실현된 마아트의 영역이었다. 지상에 구현된 유일한 마아트의 영역인 이집트가 '야만적인' 이민족에 둘러싸여 있다는 일종의 '문명의 고립' 개념은 스스로 중화(中華)를 자처하고 동서남북 사방이 오랑캐로 둘러싸여 있다고 믿었던 중국의 자국 중심적 세계관과 대단히 유사하다.

이처럼 마아트와 이제페트를 바탕으로 하는 이분법적인 사고방식은 외국인을 바라보는 이집트인의 시선을 이해하는 데 중요한 단서를 제공한다. 마아트는 우주적 질서를 구현할 뿐만 아니라 사회질서를 유지하는 원리로서 고대 이집트의 사회적 윤리의 바탕이 되었다. 따라서 삶 속에서 마아트를 실천하고 보호하는 것은 모든 이집트인의 의무였다. 특히 왕에게는 마아트를 자기 삶뿐만 아니라 이집트 사회전반에 걸쳐 구현해야 하는 이중의 의무가 부과되었다. 다시 말해, 신과 (이집트인만 의미하는) 인간의 유일한 매개자인 왕에게는 이집트의 국경을 끊임없이 위협하는, 주변의 외국인으로 표상되는 마아트의 적을 물리치고 말살해야 할 의무가 있었다. 이 때문에 이집트 조형예술과 문학작품에서 파라오는 항상 마아트의 수호자로서 이방을 제압하고 정복하는 전사로 묘사되었다.

중왕국 시대에 창작된 《센와세레트 3세 찬가》는 이집트의 국경을 방어하고 외세의 위협으로부터 이집트를 보호하는 군주의 기본적인 역할을 찬양한다.

> 찬양하옵니다, 카카우레, 신성한 탄생이신 우리의 호루스여,
> 땅을 보호하고 국경을 넓히시는 이,
> 그의 왕관으로 이방을 복속시키시는 이,
> 두 팔의 행함으로 두 땅을 보듬어 안으시는 이,
> 그의 행함으로 이방을 물리치시는 이,
>
> － 《센와세레트 3세 찬가》, *p. UC 32157*, 1. 2~4

이처럼 정치 선전문 성격이 강했던 공적인 문헌에서는 외국인과 그들이 태어나고 살아가는 국경 밖의 지역이 언제나 부정적인 이미지로 정형화되었으며, 이와 같은 적대적인 이미지는 왕권을 강화하고 사회 내부의 결속력을 높이는 데 이바지했다. 이로 인해 생겨난 이집트인과 외국인 사이의 거리감은 일견 회복될 가망이 없어 보인다. 《시누혜 이야기》 B117~120행에 언급된 것처럼, 레체누에서 족장으로 성공적인 삶을 살아가는 자신을 질투한 현지의 시리아 전사가 결

투를 신청했을 때 시누헤는 "진실로, 저는 다른 무리 사이에 있는 야생 황소라서 (그) 무리의 우두머리 황소가 공격하려 하고 거세한 황소들이 달려듭니다."라고 한탄한다.

그러나 이집트인이 외국인을 언제나 적대적이고 부정적으로 본 것은 아니었다. 외국인이 집단·민족·국가로 표상될 때는 거의 예외 없이 마아트의 적으로 묘사되었으나, 이들이 직접적이고 개인적인 접촉을 통해 개별적 존재로 인식될 때는 고유의 인격과 특성을 보유한 개인으로, 더 나아가 교류하고 신뢰할 수 있는 인물로 묘사되었다. 집단이 아닌 개별적 존재로서의 외국인에 대한 우호적인 시각은 《시누헤 이야기》에서도 발견된다. B26~28행에서 한 시리아 길잡이는 도주 중인 시누헤에게 물을 주고 우유를 끓여주는 친절을 베푼다. 또한 암무넨쉬도 자기 장녀뿐만 아니라 자기 영지 중 가장 좋은 곳을 시누헤에게 내주는 우호적인 인물로 묘사된다. 더구나 이야기의 후반부인 B243~246행에서 국경초소를 통과해 이집트로 돌아오는 시누헤는 그의 귀향길을 동행한 레체누 친구들의 이름을 일일이 부른다. 이것은 이집트인인 시누헤와 친구가 된 외국인은 이제 이름 없는 이제페트의 화신이 아니라 이집트인과 똑같은 육신과 영혼을 가진 개인으로 인식되었다는 의미다. 요컨대, 이미 중왕국 시대부터 외국인을 바라보는 이집트인의 현실적인 시각이 왕권의 정통성을 강조하고 고착된 이념을 강화하려는 어용문학 작품에서 발견되는 시각과 달랐음을 드러낸다.

외국인을 대하는 고대 이집트인의 양가적인 태도는 '토포스(topos)'와 '미메시스(mimesis)'라는 두 개념으로 설명할 수 있다. 토포스는 '이

고전 길라잡이 둘

집트 사회가 이념적으로 기대하는 바로서 지배층에 내재화되는 것'으로 정의되며, 미메시스는 '이러한 기대에 대한 (또는 반하는) 개개인의 반응'을 반영한다. 이념적 토포스는 귀족의 자전적 기록, 교훈서, 왕을 위한 찬가 등 고대 이집트에서 비교적 높은 지위를 차지했던 어용문학 장르를 통해 표현되었으며, 이집트인이 주변의 외국인과 직접 대면하며 체득한 개인적인 경험은 더 자율적인 서사문학 장르에 속하는 문학작품 속에서 미메시스로 반영되면서 외국과 외국인에 대한 더욱 사실적인 묘사를 가능하게 했다.

이집트인은 외국인이 거주하는 땅에 대해서도 양가적인 태도를 보였다. 고대 이집트의 창세신화를 바탕으로 한 공적인 국가이념에 따르면 이집트는 세상에서 가장 축복받은 땅이자 지상의 유일한 문명국이지만, 외국은 하나같이 비참한 상황을 벗어나지 못하는 황폐한 곳인 동시에 자신들과 다른 부류의 사람들이 사는 혼돈의 영역으로 여겨졌다. 그러나 다른 한편으로, 경제적이고 실용적인 관점에서는 외국이 노동력의 공급원으로, 진귀한 보석이나 석재, 이집트에서 구할 수 없는 원자재와 특산품이 풍부한 곳으로 여겨졌다. 그리고 《시누헤 이야기》에서 볼 수 있듯이 외국을 직접 체험한 이집트인을 통해서는 심지어 일종의 지상낙원처럼 묘사된다. B81~85행에서 언급된 것처럼 시리아에 자리한 시누헤의 망명지 이아아는 모든 게 풍족한 풍요의 땅으로 그려진다.

특히 《시누헤 이야기》와 동시대의 서사문학 작품인 《난파당한 선원》에는 "온갖 좋은 것"으로 넘쳐나는 외국이 더 구체적으로 묘사되어 있다. 이 작품은 항해 중에 난파를 당해 한 번도 가본 적 없는 미지의 땅으로 표류한 선원의 이야기인데, 섬에 표류한 선원은 오래지 않아 그곳에 먹을 것이 풍부하다는 걸 알게 된다. 아울러 섬은 뱀의 형상을 한 신의 지배를 받는, 온갖 진귀한 것이 지천으로 넘쳐나는 전설 속의 유토피아로 묘사된다. 《난파당한 선원》의 끝부분에서 선원은 자신에게 이런저런 호의를 베푼 뱀 신에게 자신이 이집트로 돌아가면 온갖 진귀한 재물을 바치겠다고 약속한다. 이 말을 들은 뱀 신은 선원에게 다음과 같이 말한다.

> 그대에게 몰약이 그렇게 많은가? (그대가) 향의 주인이 되었는가?
> 나야말로 푼트의 주인이며 몰약은 내 소유물이네.
> 그대가 가져오겠다는 그 헤케누 기름은 이 섬의 주산물이네.
>
> – 《난파당한 선원》, *p. Hermitage 1115*, 150~152

푼트는 비블로스와 함께 이집트가 평화적인 교역 활동을 지속했던 몇 안 되는 외국 땅이었으며, 이들 지역에 대한 이집트인의 인식도 대체로 우호적이었다. 따라서 이집트인이 자신들의 땅이 유일하게 풍요로운 곳이라고 생각하지 않았다는 것은 분명하다.

요컨대, 이집트인은 외국을 한편으로는 이제페트의 공간으로 인식하면서도 다른 한편으로는 진귀한 산물이 가득한 곳으로 동경했다. 《난파당한 선원》에 언급된 푼트의 사례에서 볼 수 있듯, 외국은 교역이나 조공을 통해 이집트에서 구할 수 없는 원자재나 보석, 이국적인 특산물을 확보할 수 있는 곳이었다. 외국과의 교역은 왕실의 독점사업이었으며, 파라오들은 초기왕조 시대 제1왕조(기원전 3000~기원전

2890년경)부터 이미 교역을 통해서만 확보할 수 있는 자원을 사들이려고 관리를 외국으로 파견했다.《시누헤 이야기》에는 교역이나 탐사에 대한 직접적인 언급은 없지만 이집트와 시리아-팔레스타인 도시국가 사이에 활발했던 교류를 엿볼 수 있는 내용이 자주 언급된다.

우선, 앞서 언급되었던 '군주의 벽'과 뒤에 나오는 '호루스의 길(Ways of Horus)'의 역할에 주목할 필요가 있다. 군주의 벽은 시리아-팔레스타인의 유랑민으로부터 이집트를 방어하려고 만든 요새로서, 시나이반도 북부의 교역로를 관리하고 시나이반도에 산재한 광산지역을 탐사할 때 출발지 역할을 했다. 시누헤가 망명지의 지인들과 함께 이집트로 돌아올 때 사용한 호루스의 길은 이 길을 오가는 대상을 보호하고 유랑민의 공격을 예방하기 위해 곳곳에 검문소와 병영을 갖추고 있었다.《시누헤 이야기》의 B94~97행에는 이집트와 시리아-팔레스타인 사이에 전령이 끊임없이 오갔다는 사실을 시사하는 대목도 나온다. 시누헤는 망명 중에도 이들 전령과 지속적으로 접촉한 것으로 보인다. 그리고 B173~177행에서 언급된 것처럼, 당시 이집트가 시리아-팔레스타인 지역에 구축해놓은 광대한 통신망을 통해 이집트로 돌아가고 싶다는 뜻을 왕에게 알릴 수 있었다. 고고학적으로도 《시누헤 이야기》가 창작되었던 때와 같은 시기의 이집트 유물이 레체누 전역에서 발견되었으며, 베이루트에서 우가리트(Ugarit)에 이르는 지역에서도 이집트 왕실 유물이 다수 출토되었다.

이처럼 이집트인은 외국과 외국인에 대해 양가적인 태도를 보였지만, 적어도 중왕국 시대에 창작된 서사문학 작품의 주인공들에게서 일관되게 관찰되는 성향이 있다. 바로 외국 땅에서 모국인 이집트로 반드시 돌아가고자 필사적으로 노력하는 것이다. 《시누혜 이야기》에서 시누혜는 말년에 이르러 이아아에서 성취한 재산과 사회적 지위를 모두 포기하고 이집트로 돌아가고자 한다. 《난파당한 선원》의 주인공역시 무엇 하나 부족하지 않은 '신들의 땅'인 푼트에 머물면서도 이집트로 되돌아갈 날만 기다린다. 시누혜나 선원에게 외국은—그곳이 아무리 풍요롭고 안락하다 하더라도—삶의 특정 단계에서 부득이하게통과하는 곳이지, 결코 새롭게 뿌리내리고 영구히 정착할 곳은 아니었다. 다시 말해, 이들에게 외국은 일종의 '통과의례'를 경험하는 공간일 뿐이었다. 중왕국 시대의 서사문학에서 일관되게 찾아볼 수 있는 이런 '귀향 지향적' 성향은 이들의 의식 속에 깊이 뿌리 박힌 '구심형 공간개념'을 드러내는데, 이런 공간개념은 신왕국 시대에 접어들어서야 비로소 약해진다.[147]

결론적으로, 외국/외국인에 대한 이집트인의 양가적 태도는 서로 어긋나는 두 개의 관점, 다시 말해 어용문학 작품을 통해 표현되는 이집트 중심의 세계관인 이념적 토포스와 경제적·상업적 동기에 초점을 둔 개인적 반응인 미메시스 사이의 괴리 또는 충돌에서 비롯되었다고 할 수 있다. 어용문학과 달리 이집트의 서사문학은 이 두 가지

---

147) 신왕국 시대에 창작된 서사문학 작품은 대부분 외국을 현실적으로 묘사하지 않는다. 중왕국 시대의 서사문학에서 주인공들의 '통과의례' 장소로 묘사되었던 외국은 신왕국 시대가 되면서 안과 밖의 실체가 분명하지 않은 '가상적 공간'으로 그려진다. 이 가상의 외국이 등장하는 신왕국 시대 이집트인의심성은 '원심형 공간개념'으로 설명될 수 있다. 요컨대, 이집트 내부와 외부사이의 차별성이 사라짐으로써 작품의 주인공들은 이집트에서 외부로 이행하는 것이 아니라 '실제'의 공간에서 '가상'의 공간으로 이행하는 것이다.

상반되는 관점을 동시에 드러냄으로써 고대의 독자는 물론이고 현대의 독자에게도 '서로 다른 현실에 대한 비전'과 '대안이 될 가능성의 경험'을 제시할 수 있는 유연성을 가지고 있었다. 이와 같은 서사문학의 유연성은 이집트 문명이 종언을 고한 지 3,000년이 지난 지금까지도 이주 노동자, 인종청소, 종교분쟁, 국제 테러 등과 같은 문제에 있어 '우리'와 '그들'이라는 끈질긴 이항 대립의 악순환을 끊지 못하는 현대의 독자들에게 많은 것을 시사해줄 수 있을 것이다.

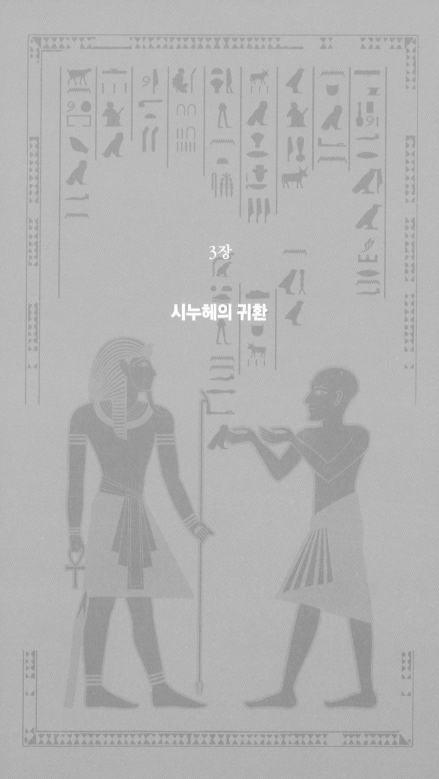

3장

시누헤의 귀환

# 12. 시누헤의 귀국과 알현

**"보시오, 시누헤가 아시아인이 되어 돌아왔구려." (B264~265)**

B178~199행의 왕실 포고문과 B204~238행에 달하는 시누헤의 회신이 끝나면서 끊어졌던 이야기가 다시 시작된다. 회신 부분이 끝났는데도 B 필사본의 서기관은 서간문의 양식에 따른 수평 표기법을 B276행까지 유지하고 있으며, B241행에서는 서간문에서 자신을 낮춰 부르는 표현인 "이종"이 여전히 사용되었다.

(B238~243) 내가 내 재산을 자식들에게 양도할 수 있도록 이 아아에서 하루를 보내는 것이 허락된다. 장남이 내 부족을 맡으니 내 부족과 모든 재산이 그의 손에 놓이고, 식솔과 모든 가축, 과일나무와 모든 대추야자나무도 그의 차지가 된다.[148] (이제) 이

---

148) B238~242행까지 새로운 이야기가 시작될 때 사용되는 서사부정사가 일지의 형식으로 사용되었다.

3장. 시누헤의 귀환

종[시누헤]은 상류로 올라갔다. 내가 호루스의 길에 올라섰을 때 순찰을 책임지던 그곳의 주둔군 사령관이 그 사실을 알리기 위해 내지로 기별을 보냈다.[149]

(B243~247) 그러자 폐하께서 왕실의 유능한 관리 중 한 명인 농장 관리인을 파견하셨고, 그 뒤로 나를 호루스의 길로 보내면서 나를 따라온 아시아인을 위한 왕실의 선물을 실은 범선이 따라왔다.[150] 나는 시종들이 시중을 드는 가운데 그들 하나하나의 이름을 불렀다.[151] 바람이 불 때 출항하니 내가 이취[타위]에 도착할 때까지 내 옆에서 빵을 만들고 맥주를 빚었다.[152]

---

149) "호루스의 길"은 시리아–팔레스타인 지역에서 시나이반도 북부를 가로질러 이집트에 이르는 교통로로서, 그 끝에는 '군주의 벽'이 있다.

150) "범선"이 언급된 이유는 항로가 북풍을 타고 나일강 상류로 올라가야 하기 때문이다. B245행의 "왕실의 선물"은 앞선 B175행에서도 언급되었다. 여기서 아시아인은 시누헤와 함께 레체누에서 이집트로 가는 중이다.

151) 이 문장은 시누헤가 자신과 함께 여행 중인 아시아인에게 앞서 언급한 '왕실의 선물'을 전달하는 과정을 묘사하고 있다. 시누헤가 한 명씩 이름을 불러 앞으로 나오게 하면 시종들이 선물을 전달하는 방법으로 진행된 것으로 보인다. 여기서 아시아인의 이름이 하나씩 불렸다는 사실은 이들이 이집트인이 외국인에게 취했던 태도, 즉 이들이 이름 없는 악의 화신으로 여겨진 것이 아니라 이집트인과 똑같은 육신과 영혼을 갖춘 개인으로 인식되었음을 의미한다.

152) 원문에서는 (반죽을) '이기다'를 의미하는 동사와 '여과하다'를 의미하는 동사가 각각 사용되었다. 여기서 '이기다'는 밀가루 반죽으로 빵을 만드는 과정에, '여과하다'는 맥주를 제조하는 과정에 각각 대응한다. 특히, 두 번째 동사는 맥주를 만들 때 발효 후 보리씨를 맥주액과 분리하는 과정을 의미한다. 이것은 시누헤가 항해 도중 지속해서 음식물을 공급받았다는 의미다.

(B248~256) 그리하여 이른 아침 날이 밝자 나를 소환하려고 사람들이 왔는데, 열 명은 오고 열 명은 가면서 나를 왕궁으로 안내했다.[153] 내가 스핑크스 사이의 땅에 머리를 대자 왕실의 자녀들이 (왕궁의) 통로에 서서 나를 맞이했으며,[154] 열주실(列柱室)로

---

153) 이 문장에서 시누혜를 소환하기 위해 파견된 수행단의 규모를 통해 왕실이 시누혜를 예우한다는 사실을 알 수 있다. 여기 언급된 총 10명의 수행원 중 4명은 시누혜가 탈 가마를 메는 가마꾼이고, 나머지 6명은 앞뒤 좌우로 시누혜의 가마를 따르는 수행원이다.

154) "땅에 머리를 대는" 행위는 고두(叩頭), 즉 공경하는 의미에서 머리를 땅에 조아리는 관습을 말한다. 시누혜가 "스핑크스 사이의 땅"에 머리를 댔다는 말은 신전의 참배로(causeway)와 마찬가지로 왕궁으로 통하는 길 양쪽에도 스핑크스 조각상이 늘어서 있었음을 의미한다. 원래 '스핑크스'라는 단어는 고대 이집트어로 '살아있는 형상'을 의미하는 '셰젭-앙크'가 그리스식 발음으로 와전된 데서 유래했다. 스핑크스가 늘어선 길 맞은편에는 "왕실의 자녀들"이 시누혜를 맞이하기 위해 서 있는데 B167~168행과 B172행의 기도, B176행의 포고문에 언급된 바 있는 이들은 이때 처음 실제로 시누혜 앞에 등장한다. 왕실 자녀의 출현은 R5행에 언급된 시누혜의 직함 '왕실 사저의 궁인'을 상기시키는 동시에 왕과 왕비의 등장—더 정확하게는 시누혜의 왕실 부처 알현—을 예고한다. 흥미로운 점은 여기서 시누혜를 처음 대면한 왕실 자녀와 나중에 시누혜를 만나는 왕비는 그 모습이 크게 변한 시누혜를 알아보지 못한다는 사실이다. 이들이 시누혜의 정체를 안 뒤 놀라는 장면은 이후 B265~268행에 자세히 묘사되는데, 이를 통해 외국에서의 도피 생활로 시누혜의 외모가 얼마나 크게 변했는지 미뤄 짐작할 수 있다. 한편, "(왕궁의) 통로"는 '두껍다'를 뜻하는 형용사에서 파생되었다. 그러므로 직역하면 "두꺼운 부분"이 되는데, 여기서는 신전 입구의 탑문(塔門, pylon)처럼 통로 바닥이 지면보다 조금 깊게 파였으며 중후한 벽으로 둘러싸인 거대한 정문을 뜻한다. 역사적으로 외국의 중요한 사신이 방문했을 때 왕실 자녀들이 이들을 왕궁 정문 앞에서 맞이하는 풍습이 있었는데 B250~251행의 묘사를 통해 시누혜가 왕실로부터 외국의 고위 사절과 같은 예우를 받는다는 사실을 알 수 있다.

(나를) 수행한 궁인들은 나를 알현실로 이르는 길로 안내했다.[155] 나는 폐하께서 호박금(琥珀金)으로 만든 감실(龕室)에 안치된 옥좌에 좌정하신 것을 보았다.[156] 그때 나는 배를 깔고 엎드려 있었으며 그 눈앞에서 혼절하고 말았다.[157] 그 신께서는 유쾌하게 하문하셨으나 나는 어둠에 홀린 사람 같았으니, 내 바는 떠나갔고

---

155)  고대 이집트인은 '태초의 대양'에서 처음 출현한 세상의 모습이 파피루스 등과 같은 수생 식물이 밀집한 습지와 유사했으리라고 생각했고, 지상에 재현된 우주를 상징하는 신전을 만들 때 이 '태초의 습지'를 그대로 재현하려고 했다. 이 공간은 신전 앞뜰에서 실내로 이어지는 공간에 기둥을 밀집시켜 만든 열주실의 형태로 구현되었는데, 열주실은 실제로 수생 식물을 상징하는 파피루스를 묘사한 기둥머리를 갖춘 석조 기둥이 빽빽하게 세워진 넓은 방이었다. 여기 묘사된 왕궁의 열주실도 신전의 열주실과 거의 같은 구조였을 것이다.

156)  "옥좌"는 열주실에서 '알현실(audience chamber)'로 이어지는 문 맞은편 벽 앞에 조성된 좌대 위에 놓았다. 옥좌가 안치되는 벽 중앙에는 중후한 벽으로 둘러싸인 '감실(niche)'이 만들어졌는데, 이런 감실은 신전의 지성소(sanctuary)에서 신상이 안치되었던 신당(shrine)과 같은 역할을 했다. 여기서 감실은 B250행에 사용된 "두꺼운 부분"=(왕궁의) 통로"와 똑같은 단어를 문맥에 따라 다르게 번역한 것이다. 서로 다른 두 구조물에 똑같은 단어가 사용된 것은 이들 구조물의 외관이 비슷했기 때문으로 추정된다. 한편, 감실은 '호박금(electrum)'으로 도금되었는데, 호박금은 금과 은이 일정 비율로 섞인 은백색의 합금을 말한다. 고대 이집트에는 이들 두 금속을 인공적으로 합금할 기술이 없었으므로 천연 호박금은 극소량만 채취할 수 있는 매우 귀한 금속이었다.

157)  "그 눈앞에서 혼절하고 말았다."는 "그의 눈앞에서 나 자신을 몰랐다."를 의역한 것이다. 고대 이집트인은 신이나 왕처럼 자신이 감히 감당할 수 없는 존재와 맞닥뜨렸을 때 혼절할 수 있다고 생각했다. 이런 발상은 《난파당한 선원》에서도 발견되는데, 섬을 다스리는 신과 마주했을 때 선원은 다음과 같이 말한다. "그대는 말하시나 저는 듣지 않고 있으며 제가 그대의 눈앞에 있으나 저는 저 자신을 알지 못합니다."(*p. Hermitage 1115*, 73~76)

내 사지는 후들거렸다.[158] 내 심장—내 몸속에 있는 것이 그것이 아니었으니, 나는 삶과 죽음을 분별할 수 없었다.[159]

(B256~263) 그러자 폐하께서 궁인 중 한 사람에게 하교하시기를, "그를 부축해 그가 과인에게 말하게 하라." 하시고 나에게 말씀하시기를, "보라, 그대는 이방 땅을 방황한 연후에 돌아왔다. 도주가 그대를 상하게 했으니, 노인장, 그대는 (이미) 노년에 이르렀다. 그대의 시신을 매장하는 것은 사소한 일이 아니니 활잡이들이 그대를 매장해서는 안 될 것이다.[160] (이제) 더는 스스로에게 해가 되는 일은 행하지 말라. 그대는 그대의 이름이 불렸을

---

158) "내 바는 떠나갔고 내 사지는 후들거렸다."는 "내 바는 나간 상태였고 내 사지는 지친 상태였다."를 의역한 것이다. B253행에서 언급된 것처럼 시누헤는 왕을 알현한 자리에서 심신미약 상태가 되고 만다. 각 개인의 개별적인 '개성(personality)' 또는 '생령(生靈, soul)'으로 이해할 수 있는 '바(ba)'는 자기 의지에 따라 그 사람의 몸을 떠날 수 있는 존재로 여겨졌다. 일례로, 중왕국 시대의 서사문학 작품 중 하나인 《한 사람과 그의 바와의 대화(The Debate between a Man and his Ba)》에서 주인공은 자신의 바에 관해 다음과 같이 언급한다. "내 바가 (내 몸으로부터) 나가고자 하는 것은 마치 자기 몸 안에 있는 것을 무시하는 사람과 같네."(p. Berlin 3024, 6~7) 여기서 '바'가 떠났다는 말은 자아의 완전한 상실로 해석될 수 있는데, 우리말에서 '혼이 쏙 빠졌다'와 거의 같은 어감이다.

159) B39행에서 사용되었던 표현이 같은 형태로 반복되었다. B255행에 언급된 '바'와 달리 고대 이집트에서 심장은 육체와 절대로 분리될 수 없는 존재로 여겨졌다. 따라서 심장의 부재는 시누헤의 황망한 심경을 그만큼 통렬하게 표현한다. 한편, "나는 삶과 죽음을 분별할 수 없었다."는 말은 '내가 지금 산 것인지 죽은 것인지를 알 수 없었다'라는 의미다. 왕을 알현한 시누헤가 경험한 주체할 수 없는 극도의 혼란과 당혹감은 B252~256행에 걸쳐 묘사된다.

3장. 시누헤의 귀환

때 대답하지 않았노라. (혹여) 처벌이 두려운가?" 하셨다. (이에) 내가 두려운 모양으로 대답하기를, "제 주께서 그것에 대해 소인에게 무엇이라 하시겠습니까?[161] 소인이 지체 없이 대답해야 할 것이오나 폐하께서는 신이시오니, 소인의 몸속에 운명 같은 도주를 일으킨 것과 같은 두려움이 (여전히) 있기 때문입니다.[162] 보시옵소서, 소인이 폐하의 눈앞에 있으니 생명은 폐하의 것입니다. 폐하께서는 뜻하는 바대로 하소서."[163] 하였다.

---

160) B197행에서 왕이 포고문을 통해 했던 말, "아시아인이 그대를 매장해서는 안 될 것이다."를 상기시킨다. 왕은 시누헤에게 이집트에서 적법한 이집트 장례 절차에 따라 매장되는 것이 중요함을 계속해서 강조하고 있다.

161) "제 주께서 그것에 대해 소인에게 무엇이라 하시겠습니까?"는 "제 주께서 그것과 관련해 제게 말할 것은 무엇입니까?"를 의역한 것이다. "그것과 관련해"는 B259~260행에서 왕이 시누헤에게 한 말, "그대의 이름이 불렸을 때 대답하지 않았노라."를 의미한다. 요컨대, 시누헤는 왕에게 "제가 무슨 말을 하기를 바라십니까?"라고 되묻는 것이다.

162) "폐하께서는 신이시오니"는 시누헤가 즉시 대답하지 못하는 이유를 설명한다. 상대가 신이라면 누구라도 대답을 신중하게 선택할 수밖에 없을 것이라는 취지다. B262행에 이르러서야 비로소 "소인의 몸속에 운명 같은 도주를 일으킨 것과 같은 두려움이 (여전히) 있기 때문입니다."라고 말함으로써 시누헤는 B259~260행에서 왕이 그에게 한 말, "그대는 그대의 이름이 불렸을 때 대답하지 않았노라. (혹여) 처벌이 두려운가?"라는 질문에 대답한다. 한편, "운명 같은 도주"라는 표현을 통해 시누헤가 자신의 도주를 우발적인 일과성(一過性) 일탈이 아니라 지금까지 이방에서 이뤄졌던 모든 생활로 본다는 것을 알 수 있다.

163) 왕의 질문에 대답한 후 시누헤는 왕에게 자비를 구한다. B254행에서 언급된 것처럼, 왕은 "유쾌한 상태"로 시누헤에게 하문하고 있으나 왕이 사면에 대해서는 확실하게 언급하지 않았기 때문에 B262행에서처럼 시누헤는 여전히 두려움에 떨고 있다. 여기서 그는 "생명은 폐하의 것입니다. 폐하께서는 뜻하는 바대로 하소서."라고 말하는데, 마지막으로 자신의 운명을 왕의 처

(B264~268) 그때 왕실의 자녀들이 입시(入侍)했는데 (그때) 폐하께서 왕비께 이르시되, "보시오, 시누헤가 활잡이들이 만들어낸 아시아인이 되어 돌아왔구려."[164] 하시니 왕비께서 크게 비명을 지르셨고 왕실의 자녀들도 하나같이 비명을 지르고는 폐하의 말씀에 여쭈기를, "진정 그입니까, 폐하, 주여?" 하니 폐하께서 이르기를 "진정 그로다." 하셨다.

(B268~279) 이제 그들[왕실의 자녀들]이 시스트럼을 손에 들고 메니트와 홀을 가지고 오더니 그것을 폐하께 보이고는[165] (폐

---

분에 내맡기는 태도는 앞서 왕실 포고문에 대한 회신 B236행에서 그가 "폐하께서 주시는 공기로 누구든 사는 것이니, 폐하께서는 뜻하는 바대로 하소서."라고 말한 것에 조응한다. 한편, B263행 전체가 붉은색으로 표기되어 있는데, 파피루스 맨 윗단에 자리한 이 행의 마지막 부분부터 새로운 이야기가 시작되기 때문이다.

164) "시누헤가 활잡이들이 만들어낸 아시아인이 되어 돌아왔구려."라는 왕의 선언은 지금까지 아시아 지역에서 오랜 도피 생활을 한 후 돌아온 시누헤의 정체성을 한마디로 압축한다는 점, 아울러 이 선언 이후 시누헤는 왕으로부터 사면을 받고 다시 이집트인의 정체성을 회복한다는 점에서 《시누헤 이야기》 전체 서사의 절정이자 분수령이라 할 수 있다.

165) "시스트럼(sistrum)", "메니트(menit)", "홀"은 고대 이집트의 신전 의례에 사용되던 대표적인 악기다. '메니트'는 여러 줄에 구슬을 꿰어 만든 목걸이와 중심추로 구성된 악기를 가리킨다. 장식용으로 목에 걸 수도 있었지만, 대개는 손에 쥐고 흔들어 잘그락거리는 소리를 내는 데 사용되었다. '시스트럼'은 둥근 테두리 안에 두세 개의 가로대를 만들고 그 가로대에 얇은 금속 원반을 끼워 흔들면 찰랑거리는 소리가 나게 만든 악기이며, '홀'은 모양만 다른 유형의 시스트럼이다. 여기서 '홀'로 번역한 시스트럼은 '나오스형 시스트럼(naos-sistrum)'으로서 손잡이 위의 울림통이 사각형의 신전 모양을 하고 있으며, '시스트럼'은 '고리형 시스트럼(loop-sistrum)'으로서 울림통의

---

3장. 시누헤의 귀환

하께 이르기를,)[166] "폐하의 두 손이 아름다운 것, 오, 영속하시는 왕이시여, 하늘 여주의 표징(標徵)으로 향하시기를.[167] 황금(의 여신)께서 폐하의 코에 생명을 주시고 별들의 여주께서 폐하와 하나가 되시기를.[168] 상이집트의 왕관이 하류로, 하이집트의 왕관

---

테두리가 둥근 모양이다. 이들 악기는 모두 춤과 음악을 관장하는 신 하토르에게 속한 악기로서 다양한 신전 의례나 축제에서 신을 기쁘게 해주려고 연주되었다. 여기서는 왕실의 자녀들이 시누헤에 대해 왕이 품고 있을지도 모르는 분노를 누그러뜨리려고 악기를 연주한다.

166) 왕실의 자녀들이 왕에게 하는 탄원의 시작 부분이다. 필사본 B에는 없으나 신왕국 시대의 필사본에서는 발견된다.

167) 여기서 왕실의 자녀들은 왕에게 시누헤에 관한 관심을 거두라고 청원하고 있다. 문장의 중간에 "영속하시는 왕"이라는 표현이 호격으로 삽입되었다. 한편, "아름다운 것"과 "하늘 여주의 표징"은 같은 대상, 즉 하토르의 악기 또는 그 악기에서 연주되는 음악을 가리킨다. 일반적으로 '장식(물)'으로 번역되는 '표징'은 원래 건축물의 상단부에 조각되거나 그려졌던 양식화된 갈대 다발을 의미하지만, 여기서는 하토르의 상징물을 뜻한다. '하늘의 여주'는 하토르의 호칭 중 하나다. 앞서 언급한 것처럼, 하토르는 춤과 음악을 관장하는 신인 동시에 성애의 신이자 부활의 신, 이방의 수호신, 시누헤의 이름을 구성하는 돌무화과나무의 신이다. 따라서 이 시점에서 하토르의 출현은 시누헤의 안전한 귀환과 사면, 회춘과 영생 등 다중적인 의미를 제시한다.

168) 첫 번째 기원문의 주어인 "황금(의 여신)"은 태양신의 딸이라는 하토르의 신격을 말한다. 이 첫 번째 기원문은 시누헤의 회신 B237~238행에 언급된 마지막 기원, 즉 "태양신과 호루스, 하토르께서, 테베의 주 몬투께서 영원불변하도록 생존하기를 바라시는 폐하의 이 고귀한 코를 사랑하시기를 기원합니다."를 상기시킨다. 두 번째 기원문의 주어인 "별들의 여주"는 밤하늘의 신이라는 하토르의 신격을 말한다. 왕실의 자녀들은 왕이 하토르와 하나가 되기를 기원하고 있는데, 여기서 왕은 '카무테프(Kamutef)', 즉 '그의 어머니의 황소(Bull of His Mother)'라는 태양신의 신격과 동일시되고 있다. 앞서 언급한 대로 태양신은 매일 밤 하늘의 여신을 잉태시킨 후 매일 아침 그 여신의 아들로 다시 태어나는데, 카무테프는 이처럼 스스로 잉태시키고 스스로 탄생하는 태양신의 신비로운 신격을 표현하는 호칭 중 하나다. 여기서

이 상류로 이르니, 폐하의 말씀을 통해 하나가 되어 조화를 이루기를.[169] 우레우스가 폐하의 이마에 좌정하시니 폐하를 위해 곤궁한 자들을 악으로부터 멀어지게 하소서. (그리하면) 태양신, 두 땅의 주께서 폐하를 위해 만족하실 것이고, 궁극의 여주와 함께 찬양받으실 것입니다.[170] 활을 느슨하게 하시고 화살을 거두소서.[171] 숨이 막힌 자에게 숨결을 주소서.[172] 이 길잡이, 북풍의 아들, 수로의 땅에서 태어난 활잡이를 위해 저희에게 (부디) 후하게 베푸소서.[173] 그는 폐하가 두려워 도주했고 폐하가 무서워 이 땅을 떠났습니다. 폐하의 용안을 뵙는 자의 얼굴이 하얗게 질리

---

왕과 하토르의 결합은 왕의 재생과 함께 시누헤의 재생을 예고한다. 아울러 거듭해서 하토르를 언급하고 찬양함으로써 시누헤가 도주 전 지상의 하토르로 여겨지는 대왕비의 왕실 사저에 소속된 궁인이었다는 사실이 재차 부각된다.

169) 이 기원문에서는 상이집트의 왕관과 하이집트의 왕관으로 대표되는, 대극적인 두 힘을 통합하는 왕의 역할이 강조된다. 여기에는 자신의 권능을 분노나 복수에 사용하기보다 화합과 조화에 사용하라는 권고도 담겨있다.

170) B172행에서 언급되었던 "궁극의 여주"가 여기서 다시 한번 등장한다. "궁극의 여주"는 하토르를 가리키는 동시에 왕의 바로 옆에 앉은 대왕비를 가리킨다. 따라서 이 문장은 "궁극의 여주, 즉 대왕비와 함께 찬양받으소서."라는 의미라고 할 수 있다.

171) 왕실 자녀들의 권고는 B62~63행에서 시누헤가 센와세레트 1세를 찬양하며 했던 말, "그의 화살을 피할 자는 없으며 / 그의 활을 당길 수 있는 자도 없도다."와 조응한다.

172) 이 문장은 앞서 왕실 포고문에 대한 회신 B233~234행에서 시누헤가 왕을 찬양하면서 했던 말, "강의 물은 폐하께서 윤허하실 때 그들이 (비로소) 마시며 하늘의 공기는 폐하께서 말씀하실 때 그들이 (비로소) 들이쉽니다."를 상기시킨다.

3장. 시누헤의 귀환

지 않기를, 폐하를 바라보는 눈이 두려워하지 않기를 기원합니다."[174]


(B279~283) 그러자 폐하께서 이르시기를, "그는 두려워하거나 무서워 횡설수설하지 말라. 그는 궁인이 되어 (다른) 관리들과 함께할 것이고 최측근 궁인 중 하나가 될 것이로다.[175] 그대들은 의

---

173) "길잡이"는 아시아인의 모습으로 나타난 시누헤를 말한다. 길잡이는 아시아인이 이집트인을 위해 현지에서 수행하던 흔한 직업 중 하나였다. 또한 B26행에 언급된 "길잡이"는 시누헤가 도주의 여정에서 처음 만났던 아시아인 중 한 명이었다. 한편, "자-메히트", 즉 '북풍의 아들'은 시누헤의 이름인 '자-네헤트', 즉 '돌무화과나무의 아들'을 염두에 둔 언어유희인 동시에, 시누헤가 북풍을 타고 수도로 돌아온 것을 상기시킨다. "길잡이" 다음에 언급되는 "활잡이"도 아시아인의 모습으로 나타난 시누헤를 말한다. 여기서 활잡이의 이미지는 B121~122행의 "활에 속한 자는 갈대에 속한 자와 화친하지 않는 법입니다."로 대변된다. 왕실의 자녀들은 아시아인의 모습으로 돌아온 시누헤를 '길잡이', '북풍의 아들', '수로의 땅에서 태어난 활잡이' 등으로 묘사하는데, 이는 B264~265행의 "보시오, 시누헤가 활잡이들이 만들어낸 아시아인이 되어 돌아왔구려."라고 말한 왕의 선언을 부연한 것이다. 끝으로, 왕실 자녀들의 청원, 즉 "저희에게 (부디) 후하게 베푸소서."는 "우리에게 우리의 좋은 보상을 주소서."를 의역한 것이다. 여기서 "보상"은 신전 축제 기간에 제공되는 봉헌물을 의미한다. 다시 말해, 왕실의 자녀들은 시누헤의 조건 없는 사면을 "좋은 보상"으로 왕에게 청원하고 있다.

174) 여기서 "얼굴이 하얗게 질리다" 또는 "얼굴이 창백해지다"라는 표현은 《난파당한 선원》에서 섬을 다스리는 신이 자신과 마주친 선원을 진정시키려던 112행의 부정 명령문, "그대의 얼굴이 하얗게 질리지 말라."에서도 발견된다. 왕을 알현한 시누헤와 마찬가지로 선원도 신적인 존재인 뱀 앞에서 얼굴이 창백해진다.

175) "최측근 궁인"은 '둘러싸다'를 뜻하는 동사에서 파생된 명사로서 왕을 가까이에서 수행하는 극소수의 고위 관리를 가리킨다. 왕의 주변을 문자 그대로 둘러싼다는 발상에서 '수행원(entourage)' 또는 '권력의 핵심 세력(inner

**시스트럼과 메니트를 연주하는 여인**

거위의 모습을 한 땅의 신 게브 앞에서 고리형 시스트럼과 메니트를 연주하는 여인의 모습이 그려진 석편. 신왕국 시대에 왕묘를 건설했던 장인들의 집단 거주지인 데이르 엘-메디나(Deir el-Medina)에서 발견되었다. 신왕국 시대 전반기에 해당하는 기원전 1400년경의 것으로 추정된다. 데이르 엘-메디나에서는 장인들이 작고 편평한 석판을 소묘 연습에 사용했는데, 이 작품도 연습용으로 그려진 것이다.

상실로 가서 그의 입시를 준비하라." 하셨다.[176]

---

circle)' 등과 일맥상통한다고 할 수 있다.

176) "의상실"은 "아침의 알현실"을 의역한 것이다. 이른 아침에 왕이 그날의 의
례를 위해 몸을 씻고 옷을 갈아입는 종교적 정화의식을 행했던 고왕국 시대
의 '아침의 집', 다시 말해 '세정실' 또는 '정화실'과 유사한 장소로 추정된다.
여기서 왕은 왕실의 자녀들에게 시누헤의 몸단장을 명하고 있는데, 이 과정
은 B290~295행에서 단계별로 세세히 묘사된다.

# 13. 시누헤의 복권

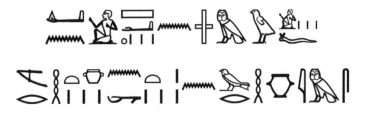

**"나는 모래를 그 속에 사는 사람들에게,
나무 기름은 그것을 바르는 사람들에게 돌려줬다."(B294~295)**

(B283~295) 그리하여 내가 알현실에서 퇴장하다.[177] 그때 왕
실의 자녀들이 나를 부축했으며[178] 그 후 우리는 두 대문으로 갔
다.[179] 나는 왕자의 저택에 배정되었는데, 그곳에는 온갖 진귀한
물건과 함께 욕실과 아케트의 형상이 있었으며,[180] 이재국(理財

---

177) 새로운 이야기가 시작될 때 사용되는 서사부정사가 일지의 형식으로 사용
되었다. 알현을 마친 시누헤는 알현실을 나와 왕실 의상실로 향한다.

178) "왕실의 자녀들이 나를 위해 그들의 팔을 줬다."를 의역한 것이다. 이제 나이
가 많아진 시누헤는 가는 길에 이들의 부축을 받은 듯하다.

179) R9행에서 언급되었던 "두 대문"은 왕궁의 정문이다. 이 문은 아멘엠하트 1
세가 서거했을 때 닫혔다. 한때 굳게 닫혔던 대문을 시누헤가 통과했다는
것은 독자들이 그의 귀환을 실감하게끔 해주는 문학적 장치로 볼 수 있다.

3장. 시누헤의 귀환

局)의 보재(寶財)와 왕실 세마포로 만든 의복과 관리들을 위한 몰약과 왕실의 최상급 연고가 있었다.[181] 원하는 것들이 방마다 넘쳐나고 시종들이 (어디든) 시중을 들었다.[182] 내 몸에서 세월의 흔적이 지워졌으니,[183] 체모는 제거되고 머리는 빗질이 되었으며,[184] 짐은 이방으로, 의복은 사막의 유랑민에게 보내졌다.[185] 고

---

180)  "욕실"은 '시원하게 만들다'를 의미하는 사역동사에서 파생되었다. 요컨대, 고대 이집트인에게 '욕실'은 '몸을 시원하게 만드는 장소'인 것이다. "아케트의 형상"이 정확하게 무엇을 의미하는지는 알 수 없다. 이집트 신화에 따르면 태양신은 매일 아침 동쪽 지평선에 떠오르기 전에 불의 호수에서 목욕한다고 여겨졌는데, 왕이 매일 아침 행했던 정화의식은 이와 같은 신화적 선례를 바탕으로 한다. 여기서 "아케트의 형상"은 일출을 준비하는 신의 형상이거나 각종 동식물이 일출에 기뻐하는 모습을 새긴 벽화로 추정된다. 이것을 욕실에 비치된 '거울'로 보는 견해도 있다.

181)  "이재국의 보재"는 "은의 집의 봉인된 것들"을 의역한 것이다. 여기서 "은의 집"은 국가의 재산을 관리하던 '이재국'을, "봉인된 것들"은 이재국의 창고에 봉인되어 보관되다가 필요할 때마다 관리들에게 배분되던 고가의 물품을 의미한다. B289~290행 전반에 걸쳐 묘사된 왕실의 풍족함은 "원하는 것들이 방마다 넘쳐나고"라는 표현으로 대변되는데, B81~85행에서 시누헤가 자신이 정착한 이아아의 풍요를 묘사했던 말과 대비된다. 특히 "보재와 왕실 세마포로 만든 의복과 관리들을 위한 몰약과 왕실의 최상급 연고" 등은 이집트의 세련된 물질문명과 이아아의 야생적 풍요 사이의 대조를 더욱 선명하게 드러낸다.

182)  시종의 출현은 왕실 문화를 중심으로 한 문명 생활의 단면을 가시적으로 보여준다.

183)  "내 사지 위로 해[年]들이 지나가게 했다."를 의역한 것이다. 이집트로 돌아온 시누헤는 오랜 망명 생활 동안 잊고 지냈던 이집트의 풍습과 문명의 혜택을 다시 누리며 궁극적인 회춘(rejuvenation)을 경험한다.

184)  머리를 기르고 뾰족한 수염을 길렀던 당시 아시아인과 달리 고대 이집트인은 더위를 피하려고, 아울러 이[虱] 같은 기생충이 서식하는 것을 막으려고 체모를 제거하는 풍습이 있었는데, 면도칼처럼 날카로운 연장을 사용하는

운 아마포가 (내 몸에) 걸쳐졌으며 최상급 연고가 (내 몸에) 발렸고 침대에서 잤다. 나는 모래를 그 속에 사는 사람들에게, 나무 기름은 그것을 바르는 사람들에게 돌려줬다.[186]

(B295~300) 나에게 궁인에게 어울릴 만한 농장주의 저택이 주어졌다.[187] 많은 장인이 그것을 짓고 있었고 모든 나무가 새로이 심어졌다.[188] 왕실의 자녀들이 쉬지 않고 내게 보내주는 것 말고

---

대신 족집게 같은 도구로 뽑아내는 것이 일반적인 방법이었다. 목욕과 제모를 마친 시누헤는 이제 이집트인의 외모와 정체성을 완전히 되찾는다.

185) 이집트인의 외모와 정체성을 되찾는 과정은 망명 생활 내내 몸에 걸쳤던 아시아인의 옷을 벗어버리는 것으로 완성되며, 이로써 B264~265행의 "보시오, 시누헤가 활잡이들이 만들어낸 아시아인이 되어 돌아왔구려."라는 왕의 선언은 이제 그 의미를 상실한다. 이와 반대로, 외모와 복장의 변화를 통한 정체성의 변화는 《구약성서》〈창세기〉 41장 14절의 "요셉이 수염을 깎고, 옷을 갈아입고, 바로 앞으로 나아가니"와 41장 42절의 "바로는 손가락에 끼고 있는 옥새 반지를 빼서 요셉의 손가락에 끼우고, 고운 모시 옷을 입히고, 금 목걸이를 목에다 걸어주었다."에서 요셉이 이집트인으로 만들어지는 과정을 상기시킨다.

186) 시누헤가 실제로 "모래"와 "나무 기름"을 이방인에게 돌려줬다는 말이 아니라 자신의 생활양식이 이집트식으로 완벽하게 바뀌었다는 의미다. "나무 기름"은 백향목에서 추출한 기름으로 추정되는데, 고대 이집트에서는 주로 미라를 만드는 데 사용했다.

187) B286행에서 "왕자의 저택"에 임시로 머물렀던 시누헤는 이제 왕에게서 저택을 영구히 하사받는다. "농장주의 저택"은 "저지대 주인의 집"을 의역한 것이다. 여기서 "저지대"는 물이 영구적으로 고인 '호수' 또는 범람기 이후에도 일시적으로 물을 머금고 있는 '농지'를 뜻하는데, 이 문맥에서는 후자의 의미로 사용되었다.

188) "농장주"는 상당한 재산을 소유했으므로 이들의 저택도 대단한 규모였을 것으로 추정된다. 고대 이집트의 귀족은 저택 앞뜰에 연못을 파고 연못 주변

---

도 식사가 하루에 서너 번씩 왕궁에서 조달되었다.[189]

(B300~310) 분묘들 가운데 나를 위해 돌로 만든 분묘가 조성되었으니[190] 석공 관리인이 영지를 취했으며 윤곽선 담당 서기관이 형상을 그리고[191] 조각 장인이 조각하는 가운데[192] 묘역 관리인이 바삐 움직이니[193] 분묘 저장고에 배정되는 모든 부장품의

---

에 나무를 심어 정원을 만들었다. 정원은 그늘을 드리워 저택 전체의 온도를 낮춰줬을 뿐만 아니라 여러 종류의 새가 둥지를 틀고 살도록 해줌으로써 쾌적한 거주환경을 제공했다.

189) 시누헤는 왕에게서 저택을 하사받았을 뿐만 아니라 왕궁의 음식도 날마다 제공받는데, 이 부분은 B87~88행에서 시누헤에게 "음식과 포도주, 목초지의 가축 이외에도 익힌 고기와 구운 새고기가 날마다 제공되었으며"라는 상황과 대비된다.

190) "분묘"는 "피라미드"를 의역한 것이다. 중왕국 시대의 문서에 등장하는 '피라미드'는 일반적으로 석조 분묘를 의미한다. 이야기의 전개 순서에 따라 시누헤는 왕으로부터 사면받고, 이어 이집트에서 영구히 생활할 수 있는 저택을 하사받은 다음, 마지막으로 영생을 누릴 분묘와 부장품, 장례 의식을 진행할 신관과 영지를 하사받는다. 요컨대, 시누헤는 사면과 복권 후 이집트의 귀족이 이승과 저승에서 누릴 모든 것을 왕실에서 제공받는데, 이런 결말은 고대 이집트인이 상상할 수 있는 최고의 '해피엔딩'이다.

191) "윤곽선 담당 서기관"은 "형상의 서기관"을 의역한 것이다. 이들은 분묘 벽면에 벽화나 부조의 윤곽선을 그리는 업무를 담당했다. 중왕국 시대의 필사본 B302행에는 "인장 관리인"으로 표기되어 있으나 오기로 판단된다. 신왕국 시대의 필사본에 따라 '윤곽선 담당 서기관'으로 번역한다.

192) "조각 장인"이라는 단어는 '자르다' 또는 '깎(아내)다'를 의미하는 동사에서 파생된 단어로서, 나무 또는 석재에 형상을 새기던 장인을 말한다. 앞서 언급한 것처럼, 벽에 윤곽선이 그려지면 조각을 담당한 장인이 윤곽선을 따라 형상을 양각 또는 음각으로 파 내려갔다.

193) 이 문장은 "높은 곳 위에 있는 작업의 관리인이 그것[작업]과 관련해 땅을

**고대 이집트의 정원**

연못을 중심으로 주위에 다양한 나무를 심은 고대 이집트의 정원 모습이 신왕국 시대 제18왕조 투트모세 3세(Thutmose III, 기원전 1479~기원전 1425년) 치세의 귀족 민나크트(Minnakht)가 테베 서안에 조성한 분묘(TT87)에 새겨져 있다. 중앙에는 사람들이 '청춘'과 '부활'을 상징하는 파피루스 줄기를 들고 있는 모습과 연못에 띄운 배에 탄 사람이 이들을 마주 보는 장면이 묘사되어 있다. 뉴욕 메트로폴리탄 박물관(Metropolitan Museum) 소속 화가가 1921년 이집트 현지에서 모사한 것으로 알려졌다.

분배가 정해졌다.[194] 최고위 궁인에게(나) 행해지는 것과 같이 장례 신관이 배정되었으며 접안시설 앞에 자리한 경작지가 포함된 장례 영지가 하사되었다.[195] 내 형상에는 금박이 입혀졌으며 요의는 호박금으로 만들어졌다.[196] 이렇게 하도록 하신 분은 (바로)

---

가로지르고 있었다."를 의역한 것이다. 여기서 "높은 곳"은 귀족 분묘가 밀집된 사막의 '고지대'를 의미하며, 따라서 "높은 곳 위에 있는 작업의 관리인"은 '귀족 묘역의 작업을 총괄하는 관리인'을 의미한다. "땅을 가로지르고 있었다"는 것은 작업할 일꾼을 모집하러 다닌다는 의미일 수도 있고, 작업을 수행하려고 여기저기 바쁘게 돌아다닌다는 의미일 수도 있다.

194) "튼튼한 방에 배정된 모든 용품, 거기에서 그것의 소유가 행해졌다."를 의역한 것이다. "모든 용품", 다시 말해 값비싼 '부장품'은 도굴꾼이 침입할 수 없을 만큼 두꺼운 벽과 문으로 만들어진 "튼튼한 방", 즉 '분묘 저장고'에 보관되었다. 이 문장은 왕이 귀족에게 하사하는 각종 부장품 중 시누헤의 분묘에 저장될 부장품의 종류와 규모가 관례와 규정에 따라 결정되었다는 의미다.

195) "장례 신관"은 "'카'의 시종"을 의역한 것이다. 장례 후 분묘를 관리하고 예배실 제단에 정기적으로 봉헌물을 바치는 업무를 수행하는 신관을 가리킨다. 고대 이집트의 귀족은 자신이 소유한 토지 중 일부를 장례 영지로 지정했으며, 여기서 생산된 농산물을 자신을 위한 장례 공물과 장례 신관을 위한 급료로 사용했다. 시누헤가 언급한 "장례 영지"는 나일강 유역에 자리한 경작지보다는 높은 곳에 있었지만, "접안시설 앞"이라서 관개와 농경을 할 수 있는 땅이었다. '접안시설'은 나일강을 오르내리는 배가 접안할 수 있는 곳으로, 주로 관개수로가 끝나는 사막의 고원지대 기슭에 만들어졌다.

196) "내 형상"은 귀족 분묘에 안치되었던 망자의 인물상을 의미한다. 고대 이집트인은 분묘에 적어도 하나 이상의 인물상을 안치했는데, 이것은 미라가 훼손되더라도 '카'와 '바'가 깃들고 머물 곳이 필요하다는 생각 때문이었다. 한편, 고대 이집트의 사생관(死生觀)에 따르면 망자는 명계의 왕인 오시리스와 동일시되는데, 고대 이집트인은 신들의 피부는 금, 뼈는 은, 모발을 비롯한 체모는 청금석으로 이뤄졌다고 생각했다. 본문에서 망자, 즉 시누헤의 조각상이 금박으로 도금된 것도 이런 이유 때문이다. 한편, 시누헤의 조각상에 사용된 값비싼 귀금속 역시 왕의 하사품으로 봐야 할 것이다.

폐하이시니 (일찍이) 미천한 자에게 이와 같은 일이 행해진 전례가 없었다.[197] (마침내) 정박하는 날이 올 때까지 나는 폐하의 총애 속에서 살리라.[198]

---

197) "이와 같은 일이 행해진 전례가 없었다."는 "과거에 실제로 이런 일이 일어난 적이 한 번도 없었다."는 의미가 아니라 "이것은 대단히 예외적인 경우다."를 의미하는 수사적 과장이다. 이런 표현은 귀족이 왕에게서 포상이나 특혜를 받았음을 기록할 때 자주 사용했다. 한편, 귀족의 일원으로 복권된 시누헤가 여기서 자신을 "미천한 자"로 표현한 것은 다소 부자연스러워 보인다. 그러나 이 단어가 시리아-팔레스타인 지역에서 이집트로 이주한 이주민을 가리키는 용어로 사용되었다는 점을 고려할 때, 시누헤의 과거를 상기시키려고 일부러 선택했다고 추정할 수 있다.

198) "정박하는 날"은 '죽는 날'을 의미한다. 고대 이집트인은 '죽다'라는 뜻을 가진 동사를 명시적으로 사용하기를 꺼렸으며, 인생을 항해에 비유해 죽음을 '정박'으로 완곡하게 언급했다. '정박시키다' 또는 '동여매다'를 의미하는 동사는 B79행에서 시누헤가 레체누 족장 암무넨쉬의 장녀와 혼인할 때도 사용된 바 있다. 한편, "나는 폐하의 총애 속에서 살리라."는 "나는 왕의 임재하심의 축복 아래에 있다."를 의역한 것이다. 이집트에서의 안정적인 삶과 영생의 준비까지 모두 마친 시누헤가 마지막으로 강조하는 것은 자신이 남은 생애에 걸쳐 누릴 왕의 총애다.

3장. 시누헤의 귀환

# 14. 결구

**"글로 쓰인 그대로 처음부터 끝까지 이렇게 왔노라." (B311)**

(B311) 글로 쓰인 그대로 처음부터 끝까지 이렇게 왔노라.[199]

---

199) "글로 쓰인 그대로"는 "글에서 발견된 것과 같이"를 의역한 것이다. 이 구절
을 통해 이 문서가 필사본임을 알 수 있다. 한편, 《시누헤 이야기》의 결구는
《난파당한 선원》의 결구 앞부분과 같다. 그러나 《난파당한 선원》과 달리 필
사를 담당한 서기관의 이름이 기록되지 않아서―원작자와 마찬가지로―
필사자가 누구였는지도 알 수 없다.

## 고대 이집트인의 내세관과 장례 절차

죽음을 대하는 고대 이집트인의 반응에는 조금 유별난 데가 있다. 미라, 부장품, 분묘, 피라미드, 《사자의 서》 등 이집트인이 남긴 유물 중에서 죽음과 연관되지 않은 것을 찾기가 쉽지 않다. 현대인만 이런 인상을 받은 것은 아니다. 기원전 1세기경 활동했던 것으로 알려진 디오도로스 시켈로스(Diodorus of Sicily)는 자신의 저서 《역사 총서(Historical Library)》에서 죽음에 대한 이집트인의 유별난 태도를 다음과 같이 묘사했다.

> 그 나라 사람들[이집트인]은 삶의 시간을 완전히 무가치한 것으로 여기고, 죽은 다음에 자신이 쌓은 미덕에 의해 기억 속에 남을 시간을 훨씬 중요하게 생각한다. 지상에서는 잠시만 머무를 것이기에, 그들은 살아있는 사람들의 집을 여인숙이라고 부른다. 반면 무덤을 영원한 안식처라고 부르는데, 왜냐하면 죽은 자들은 피안에서 끝없이 삶을 이어갈 것이기 때문이다. 이런 이유로 그들은 살 집을 짓거나 꾸미는 일에는 관심이 없고, 무덤을 만드는 일에 모든 노력을 쏟아붓는다.
>
> - 《역사 총서》, I. 51:2

여기서 디오도로스가 옳게 파악한 것부터 살펴보자. 그의 말처럼 이집트인이 "죽은 다음에 자신이 쌓은 미덕에 의해 기억 속에 남을 시간"을 매우 중요하게 여겼던 것은 사실이다. 이런 사실은 이들이 분묘에 남긴 다양한 텍스트를 통해 확인할 수 있다. 아울러 이들이 실제로 거주할 가옥은—심지어 왕궁이라 할지라도—진흙 벽돌처럼 내구성이 떨어지는 재료를 사용해서 지었던 반면, '영원의 집(House of Eternity)'이라고 불렸던 분묘는 석재로 지었던 것 또한 사실이다. 따라서 이 그리스 출신 역사 저술가의 눈에는 이집트인이 현세의 삶에는 관심이 없고 죽음 이후에 펼쳐질 내세에서의 부활과 영생에 모든 노력을 쏟아붓는 불합리한 민족으로 보였을 수도 있다. 그렇다고 해서 이집트인이 "삶의 시간을 완전히 무가치한 것"으로 여기고, 다시 말해 삶의 의미와 중요성은 경시한 채 오로지 죽음에만 집착했다고 단언할 수 있을까? 그리고 이런 문화가 가능하기는 한 것일까?

영국의 종교학자인 캐런 암스트롱(Karen Armstrong, 1944년~)은《신화의 역사(A Short History of Myth)》에서 죽음의 경험은 사람을 극한적 상황에 놓이게 함으로써, "거대한 침묵의 중심을 응시"하게 함으로써, 그리하여 직관적으로 감지하던 실제에 구체적인 형태를 부여하고 신성을 경험하게 함으로써 신화와 제의와 종교를 탄생시켰다고 설명한다. 죽음이 신화·제의·종교의 기원이라는 주장은 학계에서도 폭넓게 지지받는다. 그렇다면 이런 주장을 고대 이집트 문명에도 적용할수 있을까? 나는 그렇다고 생각한다. 고대의 모든 민족과 마찬가지로 이집트인도 죽음에 대해 양가적인 태도를 보였다. 요컨대, 죽음을 긍정하는 태도와 죽음을 두려워하는 태도가 공존했다.

죽음을 긍정하는 태도는《한 사람과 그의 바와의 대화》에서 찾아볼 수 있다. 이 작품의 주인공은 자신의 '바'와 대화하는데, 이때 '바'는 내면에 존재하는 '또 다른 자아(alter ego)'로 이해할 수 있다. 따라서 주인공은 사실상 자기 자신과 대화한다고 할 수 있는데, 이 때문에 이 작품을 세계 최초의 모놀로그(monologue)로 평가하기도 한다. 아무튼 주인공은 절망으로 가득한 현실 세계와 평안과 행복으로 가득 찬(그러나 실제로는 어떨지 알 수 없는) 죽음 사이에서 오락가락하며 자신의 '바'와 논쟁을 벌인다. 그는 죽음을 현세에서의 부조리가 모두 해소된 이상적인 상태로 여기며 다음과 같이 말한다.

> 죽음이 오늘 내 앞에 있네,
> 앓았던 사람이 회복된 것처럼, 애도를 끝내고 밖으로 나가듯이.
> 죽음이 오늘 내 앞에 있네,
> 몰약의 향기처럼, 바람 부는 날 돛 아래 앉은 것처럼.
> 죽음이 오늘 내 앞에 있네,
> 연꽃의 향기처럼, 만취(漫醉)의 강둑에 앉은 것처럼.
> 죽음이 오늘 내 앞에 있네,
> 홍수가 물러나듯이, 원정을 마치고 집으로 돌아온 사람처럼.
> 죽음이 오늘 내 앞에 있네,
> 하늘이 개듯이, 그가 미처 알지 못한 것에 빠져버린 사람처럼.
> 죽음이 오늘 내 앞에 있네,
> 자기 집을 보고자 하는 사람처럼, 억류되어 여러 해를 보낸 후.
>
> –《한 사람과 그의 바와의 대화》, *p. Berlin 3024*, 130~142

그러나 이집트인이 이처럼 죽음을 항상 긍정적으로만 생각하지는 않았다. 죽음이라는 사태가 불러오는 근원적인 공포와 그 이후의 불확실성은 죽음을 인식할 수 있게 된 저주받은 종인 인류가 공통으로 느끼는 감정이다. 그리고 이런 강렬한 감정은 이집트인이라고 해서 무감(無感)할 수 있는 종류가 아니었다.

고대 이집트의 상류층은 연회에 악사와 무희와 가수를 고용했다. 가수는 메소포타미아에서 전해진 하프를 연주하면서 노래했는데 대부분 시각장애인이었다. 이들이 부른 노래의 가사 중 일부는 왕묘나 귀족 분묘의 벽에 그려지거나 새겨졌는데, 이집트학에서는 이들 가사를 '하프 연주자의 노래(Harper's Songs)'라는 장르로 분류한다. 이 중 하나인《인테프 왕묘의 하프 연주자의 노래(A Harper's Song from the Tomb of Intef)》에서 가수는 삶과 죽음을 다음과 같이 노래한다.


아무도 그곳에서 돌아오지 않았네,

자신들의 처지를 말해주고자, 자신들의 운명을 말해주고자,

우리의 심장을 달래주고자, 우리가 그들이 떠나간 곳으로 가기 전

까지는.

그러니 그대의 심장을 기쁘게 하라!

염려하지 않는 것이 좋으니, 살아있는 동안 그대의 심장을 따르라.

머리에 몰약을 바르고 고운 아마 옷을 입고,

몸에는 신에게 어울리는 귀한 기름을 바르라.

즐거움을 높이고 심장이 가라앉지 않게 하라.

심장이 원하는 대로 지상에서의 일을 행하라.

그대를 애도할 날이 왔을 때 심장이 지친 이는 그들의 애도를 듣
지 않으며,

그들의 울음이 사람의 심장을 무덤에서 구하지 못하니.

– 《인테프 왕묘의 하프 연주자의 노래》, 18~30

이 노래는 고대 로마의 시인 호라티우스(Quintus Horatius Flaccus, 기
원전 65~기원전 8년)의 《송가(Ode)》에 등장하는 "오늘을 잡아라, 내일
이란 말은 되도록 최소한만 믿어라(CARPE DIEM, QUAM MINIMUM
CREDULA POSTERO)."라는 구절을 연상시킨다. 그렇다면 이집트인
은 죽음에 대해 도대체 어떤 생각을 가졌던 것일까?

앞서 살펴본 것처럼, 죽음에 대한 이들의 태도는 양가적이었다. 죽
음이란 이승의 모든 번잡함과 부조리가 해소된 이상적인 상태, 신들
과 좀 더 가까워진 신성한 상태, 노쇠와 병고 없이 영생을 누릴 수 있
는 무탈한 상태인 동시에, 무엇 하나 보고 듣거나 느낄 수 없는 답답
한 상태, 이승에서 누렸던 모든 것이 한순간에 박탈당한 상태, '나'라
는 존재가 완전히 소멸해버릴 수 있는 절체절명의 위태한 상태이기
도 했던 것이다. 그러므로 존재의 양태 중 가장 불가사의하고 부자연
스러운 죽음에 대해 이집트인이 경외의 모순적 감정을 느꼈다는 것은
일견 당연해 보인다.

죽음을 향한 이와 같은 복잡한 감정은 이들이 '죽음'을 표현하는 방
식에서도 분명하게 드러난다. 이집트인은 일상에서 생명이 다한 상
태를 언급해야 할 때 '죽다'라고 직접적으로 언급하기보다는—인생을
항해로, 죽음을 목적지에 도착한 것으로 비유해—'정박하다'로 에둘

러 표현했다. 이와 같은 완곡어법(euphemism)은 생명이 끊어진 사람을 말할 때도 마찬가지로 적용되었으며, 그 결과 '망자' 대신 《인테프 왕묘의 하프 연주자의 노래》에 언급된 것처럼 "심장이 지친 이"라는 표현이 사용되었다.

## 인간의 조건

고대 이집트인은 인간이 존재하려면 다섯 가지 요소인 육신, 그림자, '카', '바', 이름이 반드시 갖춰져야 한다고 생각했다. 이집트인에게 있어 육신은 마리오네트와 같은 존재였다. 다시 말해, 육신 그 자체는 정교하긴 하지만 일종의 '빈 껍데기'이므로 스스로 살아있거나 움직일 수는 없다고 생각했다. 이집트인은 살아있는 사람의 생명 작용, 즉 정신적인 활동과 육체적인 활동을 가능하게 하는 어떤 힘이 존재할 것이라고 막연하게 짐작한 것으로 보인다. 이들이 육체적인 활동을 가능하게 하는 것, 다시 말해 마리오네트처럼 불완전한 육신을 살아 움직이게 하는 그 무언가를 개념화한 것이 바로 '카'였다.

〈헬리오폴리스 창세신화(Heliopolitan Cosmology)〉에 따르면 창조주이자 태양신인 아툼은 첫 번째 세대의 신들인 슈(Shu)와 테프누트(Tefnut)가 형태를 갖추자 이들을 뒤에서 끌어안아 자신의 '카'를 불어넣었다. 이처럼 '카'의 기원은 창조주로까지 거슬러 올라간다. 인간세계에서는 창조주-지배자에게서 신성한 왕권을 위임받은 왕이 창조주에게서 받은 '카'를 지상에 두루 전달하는 매개 역할을 한다고 여겼으며, 개개인에게 깃든 '카'는 아버지에게서 자녀에게로 전달된다고 생각했다.

고대 이집트인의 세계관에 따르면 사람뿐만 아니라 살아 움직이는 것에는 모두 '카'가 깃들어 있다. 그리고 생명을 유지하려면 '카'가 지속해서 공급되어야 한다고 생각했는데, 입이 달린 모든 것이 먹는 이유는 바로 '카'를 섭취하기 위해서였다. 요컨대, 우리가 무언가를 먹으면 원래는 살아있던 음식의 재료에 깃들었던 '카'가 우리 몸으로 옮겨오므로 우리가 계속 살 수 있게 된다는 것이다. 그런데 '카'를 강화하고 고양하는 것은 음식에 국한되지 않았다. 이집트인은 맛있는 것을 먹고 마시는 것, 질 좋고 산뜻한 옷을 입는 것, 화려한 장신구를 걸치는 것, 시각적 쾌락을 줄 수 있는 우아한 대상을 보는 것, 아름다운 음악을 듣는 것, 기분 좋은 향기를 맡는 것, 몸에 좋은 연고나 기름을 바르는 것 등 오감을 만족시킬 수 있는 모든 감각적·관능적 쾌락이 '카'를 북돋는다고 믿었다. 그러므로 이집트인에게는 금욕과 고행이 결코 종교적인 미덕이 아니었다. 한마디로, 고대 이집트 문명은 —'쾌락주의의 역설(paradox of hedonism)'을 불러오는 지나친 쾌락은 경계해야겠지만— 쾌락을 긍정하는 문명이었다.

아울러 '카'를 유지하고 고양하는 일은 사람이 사망한 뒤에도 지속해서 이뤄져야 하는 과업이었다. 고대 이집트인에게 죽음은 존재의 비가역적 종말(irreversible end)이 아니었다. 사람이 죽으면 육신의 기능은 멈추고—따라서 죽음의 의학적 정의는 '전신부전(全身不全)'이라 할 수 있다—몸에 깃들어 있던 '카'나 '바' 같은 비물질적 요소는 일시적으로 몸 밖으로 빠져나오지만, 그렇다고 해서 이들이 소멸하거나 작동하지 않는 것은 아니었다. 따라서 '카'는 죽음 이후에도 지속해서 유지되고 고양되어야 했으며, 그 방법은 살아있을 때와 마찬가지였다. 다만 망자는 이제 능동적으로 '카'를 위해 필요한 조치를 할 수 없는 상황에 직면했으며, 따라서 망자에게 가장 절실한 문제는 '카'가 고사(枯死)하지 않도록 최선을 다하는 것이었다.

이때 망자는 우선 살아있는 가족 또는 생전에 계약을 체결한 신관에게 의지했다. 그리고 이것이 여의찮을 때는—가족이나 신전의 지원이 영원할 수는 없으므로 이런 상황은 반드시 찾아오게 마련이다—결국 주술에 의지할 수밖에 없었다. 그래서 이집트인은 주술적인 효력을 가진 주문이나 기원, '카'를 부양할 수 있는 여러 형상을 벽에 그리거나 새겼으며, 내세에서 영원히 사용할 수 있는 수많은 물품을 자신과 같이 매장했는데, 이렇게 봉헌물이나 음식에 깃든 '카'를 형상화함으로써 망자가 이들의 '카'를 영원히 공급받을 수 있으리라고 생각했기 때문이다. 귀족의 분묘에서 가장 자주 발견되는 장면이 망자가 자신에게 바쳐진 각종 봉헌물을 취하는 모습인 것도, 파라오의 왕묘나 귀족의 분묘에 그렇게 많은 부장품이 매장된 것도 모두 이런 이유 때문이다.

신들 역시 '카'를 유지하고 고양해야 했다. 신들은 불사의 존재지만 그들의 '카'는 인간이 제공하는 다양한 봉헌물에 의해 강화될 수 있었다. 신들이 지상에서 쾌적하게 머물 수 있도록 가장 내구성이 뛰어난 재료인 석재로 거대한 신전을 건설한 것도, 그 신전의 내부를 웅장한 기둥과 화려한 부조로 장식한 것도, 하루도 빠지지 않고 신전 의례를 통해 먹을 것과 마실 것, 향과 의복 등을 제공한 것도, 찬가를 통해 신을 찬양하고 악사와 가인(歌人)이 악기를 연주하고 노래를 합창한 것도 모두 신들의 '카'를 강화·고양하고, 이렇게 드높아진 신적인 생기

가—마치 경제학자들이 말하는 낙수효과(落水效果, trickle-down effect)
처럼—지상에 구현된 유일한 신국(神國)이었던 이집트에 차고 넘치
게 함으로써 지상에 신성하고 고결한 평화와 풍요가 영원히 지속되도
록 하려는 노력의 일환이었다.[200]

'카'와 함께 인간을 구성하는 또 다른 비물질적 요소는 '바'다. '바'
는 사실 다섯 가지 요소 중 가장 설명하기 어렵다. '바'의 가장 기본적
인 정의는 '누군가에게 강렬한 인상을 남길 수 있는 파악되지 않는 힘
(impressiveness)'이다. 다시 말해, 내가 누군가를 만났을 때 상대에게서
받는 인상, 내가 누군가에게 주는 인상의 배후에 작용하는 힘이 '바'
의 기본적인 개념이다.

그런데 나에게 인상을 남기는 것이 반드시 사람을 비롯한 생물일
필요는 없다. 우리는 장엄한 자연의 풍광이나 웅장한 건축물에서도
강렬한 인상을 받을 수 있다. 그러므로 생명체가 아닌 대상도 '바'를
가질 수 있을 텐데, 실제 고대 이집트의 문헌을 보면 거대한 문과 같
은 무생물에도 '바'가 있다는 이야기가 나온다. 이때의 '바'는 대상이

---

200) 고대 이집트의 신들이 《구약성서》〈아모스서〉에서처럼 신전 의례에 대해 거
부감을 보이거나 정해진 절차에 따라 행해지는 의례를 질책하는 경우는 찾
아볼 수 없다. 〈아모스서〉 5장 21~24절, "나는, 너희가 벌이는 절기 행사들
이 싫다. 역겹다. 너희가 성회로 모여도 도무지 기쁘지 않다. 너희가 나에
게 번제물이나 곡식제물을 바친다 해도, 나는 그 제물을 받지 않겠다. 너희
가 화목제로 바치는 살진 짐승도 거들떠보지 않겠다. 시끄러운 너의 노랫
소리를 내 앞에서 집어치워라! 너의 거문고 소리도 나는 듣지 않겠다. 너희
는, 다만 공의가 물처럼 흐르게 하고, 정의가 마르지 않는 강처럼 흐르게 하
여라." 고대 이집트에서 공의(公義), 즉 마아트는 종교적 의무가 아니라 정치
적·사회 규범적 의무였다.

고전 길라잡이 셋

주는 독특하거나 경이로운 인상으로 해석될 수 있다. 그러나 사람들이 가장 자주 인상을 주고받는 상대는 다른 사람들이다. 그러므로 내가 타인에게서 받는 인상이나 내가 타인에게 주는 인상이 바로 상대의 '바' 또는 나의 '바'가 된다. 요컨대, '바'는 한 개인이 타인에게 보여줄 수 있는 그만의 개별적이고 고유한 특성이라 할 수 있으며, 따라서 '바'는 일반적으로 '개성(personality)'으로 정의·이해된다. 이집트인은 '바'가 비물질적이긴 하지만 뚜렷한 실체(entity)를 가졌다고 생각했으며, 각 개인의 '바'는 신왕국 시대부터 그의 얼굴에 매의 몸을 한 모습으로 표상되었다. 이때 새의 몸은 자유롭게 움직일 수 있는 '바'의 기동성(機動性, mobility)을 구체적인 이미지로 구현한 것이다.

고대 이집트인은 사람이 죽으면 '카'와 함께 '바'도 몸에서 떨어져 나오는데, 몸에서 분리된 '카'는 천상에 있는 창조주의 품으로 되돌아가지만 '바'는 마치 영혼(soul)처럼 망자의 몸에 계속 머문다고 믿었다. 죽음을 계기로 육신의 구속에서 자유로워진 '바'는 망자가 영생을 부여받은 다음부터 낮에는 무덤 밖으로 나와 마음대로 돌아다니다가 저녁이 되면—마치 사람들이 하루의 일과를 마치고 귀가하는 것처럼—미라로 제작되어 영원히 소멸하지 않을 망자의 육신 속으로 돌아간다고 생각했다. 이 때문에 사후에 '바'가 몸으로 돌아오지 못하는 사태는 존재의 존속을 위협하는 심각한 위기였다. 이런 사태를 막으려고 《사자의 서》와 같은 장례문서에는 '바'를 다른 초월적인 존재로부터 보호하는 주문이나 '바'가 육신을 영원히 떠나지 않게 하는 주문 등이 수록되어 있다.

요즘 유행하는 영화나 드라마를 보면 남녀 주인공이 의식은 그대로인 채로 몸만 바뀌는 상황이 종종 나오는데, 만일 고대 이집트인이 이와 같은 상황을 봤더라면 이것은 두 사람의 '바'가 바뀌었기 때문이라고 말했을 것이다. 이처럼 '바'는 구체적인 실체로 구현된 개성 또는 자아라고 할 수 있는데, 이런 이집트인의 관점을 잘 보여주는 예가 앞서 언급한 《한 사람과 그의 바와의 대화》다. 이 작품에서 '바'는 독자적으로 사고하고 판단할 수 있는 존재로서 주인공의 '또 다른 자아'로 묘사된다. 그런데 개성과 내면이 구체화된 '바'는 살아있을 때는 인간을 구성하는 다른 요소와 결합해 있으므로 몸 밖으로 빠져나올 수 없다. 그러나 《시누헤 이야기》 B255행에서는 시누헤가 센와세레트 1세를 알현할 때 너무 긴장한 나머지 '바'가 몸에서 빠져나가는, 다시 말해 '혼이 쏙 빠지는' 경험을 한다.

이집트인에게 인간보다 훨씬 강렬한 인상을 줄 수 있는 존재는 신이었다. 그러므로 신이 인간과 마찬가지로 '바'를 소유하는 것은 당연한 일이었다. 특히 권능이 높은 신은 하나 이상의 '바'를 가졌다고 여겼다. 이집트인은 눈에 보이지 않고 다른 감각으로도 감지할 수 없는 신이 인간의 오감을 통해 확인할 수 있는 형태로 구현된 것이 바로 신의 '바'라고 생각했다. 한 예로, 신왕국 시대의 이집트인은 하늘에 떠 있는 물리적인 태양을 창조주 '아툼의 바'로 생각했다. 다시 말해, 태양은 '아툼의 바'로서 실제로는 인간이 볼 수 없는 창조주의 권능을 현실 세계에서 구현한 존재(자연현상)였다.

아울러 신과 신-왕인 파라오가 상대방에게 주는 매우 강렬하고 위압적인 '인상'은 그것을 대면할 준비가 되지 않은 사람에게 굉장한 공포감을 심어줄 수 있었는데, 이런 '바'는 복수형으로 '바우', 즉 '신성한 바들(divine bas)'이라고 불렸다. 이 '신성한 바들'은 인간이 감히 발휘할 수 없는 매우 강렬한 인상으로서 '장엄', '위엄', '권능'과 같은 의미로 확대해서 해석할 수 있다. 특히 신 또는 파라오에 적대적인 세력 앞에 나타나는 '신성한 바들'은 보기만 해도 화들짝 놀라 감히 도전할 의지를 잃어버리게 만드는 심리적인 효과를 줄 수 있다고 여겨졌다. 이런 맥락에서 '신성한 바들'을 '수호령(守護靈, protective souls)' 정도의 의미로 확대 해석하기도 한다.

## 고대 이집트인의 내세관(1): 태양신의 부활

고대 이집트에서 태양신은 창조주이면서 우주의 순환적인 재생을 상징하는 가장 대표적인 신이었다. 태양신은 또한 창조자이면서 창조된 세상의 지배자이기도 했다. 고대 이집트 창세신화에 따르면 일출은 창조가 끝나는 순간인 동시에 항구적인 순환 주기가 시작되는 순간이다. 태양의 상승과 하강으로 대표되는 이 순환 주기는 창조가 끝나는 시점인 첫 일출을 시작으로 영구히 고착된다. 고대 이집트인에게 태양의 상승과 하강은 태양신이 매일 저녁 하늘의 신 누트의 입으로 들어가 밤새 그 몸속을 통과한 후 매일 아침 하늘의 신의 자궁에서 다시 태어나는 것으로 이해되었다.

이처럼 태양신은 우주적 영역(cosmic sphere), 왕권의 영역(kingship sphere), 장례의 영역(funerary sphere)에서 재생과 부활을 상징한다. 우주적 영역은 다시 창조의 순간과 창조 후의 순간으로 나뉜다. 창조의 순간 어린아이의 모습을 한 태양신은 태초의 대양(자궁)에서 모습을 드러내면서 창조의 과정을 완성한다. 이때 태양은 창조적 권능을 보유한 창조주로서 창조 이후 구현된 우주적 질서의 수호자가 된다. 창조 이후 매일 아침 누트의 몸을 거쳐 이뤄지는 태양신의 탄생은 영원한 순환 주기 속에서 반복되는 우주의 재생을 상징한다. 왕권의 영역에서 태양신은 우주에서 가장 강력한 존재로서 인간계에서 가장 강력한 존재인 왕과 조응하며 왕이 보유한 왕권을 정당화한다. 매일 아침 새롭게 태어나는 태양은 특히 부왕에게서 왕권을 승계한, 새로 즉위한 왕과 동일시된다. 이는 새로운 왕의 즉위가 새로운 우주의 창조와 동일시되었기 때문이다. 한편 장례의 영역에서 태양신은 궁극의 어둠, 즉 죽음을 이기고 부활한 왕(또는 귀족)과 동일시되었다. 특히 《피라미드 텍스트》에서 왕은 불멸을 상징하는 주극성(周極星, circumpolar stars)에 도달하는 한편, 부활하는 태양과 같이 아케트에서 매일 새롭게 떠오르는 것으로 묘사된다.

## 고대 이집트인의 내세관(2): 오시리스의 부활

〈오시리스 신화〉에 따르면, 하늘의 여신 누트와 땅의 남신 게브 사이에 오시리스·세트 형제와 이시스·네프티스 자매가 태어났다. 오시리스는 이시스와 부부가 되었으며, 세트는 네프티스와 짝을 이뤘다. 평소 오시리스를 시기한 세트는 오시리스를 살해한 후 시신을 유기한다. 이시스와 네프티스는 오시리스의 시신을 수습하고 이시스는 죽은 오시리스를 부활시켜 호루스를 수태한다. 이시스와의 결합 후 오시리스는 최초의 미라가 되고 명계로 내려가 그곳을 다스리는 신이 된다. 한편 호루스를 출산한 이시스는 세트 몰래 '아크비트(Akhbit)'라는 북부의 습지에서 호루스를 키운다. 호루스가 성장하자 이시스는 호루스를 세트와 겨루게 하는데, 삼촌과 조카 사이의 왕권 다툼은 호루스의 승리로 끝나고 호루스는 이집트의 신들 앞에서 오시리스의 적법한 계승자로 인정받는다.

〈오시리스 신화〉는 왕의 죽음과 그에 따른 왕위 계승을 다룬 신화라고 할 수 있다. 왕이 죽으면 오시리스가 되어 지상에서와 마찬가지로 명계를 지배하는 왕이 된다. 한편 부왕의 뒤를 잇는 왕위 계승자는 호루스의 화신이 되어 공석이 된 왕위의 적법한 후계자가 된다. 이처럼 〈오시리스 신화〉는 왕의 죽음/매장과 아들의 적법한 계승/즉위에 대한 신화적 근거를 제시하며, 여기서 호루스는 세대 간의 왕권 승계를 완성하는 역할을 행한다. 어린 태양신과 마찬가지로 호루스도 우주적 영역, 왕권의 영역, 장례의 영역에서 중요한 역할을 한다. 우선 우주적 영역에서 호루스는 우주의 재생을 상징한다. 어린 태양신이 최초의 일출을 통해 창조의 작업을 마무리하는 역할을 했다면, 호루스는 장성해 이집트의 왕권을 되찾아옴으로써 지상에 신적 질서를 구현하는 역할을 한다. 왕권의 영역에서 탄생과 험난한 유년기를 거쳐 신들에게서 정통성을 인정받고 영광스럽게 즉위하는 호루스 신화의 전 과정은 왕권의 정통성을 확립하는 데 필요한 신화적 근거를 제공한다. 끝으로, 장례의 영역에서 신성한 후계자의 탄생은 세대 간의 계승을 통한 생명과 왕실의 존속을 상징한다. 다시 말해, 아버지에서 아들로 이어지는 왕위 계승 과정은 죽음에서 삶으로의 역동적인 이행을 상징한다. 이때 죽은 왕은 오시리스와 동일시되어 똑같은 부활과 재생의 과정을 거치는 한편, 새로운 왕은 호루스가 되어 선왕의 장례와 매장을 담당하고 내세의 위험으로부터 부왕을 보호하는 등 아들의 역할을 충실히 수행한다.

## 고대 이집트의 장례 풍습

앞서 설명한 것처럼 이집트인은 사람이 죽는 것은 '카'가 몸을 떠나기 때문이라고 생각했다. 사망 후 사체는 소금의 일종인 천연 탄산소다(natron)에 절여 체내의 습기와 지방을 모두 제거한 후 미라로 처리했는데, 이때 간·폐·위·창자 등과 같은 장기도 몸 밖으로 빼내어 '카노푸스 단지(Canopic jars)'라고 불리는 특수한 용기에 보관했다. '카노푸스 단지'의 뚜껑에는 '호루스의 아들(sons of Horus)'이라고 불리는 네 명의 수호신 모습을 새겼는데, 사람 모습을 한 '임세티(Imsety)'는 간을, 비비 원숭이의 모습을 한 '하피(Hapy)'는 폐를, 자칼의 모습을 한 '두아무테프(Duamutef)'는 위를, 매의 모습을 한 '케베세누에프(Qebehsenuef)'는 창자를 각각 보호한다고 여겨졌다. 반면, 뇌는 시신을 망가뜨리는 불필요한 장기로 여겨 제거했다. 심장만 유일하게 몸에 남았는데, 이것은 내세에서의 심판에 대비하기 위해서였다. 건조작업이 끝나면 고운 아마포로 시신을 감싼 후 기름을 발랐다.

사망 시점에서 장례식과 매장까지는 총 70일이 걸렸는데, 이 중 미라 제작에 40일 정도가 소요되었다. 미라로 만들어진 시신은 미라 공방을 떠나 유족에게 인도된 후 공동묘지에 있는 분묘로 옮겨졌다. 공동묘지는 대개 해가 지는 나일강 서안 사막의 절벽지대에 조성되었다. 장례식이 절정에 달할 무렵 신관들은 분묘 입구에 관 또는 망자의 인물상을 세운 후 '개구의식(開口儀式, Mouth-Opening Ritual)'을 거행했다. 말 그대로 특수한 연장을 이용하여 망자의 입을 여는 의식인데,

이로써 미라를 만드는 과정에서 오감을 잃어버린 망자가 다시 보고 듣고 냄새 맡고 맛볼 수 있게 된다고 여겼다. '개구의식'이 끝나면 황소를 비롯한 제물을 제단 앞에 바쳤고, 이어 망자의 관을 비롯한 다른 부장품을 분묘에 안치했다.

미라가 매장되기 전 행해졌던 장례 의식의 목적은 단순히 망자의 의식을 회복시키는 데만 있지 않았다. 또 다른 목적은 '바'를 몸에서 벗어나 자유롭게 움직일 수 있게 하는 데 있었다. 이렇게 몸에서 풀려난 '바'는 '카'와 결합했는데, 앞서 설명한 것처럼 '바'와 '카'가 무사히 결합하면 '권능을 가진' 존재인 '아크(akh)'가 되었다. 일단 '아크'가 되면 망자는 죽지 않고 영원히 살 수 있는 존재로 바뀌었다. 이집트인은 만일 '바'가 '카'와 제대로 결합하지 못하면 악령이 되어 사람들에게 불운과 질병을 가져다준다고 생각했다. 사실《피라미드 텍스트》를 비롯한 이집트의 장례문서는 모두 파라오를 비롯한 모든 망자가 무사히 '아크'가 될 수 있도록 돕기 위해 창작되었다고까지 말할 수 있다.

일반인의 분묘는 전실과 묘실로 구성되었다. 미라 처리된 시신은 장례 의식을 거쳐 부장품과 함께 지하에 있는 묘실에 매장되었으며, 이후 외부인, 무엇보다 도굴꾼의 출입을 막으려고 영구히 봉쇄되었다. 반면, 지상에 지어진 추모실은 가족과 친지가 망자의 넋을 기리기 위해 방문할 수 있도록 조성되었으며, 따라서 벽에는 망자의 형상이나 방문객이 분묘의 주인에게 봉헌물을 바치는 장면 등이 벽화나 부조로 묘사되었다. 추모실에서 가장 중요한 공간은 서쪽 벽에 조성된 '가짜 문'이다. '가짜 문'이란 문 모양을 석재나 목재로 재현했지만 사람들이 실제로 드나들 수는 없는 공간을 말한다. 이집트인은 이 공간을 통해 (마치 엘리베이터를 탄 것처럼) 망자의 혼이 현실에서 전실로 이동할 수 있다고 생각했으며, '가짜 문' 앞에 제단을 설치해 전실로 올라온 분묘의 주인이 방문객이 제공한 봉헌물을 취할 수 있도록 배려했다.

## 최후의 심판

'최후의 심판(final judgement)'은 망자가 오시리스가 다스리는 명계의 일원으로 받아들여지기 전에 거쳐야 할 마지막 관문이었다. 심판은 저울의 한쪽에는 망자의 심장을, 다른 한쪽에는 마아트를 상징하는 타조 깃털을 올려놓고 둘의 무게를 재는 방식으로 진행되었다. 이때 망자의 심장과 마아트를 상징하는 타조 깃털의 무게가 같으면 망자는 이승에서 정의로운 삶을 산 것으로 판정받았고 '진실한 목소리'로 불렸다. 앞서 미라 제작 과정에서 심장만 시신에 보존되었던 것도 바로 이 '최후의 심판'을 염두에 둔 조치였다. '최후의 심판'을 무사히 통과하면 앞서 언급한 것처럼 '바'는 '카'와 결합했으며 망자의 영혼은 '아크'가 되어 영생을 누렸다. 만일 망자의 심장이 타조 깃털보다 무거우면 망자의 '바'는 재판정을 지키고 있던, '삼키는 자(devourer)'를 의미하는 '암무트(Amut)'라는 괴물에게 먹혔다. 고대 이집트인에게 있어 암무트에게 먹히는 것은 돌이킬 수 없는 존재의 파멸을 뜻했다. 사후에도 자신을 구성하는 요소가 여전히 존재했으므로 이들이 정말로 두려워했던 것은 죽음이 아니라 최후의 심판에서 자신의 '바'가 괴물에게 먹혀 사라지는 것이었다.

앞서 언급한 것처럼, 고대 이집트인에게 있어 부활을 가능하게 해주는 두 가지 신화적 선례는 태양(신)의 순환 주기와 오시리스의 부활 신화였다. 따라서 망자에게 있어 현실에 안치된 미라는 명계에 누운 오시리스를 상징했다. 이집트인이 시신을 미라로 만드는 것을 그렇게 중시했던 것도, 망자를 '오시리스 아무개'로 불렀던 것도 바로 이런 이유 때문이다. 낮 동안 세상을 자유롭게 떠돌던 '바'는 밤이 되면 분묘로 되돌아와 미라와 다시 하나가 되었는데, 이집트인은 '바'와 미라의 결합을 태양신과 오시리스의 결합과 동일시했다. 이 둘의 결합을 통해 망자는 해가 다시 떠오르는, 즉 부활하는 아침에 '아크'로 부활할 수 있었고, 마치 신들처럼 살아있는 사람들의 세상을 아무런 물리적·육체적 제약 없이 마음껏 돌아다닐 수 있었다.

**《사자의 서》 삽화에 묘사된 '최후의 심판' 장면**

망자에 대한 '최후의 심판' 장면이 신왕국 시대 제19왕조의 서기관 아니가 소장했던 《사자의 서》의 삽화에 묘사되어 있다. 그림 가운데에서 자칼의 머리를 한 아누비스(Anubis)가 저울을 조작하는 가운데, 저울의 한쪽 접시에는 망자의 심장이, 다른 쪽 접시에는 마아트를 상징하는 타조 깃털이 놓여 있다. 오른쪽에는 따오기 머리를 한 서기관의 신 토트가 판결 내용을 기록하고 있으며 그 옆에 암무트가 심판의 결과를 기다린다. 왼쪽에는 서기관 아니와 그의 아내 투투(Tutu)가 '최후의 심판' 과정을 초조하게 지켜보고 있는데, 투투의 손에는 고리형 시스트럼이 쥐어져 있다. 심장이 놓인 접시 바로 위에는 아니의 '바'가 묘사되어 있다.

# II

## 최초의 소설 《시누헤 이야기》
## 길라잡이

# 고대 이집트의 지리

## 이집트의 젖줄 나일강

현대 이집트—공식 명칭은 이집트아랍공화국(Arab Republic of Egypt)이다—의 국토 면적은 약 100만 평방킬로미터 정도로 한반도 크기의 약 4.5배에 달한다. 그러나 북아프리카의 사막에서 서아시아로 뻗은 건조 지역의 중앙에 자리하기 때문에 지중해 연안 지역에만 겨울에 약 150~200밀리미터의 비가 내릴 뿐, 국토 대부분은 연중 강수량이 2~5밀리미터에 불과한 사막 기후에 속한다. 따라서 국토의 94.5퍼센트가 불모지인 사막이고, 사람이 거주할 수 있는 땅은 전체 국토 면적의 5.5퍼센트에 해당하는 약 55,000평방킬로미터 정도다.

국토 대부분이 사막이어서 사람이 살 수 있는 땅은 이집트에 하나밖에 없는 강인 나일강 유역과 북부의 삼각주지대와 지중해 연안으로 제한된다. 이와 같은 상황은 고대에도 마찬가지였다. 만일 이집트인에게 '생명의 젖줄'이라 할 수 있는 나일강이 없었더라면 사람이 거주할 수 없었을 테고, 우리가 알고 있는 찬란한 문명도 탄생하지 못했을 것이다. 그러므로 고대 이집트 문명은 가히 '나일강의 선물'이라 할 수 있다.

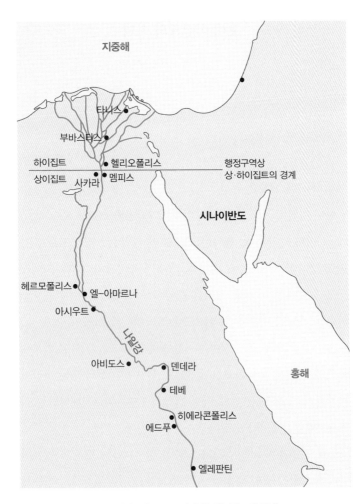

**고대 이집트의 주요 도시와 상·하이집트의 경계**

나일강이 일자로 흐르는 남부 계곡지대와 강이 여러 개의 지류로 분화하는 북부 삼각주 지대는 지리적 특성뿐만 아니라 관습이나 방언에서도 큰 차이를 보였다. 상이집트의 주요 도시는 테베(Thebes)였고, 하이집트의 주요 도시는 멤피스(Memphis)였다. 기원전 3000년경 이집트를 통일한 제1왕조의 첫 번째 파라오 아하(메네스)는 계곡지대가 끝나고 삼각주지대가 시작되는 곳에 새로운 수도 멤피스를 건설했다. 이후 멤피스는 이집트의 행정수도로서, 중왕국 시대부터 그 중요성이 높아지기 시작한 테베는 종교 중심지로서 기능했다.

아프리카 북동부 지역 약 6,700킬로미터를 굽이쳐 흐르는 나일강은 세계에서 두 번째로 긴 강으로서, 아프리카 남부에서 이집트로 유입된 뒤에도 700킬로미터 정도를 더 흘러 지중해로 빠져나간다. 나일강은 또한 세계적인 규모의 하천 중에서 유일하게 남쪽에서 북쪽으로 흐른다. 이 때문에 북쪽을 중심으로 동서남북, 위·아래·오른쪽·왼쪽이 정해지는 우리와 달리 고대 이집트인은 남쪽을 그들의 기준방위로 삼았다. 그 결과 이들에게는 남쪽이 위쪽, 북쪽이 아래쪽, 동쪽이 왼쪽, 서쪽이 오른쪽에 각각 해당했다. 또한 남부 지역에서는 나일강이 계곡을 형성하며 좁게 흘렀는데, 일반적으로 이 남부의 계곡지대를 상(上)이집트(Upper Egypt), 나일강이 여러 개의 지류로 갈라지면서 형성된 북부 삼각주(델타) 지역을 하(下)이집트(Lower Egypt)라고 부른다.

이집트의 젖줄답게 나일강은 사람들이 일상생활을 영위할 수 있는 식수와 생활용수를 제공했을 뿐만 아니라 사람이나 물자를 빠르게 실어 나르는 고속도로의 역할도 겸했다. 그러나 나일강의 가장 중요한 역할은 농경에 필요한 물을 공급하는 것이었다. 이집트의 농경지는 (폭이 동서로 최대 25킬로미터에 이르는) 남부의 계곡지대와 북부의 광활한 삼각주지대를 합쳐 대략 34,000평방킬로미터에 달하는데, 강 좌우의 충적평야에 조성된 대규모 자연 농경지와 함께 점진적으로 낮아지는 관개수로를 통한 인공 경작지 모두 나일강에 의존했다.

이집트가 지금처럼 강에 전적으로 의존하는 사막지대로 변한 것은 홍적세(洪積世, Pleistocene Epoch) 말기에 해당하는 약 15,000

년 전부터 진행된 사막화 때문이다. 연간 강수량이 남부는 거의 0밀리미터, 북부는 약 200밀리미터 정도에 불과한 건조한 땅에서 비에 의존하는 천수농경은 불가능했으며, 수로를 파서 인공 농경지를 만드는 관개농업은 선택이 아닌 필수였다. 복잡한 수로 망을 만들고 수로가 막히지 않도록 수로 바닥을 파서 토사를 제거하는 준설(浚渫) 작업에는 대규모의 노동력이 필요했다. 이런 노동력을 조직하고 통제하려는 노력은 이집트, 특히 농경지가 상대적으로 적었던 남부 지역에서 일찍이 문명과 국가가 탄생하는 계기를 제공했다.

나일강이 이집트의 진정한 생명줄 역할을 하려면 항상 일정한 양의 물을 공급할 수 있어야 했는데, 나일강의 수위는 한 해를 주기로 오르내리기를 반복했다. 그 이유는 강이 시작되는 원류의 수량이 계절에 따라 변했기 때문이다. 이집트 최남단 도시 아스완(Aswan)을 지나 나일강을 거슬러 올라가면 굽이쳐 흐르는 강물 사이사이에 화성암(化成岩, igneous rock)과 자갈이 강바닥에 쌓여 수위가 급속히 얕아지고 물살이 갑자기 빨라지는 급류(cataract)가 나타난다. 이집트 국경 남쪽에는 총 6개의 급류가 있는데, 북쪽에서부터 차례로 제1급류에서 제6급류라고 부른다.

제6급류가 끝나는 곳 바로 아래 수단(Sudan)의 수도 하르툼(Khartoum)이 자리하는데, 이곳에서 나일강의 두 원류(原流)라 할 수 있는 백나일(White Nile)과 청나일(Blue Nile)이 하나로 합류한다. 원래 두 개의 강이었던 것이 하르툼에서 하나로 합쳐진 뒤 이집트로 유입되는 것이다. 아비시니아고원(Abyssinian Highlands)

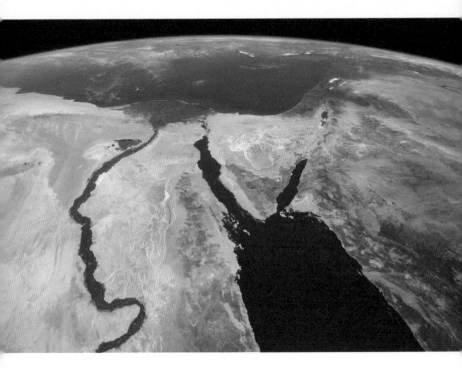

'이집트의 젖줄' 나일강의 위성 사진

의 타나 호수(Lake Tana)에서 발원하는 청나일이 계절성 장마로 인해 매년 5월에 불어나면 그 여파가 이집트에까지 미쳐 나일강의 물도 서서히 불어났다. 이때 청나일은 범람하는 나일강의 전체 수량 중 약 80퍼센트를 차지했다.

나일강 수위는 매년 7월 중순부터 조금씩 높아져서 8월부터는 본격적으로 범람했으며, 9월 말에 이르면 무수한 소규모 지류와 인공 수로를 통해 나일강 유역의 모든 농경지는 거대한 범람원(氾濫原, flood plain)을 형성했다. 범람기에 불어난 강물은 식물의 성장을 저해하는 토양의 염분을 씻어내는 동시에 미네랄이 풍부한 실트(silt), 즉 알갱이가 미세한 침전물을 실어와 수십 센티미터의 충적토 퇴적층을 형성했다. 10월부터 경작지에 쌓였던 검은색의 퇴적층이 드러났는데, 이때부터 11월까지 고대 이집트인의 주식이었던 에머(emmer) 밀과 보리, 면직물을 만들 때 사용했던 아마(flax) 같은 주요 작물의 파종이 시작되었다.

범람기에 강물과 함께 흘러온 미네랄이 경작지에 침전되면 천연 비료의 역할을 해서 이때 농경지에 작물을 심으면 그 뒤부터는 홍수나 태풍 또는 일조량이나 지력의 감소 등과 같은 자연재해 없이 매우 안정적으로 경작할 수 있었으므로 이듬해 5월에 이집트인은 이웃의 다른 서아시아 지역에 비해 월등히 풍부한 수확을 얻을 수 있었다. 이처럼 고대 이집트인의 삶에 매우 중요했던 나일강의 범람 주기는 계절을 구분하는 기준이 되었다. 고대 이집트인은 범람이 진행되는 7월 중순부터 11월 중순까지를 '범람기(Inundation)', 나일강이 다시 정상 수위를 되찾아 본격적인 경작이 가능한 11월 중순부터 3월 중순까지를 '파종기(Growing)', 수확을 마치고 다음 나일강의 범람을 기다리던 3월 중순부터 7월 중순까지를 '수확기(Harvest)'로 각각 나눴다.

## 검은 땅과 붉은 땅

고대 이집트인은 나일강이 매년 범람하면서 검은 충적토로 비옥해진 경작지를 '검은 땅(Black Land)'이라고 불렀다. 반면, 녹색의 경작지 너머 아무것도 살 수 없는 사막지대는 '붉은 땅(Red Land)'이라고 불렀다. '검은 땅'은 사람이 살 수 있는 이집트 본토를 일컫는 지명이기도 했다. 이집트의 비옥한 토양은 외국에서도 유명했는데, 고대 그리스의 역사 저술가였던 헤로도토스 역시 이집트에서만 발견되는 기름진 충적토에 대해 언급하는 것을 잊지 않았다.

왜냐하면 나는 아이귑토스[아이깁투스]가 인접 지역보다 바다로 더 튀어나왔고, 산속에서 조개껍데기들이 발견되고, 지표에서 바닷소금이 나와 피라미드가 부식될 정도이고, 아이귑토스에서 모래 산이라야 멤피스를 굽어보고 있는 것뿐이고, 그 밖에 인접한 아라비아와 뤼비에[리비아]도, 쉬리아[시리아]도(아라비아의 해안 지대에는 쉬리아인이 살고 있기에 하는 말이다) 아이귑토스와는 토양이 전혀 다르다는 것을 봤기 때문이다. 아이귑토스의 토양은 검고 잘 부서지는데, 그것은 그 토양이 전에는 아이티오피아[에티오피아]에서 강물에 떠내려온 진흙과 충적토였음을 알려준다. 우리가 알기로, 뤼비에의 토양은 붉은빛을 띤 사토(沙土)이며, 아라비아와 쉬리아의 토양은 점토질이고 밑바닥에는 돌이 많다.

– 헤로도토스, 《역사》 2.12

고대 이집트인이 자신들의 생활 터전을 부르는 말로 '검은 땅' 만큼 즐겨 사용했던 단어는 '두 땅', 다시 말해 상·하이집트를 가리키는 '타위'였다. 나일강을 중심으로 형성된 '두 땅'은 이집트인에게 말 그대로 세계의 중심이었다. 고대 이집트인은 주변의 다른 지역을 모두 '이방(異邦)' 또는 '불모지대'로 불렀다. 북부 하이집트의 삼각주지대 너머로는 '거대한 청록', 즉 '지중해'가 자리했고, 남부 계곡지대의 최남단 도시는 '엘레판틴(Elephantine)'이었다. 오늘날 이집트의 수도인 카이로에서 약 950킬로미터 떨어진 이 도시는 오늘날의 아스완에 해당한다. 국경도시로서 군사적·경제적 요충지였던 아스완 너머로는 오늘날의 수단 동북부 지역에 해당하는 누비아(Nubia)가 존재했다.

## 국경의 남쪽과 북쪽

누비아는 아스완 남쪽 제1급류 아래에 자리하는데, 현재 제1급류에서 제6급류에 이르는 지역은 수단 북동부에 해당한다. 고대 이집트인은 이 남부 국경 지역을 '활의 땅'이라고 불렀다. (이는 '활처럼 굽은 땅'으로 해석될 수도 있고, '활의 민족이 사는 땅'으로 해석될 수도 있다. 실제로 이 지역 주민은 강건한 체격과 뛰어난 궁술로 유명했으며, 이집트 본토에서 용병으로 활약하기도 했다.) 누비아라는 지명은 고대 이집트어에서 '금'을 뜻하는 '눕'에서 나온 것으로 추정된다. 이집트와 누비아가 국경을 맞대고 있는 남동부 사막지대에는 여러 금광이 밀집해 있었는데, 이곳에서 채굴된 금은 이집트 경제와 외교에서 매우 중요한 역할을 담당했다.

고대 이집트인은 남부 접경지대와 이곳에 자리한 금광을 방어하려고 중왕국 시대부터 제2급류와 제3급류 사이에 거대한 요새를 구축했다. 이후 이집트의 영토가 역사상 가장 넓었던 신왕국 시대 제18왕조 투트모세 3세 치세에는 누비아의 토착 왕조였던 '쿠시(Kush)' 왕국의 수도 메로에(Meroe)가 자리한 제5급류까지 진출해 곳곳에 식민도시를 건설했다. 제3급류와 제4급류 사이에는 신왕국 시대 이후 누비아 출신의 흑인 파라오들이 이집트를 지배했던 제25왕조의 수도였던 나파타(Napata)가 있었다.

이집트 최남단의 엘레판틴 지역 인근의 동부 사막에는 반유목 생활을 하는 누비아 부족이 있었는데, 고대 이집트인은 이들을 '메자(Medja)'라고 불렀다. 탁월한 신체적 능력을 가졌던 이들은 이집트인에게 고용되어 사막을 순찰하는 국경 경비대와 보안대 역할을 했다. 이 때문에 메자에서 파생된 '메자이(Medjay)'라는 말은 이후 '경찰'과 유사한 의미로 사용되었다. 이집트 서부에도 반유목 생활을 하는 리비아인이 있었다. 고대 이집트인은 이집트의 유일한 담수호인 파이윰(Fayum) 호수를 기준으로 삼각주 인근의 북부 지역을 '체헤누(Tjehnu)'라고 부르고, 바하리야(Bahariya), 파라프라(Farafra) 같은 오아시스 인근의 남부 지역 전체를 '체메흐(Tjemeh)'라고 불렀는데, 이들 지명은《시누헤 이야

고대 이집트의 지리

**신왕국 시대의 시리아-팔레스타인 지역**

파라오들은 신왕국 시대부터 시리아-팔레스타인 지역에 본격적으로 국력을 투사하기 시작했다. 특히 제18왕조의 투트모세 3세(Thutmose III)는 재위 22년부터 42년에 이르는 기간에 무려 17회에 달하는 원정을 거의 매년 수행했으며, 그 결과 카르케미쉬 지역까지 영토를 확장했다. 첫 번째 원정에서 전략적 요충지인 메기도를 복속시킨 것은 무엇보다 중요한 성과였다. 그의 뒤를 이어 이집트의 영토 수복에 주력했던 파라오로 제19왕조의 람세스 2세(Rameses II)를 꼽을 수 있다. 그는 아나톨리아 지역의 강대국 히타이트에 빼앗긴 영토를 수복하기 위해 재위 5년에 또 다른 전략적 요충지인 카데쉬(Kadesh)에서 치열하게 전투를 치러야 했다.

기》에서도 언급된다(R1~22행).

《시누헤 이야기》에서 주인공이 망명 생활을 보내는 곳은 오늘날의 레반트(Levant) 또는 시리아-팔레스타인(Syria-Palestine)에 해당하는 지역인데, 고대 이집트인은 이곳을 '레체누(Retjenu)'라고 불렀다. 레체누란 레바논(Lebanon)과 시리아 사이의 해안 일대를 가리키는 지명으로, 해안지대를 의미하는 하레체누(Lower Retjenu)와 동부 고원지대를 일컫는 상레체누(Upper Retjenu)로 다시 나뉜다. 참고로, 시누헤가 정착한 이아아(Iaa)라는 곳은 상레체누 지역에 속한다(B81행, B238행).

레체누 북부의 지중해 지역에는 일반적으로 '페니키아(Phoenicia)'라고 알려진 문명권에 속하는 항구도시가 산재해 있었는데, 이들 도시 중 이집트와 가장 활발하게 교역했던 곳이 바로 '비블로스(Byblos)'였다. 비블로스는 시돈(Sidon), 티레(Tyre)와 함께 페니키아에서 가장 번성했던 3대 항구도시 중 하나였다. 오늘날의 베이루트(Beirut) 북부 해안에 자리했던 비블로스의 이집트식 명칭은 '케프니(Kepni)', 아카드어 명칭은 '구블라(Gubla)'였는데, 《시누헤 이야기》에서도 이 지명이 언급된다(B29행). 구블라와 이집트는 이미 고왕국 시대부터 교역 관계를 맺고 있었으며 구블라의 주요 수출품은 백향목(栢香木, cedar)이었다. 이집트인은 백향목 대금을 파피루스로 지급했는데, 이 때문에 구블라는 지중해 지역에서 이집트산 파피루스의 대표적인 집산지가 되었다. 이후 헬레니즘 시대(기원전 323~기원전 32년)부터 이 도시는 파피루스의 그리스식 발음인 '비블로스'로 불렸다.

고대 이집트의 지리

# 고대 이집트의 역사

## 고대 이집트 역사의 재구성

고대 이집트인은 자신들의 과거에 대한 다양하고 풍부한 정보를 가지고 있었으며, 필요에 따라 역사적 정보를 적극 활용했다. 그러나 아쉽게도 사료를 근거로 역사를 객관적이고 체계적으로 기록하는 전통은 없었다. 그 결과, 고대 이집트의 역사를 처음 집대성한 사람은 토착 파라오의 통치 시대가 끝나고 그리스가 이집트를 지배했던 프톨레마이오스 왕조(기원전 305~기원전 30년) 시대의 마네토(Manetho, 생몰년도 미상)라는 신관이었다.

그는 《아이깁티아카(Aegyptiaca)》라는 이집트 최초의 역사서를 고대 그리스어로 저술했으나, 아쉽게도 원전은 소실되어 후대의 다른 저술가들이 인용한 부분을 통해서만 내용을 대략 짐작할 수 있다. 《아이깁티아카》에서 마네토는 고대 이집트의 역사를 크게 고왕국 시대(Old Kingdom), 중왕국 시대(Middle Kingdom), 신왕국 시대(New Kingdom)로 나누고 시대별로 다시 30개의 왕조로 세분했는데, 이와 같은 분류법은 현대의 이집트학에서도 그대로 사용되고 있다.

## 선왕조 시대와 초기왕조 시대

사람들이 나일강 유역에서 정착하기 시작했던 시기는 기원전 7000~기원전 5000년경으로 추정된다. 이때부터 북부 삼각주지대와 남부 계곡지대에서 각각 고유의 독특한 문화가 출현한다. 이들 문화권의 통합이 시도되던 시기, 다시 말해 이집트가 하나의 영토국가로 통합되려는 조짐을 보이던 시기를 선왕조 시대(기원전 5300~기원전 3000년경)라고 한다. 그리고 이집트가 마침내 하나의 영토국가로 통합되면서 통일 왕조가 성립했으나 왕권은 아직 절대적으로 강화되지는 못했던 시기를 초기왕조 시대(기원전 3000~기원전 2686년경)라고 부른다.

초기왕조 시대인 제1왕조(기원전 3000~기원전 2890년)와 제2왕조(기원전 2890~기원전 2686년)의 가장 큰 특징은 상대적으로 취약했던 왕권이 점차 강화되었다는 사실이다. 이때부터 고대 이집트 문명이 사라질 때까지 변함없이 유지되었던 전제군주제인 '파라오 지배체제'가 서서히 확립되었다. 초기왕조 시대의 왕들은 왕권을 강화하는 한편, 남부와 북부의 정치적·문화적 통합에도 박차를 가했다. 이 과정에서 왕의 실질적인 지배를 가능하게 했던 관료제와 행정조직도 발전하기 시작했다.

이집트 전역이 남부 상이집트에 22개, 북부 하이집트에 20개로 모두 42개의 '노모스(nomos)', 다시 말해 지방 행정구역으로 나뉜 것도 바로 이 시기였다. 이들 행정구역에 대해서는 중앙에서 파견된 지방행정관이 전권을 위임받았다. 한편, 기원전 3000년경 제1왕조의 전설적인 파라오인 메네스(Menes)에 의해 이집

고대 이집트의 역사

트 최초의 수도로 건설된 북부 멤피스(Memphis)에는 왕의 친인척이었던 귀족이 새롭게 편입된 북부 삼각주지대를 비롯한 이집트 전역의 행정업무를 담당했다.

중앙집권화가 완성되면서 초기왕조 시대 이후부터 각 지역의 권한이나 자율성은 약해졌다. 그와 함께 한 명의 왕과 중앙의 지배층으로 대표되는, 수도를 중심으로 동질하고 단일한 이집트 문화가 본격적으로 성립되기 시작했다. 아울러 내세의 삶에 대한 개념도 이 무렵에 정립되었는데, 왕실과 귀족이 내세관을 더욱 정교하게 발전시키는 데 주도적인 역할을 했다. 또한 이집트 성각문자가 도입되면서 문자문화의 시대가 시작되고 조형예술에서 향후 수천 년간 지속해서 사용될 도상과 상징체계가 확립된 것도 바로 이 초기왕조 시대였다.

## 고왕국 시대

마네토의 왕조 구분에 따르면, 제3왕조, 제4왕조, 제5왕조, 제6왕조가 고왕국 시대(기원전 2686~기원전 2160년)에 해당한다. 종교적으로는 멤피스의 주신 프타(Ptah)와 헬리오폴리스의 주신인 태양신이 왕실의 전폭적인 후원을 받았다.

초기왕조 시대에 확립된 문화적 토대는 고왕국 시대를 정의하는 데 매우 유용한 잣대를 제공하는데, 약 526년간 존속한 고왕국 시대는 명실상부한 '피라미드 시대'로 규정될 수 있다. 제3왕조(기원전 2686~기원전 2613년)에 처음 등장한 이후 피라미드의 형태와 규모가 발전하고 변화하는 양상은 고왕국 시대의 역사적 전개와 흥망성쇠를 고스란히 반영한다. 왕묘로서의 피라미드는 또한 파라오의 왕권이 질적인 차원으로 강화되었음을 상징적으로 보여주는 건축물이었다.

고왕국 시대의 왕들은 피라미드라는 새로운 거석건축을 통해 왕권이 정치·경제·종교에 있어 이제 그 무엇과도 비교될 수 없는 신성불가침의 절대권력임을 과시했다. 건축과 예술 부문에서도 피라미드를 기획하고 건설하는 과정에서 생겨난 새롭고 창의적인 아이디어가 초기왕조 시대에 비해 대폭 커진 경제력과 행정력에 힘입어 마음껏 발현되었다. 요컨대, 피라미드는 초기왕조 시대에 축적된 문명의 토대 위에 화려하게 피어난 고대 이집트 문명의 첫 번째 물질적·정신적 도약이었다.

피라미드 건축과 같은 대규모 토목 사업을 진행하는 과정에서 국가의 인적·물적 자원을 더욱 효율적으로 사용하고자 했던 왕실과 지배계층의 요구는 유능한 행정체계의 확립으로 이어졌고, 이렇게 확립된 행정체계는 일종의 부산물로서 피지배계층의 사회적·경제적 수요를 충족시키는 결과를 가져왔다. 결국 국가는 '부양국가(provider state)', 요컨대 구성원 모두에게 일정하게 자원을 분배할 수 있는 핵심적인 정치-경제 기구로 자리 잡았다.

제4왕조(기원전 2613~기원전 2494년)의 첫 번째 파라오였던 스네페루(Sneferu, 기원전 2613~기원전 2589년)가 모두 3기의 피라미드를 건설한 데 이어, 그의 뒤를 이은 쿠푸(Khufu, 기원전 2589~기원전 2566년), 카프레(Khafre, 기원전 2558~기원전 2532년), 멘카우레(Menkaure, 기원전 2532~기원전 2503년)가 전통적인

**고왕국 시대를 대표하는 피라미드**

기자고원에 건립된 제4왕조 쿠푸, 카프레, 멘카우레의 피라미드다(맨 오른쪽부터). 일부 예외를 제외하고 제3왕조부터 제6왕조에 이르는 모든 파라오가 피라미드를 지었다. 그 결과, "고왕국 시대 500년간 옮겨진 석재의 양이 이후 다른 시대에 옮겨진 석재의 총량보다 더 많았다."는 추정이 있을 정도다. 피라미드의 규모는 멘카우레 이후 규격화되었으며 부속 신전의 내실을 기하는 방향으로 선회했다. 아울러 제5왕조 말기부터는 세계 최초의 장례문서인 《피라미드 텍스트》가 피라미드 내부에 새겨지기 시작했다.

행정수도인 멤피스 근처의 기자고원(Giza plateau)에 자신들의 피라미드를 차례로 건설하면서 피라미드 시대가 본격적으로 시작되었다. 한편, 제5왕조(기원전 2494~기원전 2345년) 말기부터는 왕실의 장례 주문 모음집이 피라미드 현실(玄室)/묘실(墓室, burial chamber)과 전실(前室, antechamber) 내벽에 새겨지기 시작했는데, 이집트학에서는 이를 《피라미드 텍스트(Pyramid Texts)》라고 통칭한다.

그러나 고왕국 말기에 접어들면서 농업을 기반으로 한 경제가 위기를 맞고, 그 여파로 왕권이 급격히 약해지면서 중앙정부의 장악력이 줄어들었다. 이 틈을 타 고왕국 시대 중반부터 호족이 되기 시작한 지방 관리들이 자신들의 세력을 강화하고 서로 반목하면서 기원전 2160년경부터 이집트는 일종의 무정부 상태인 제1중간기에 돌입했다.

### 제1중간기

제1중간기(기원전 2160~기원전 2055년)는 제6왕조(기원전 2345~기원전 2181년경) 말기에 왕권이 크게 약해지면서 시작되었다. 지방 호족들은 이 기회를 놓치지 않고 자신들의 세력을 넓히기 위해 내전을 벌였으며, 이 과정에서 일부 호족은 상당한 정치세력으로 떠올랐다. 이들이 건설한 개인 분묘에서는 자신이 지배하는 지역 또는 인근에서 발생한 기근 같은 위기를 성공적으로 극복했다는 내용이 담긴 자전적 기록이 발견되었다. 중왕국 시대에는 이 당시의 참상을 강조하는 '재앙문학(catastrophe literature)' 장르의 작품도 창작되었다. 현대 이집트학자들은 대개 제1중간기를 격심한 내분과 혼란의 시기로 인식하지만, 학자에 따라서는 각 지방이 중앙정부의 통제에서 벗어나 독자적인 토착 문화를 발전시킨 시기로 보기도 한다.

## 중왕국 시대

중왕국 시대(기원전 2055~기원전 1650년)는 피라미드 같은 거대 건축물에 주목하기보다는 인간의 내면을 진지하게 탐구하고 성찰하는 지혜문학과 서사문학이 왕성하게 창작되던 '문명의 성장기'였다. 마네토의 왕조 구분에 따르면 제11왕조, 제12왕조, 제13왕조가 중왕국 시대에 해당한다. 축복받은 영생을 목표로 하는 내세관이 왕실과 귀족에서 일반 대중으로 광범위하게 퍼지면서 종교적으로는 명계의 신인 오시리스(Osiris)가 사회 모든 계층으로부터 인기를 얻었다.

이집트 남부 테베(Thebes)의 지방 호족 몬투호텝 2세(Mentuhotep II, 기원전 2055~기원전 2004년)가 북부 헤라클레오폴리스(Herakleopolis)를 근거지로 삼은 경쟁 세력을 제압하고 이집트를 다시 통일하면서 제7~10왕조(기원전 2181~기원전 2025년)에 이르는 제1중간기가 끝났으며, 그가 세운 제11왕조(기원전 2055~기원전 1985년)를 기점으로 중왕국 시대가 시작되었다. 그러나 이집트를 다시 통일하는 위업을 달성한 제11왕조는 그렇게 오래 이어지지 못했는데, 몬투호텝 4세(기원전 1992~기원전 1985년)의 총리대신이었던 인물이 파라오로 즉위하면서 새로운 왕조, 즉 제

12왕조(기원전 1985~기원전 1773년)를 세웠기 때문이다.

제11왕조의 총리대신에서 파라오로 즉위한 후 제12왕조를 연 인물이 바로 《시누헤 이야기》에도 등장하는 아멘엠하트 1세(Amenemhat I, 기원전 1985~기원전 1956년)다(R4, R5~11, B180). 아멘엠하트 1세의 통치 모델은 고왕국 시대였다. 그는 파라오의 독보적인 권위를 되찾는 동시에 이미 상당한 권력을 가진 지방 호족들과 권력의 균형을 유지하는 데 주력했다. 《시누헤 이야기》에 언급된 그의 갑작스러운 죽음은 제11왕조에서 제12왕조로 이행하는 과정에서 발생한—제11왕조에 여전히 충성스러웠던—일부 지방 호족 간의 내부 갈등이 원인일 수도 있다.

아멘엠하트 1세의 가장 큰 업적은 고왕국 시대에 왕실 공동묘역이었던 사카라 남쪽의 미개척지에 새로운 행정수도를 건설한 것이다. 중왕국 시대의 새 수도는 '아멘엠하트께서 두 땅을 취하시다'를 의미하는 '(아멘엠하트-)이취타위'로 정해졌다. 《시누헤 이야기》에서는 이곳이 '도성'이라고만 언급된다(R8, B6, B188). 아멘엠하트 1세는 또한 고왕국 시대의 전통에 따라 피라미드를 건설했다(R5). 그의 피라미드는 카이로 남부 엘-리시트(el-Lisht)에 건립되었는데, 피라미드 단지 전체가 석회암으로 건설되던 고왕국 시대와 달리 골격을 제외한 부분은 내구성이 석회암보다 훨씬 떨어지는 말린 진흙 벽돌로 지어졌다. 원래 높이가 55미터였던 그의 피라미드는 지금은 무너져서 20미터 높이의 돌무더기로 변해버렸다.

아멘엠하트 1세는 이집트 역사상 처음으로 '공동통치(co-

**센와세레트 1세의 석상**

센와세레트 1세를 비롯한 중왕국 시대의 파라오들은 고왕국 시대의 전통을 계승함으로써 과거의 화려한 영광을 재현하고자 했다. 이런 정책의 일환으로 센와세레트 1세는 부왕 아멘엠하트 1세와 함께 고왕국 시대 이후 건립되지 못했던 피라미드를 왕묘로 다시 도입했다. 또한 왕권 강화를 위해 제1중간기 동안 비대해졌던 지방 호족 세력을 견제하려고 노력했다.

regency)' 제도를 시행한 것으로도 알려졌다. 이 제도는 두 명의 왕이 일정 기간 함께 통치하는 것으로, 이때 왕위 계승자는 공식적으로 왕위에 올라 군사 원정처럼 나이 든 부왕이 직접 수행하기 어려운 임무 중 일부를 담당했다. 새로 수립된 왕조의 왕권을 강화하려고 노력했던 아멘엠하트 1세가 실제로 공동통치 제도를 시행해 정통성이 취약했던 왕위가 아들인 센와세레트 1세(Senwosret I, 기원전 1956~기원전 1911년)에게 원만하게 계승되도록 조치했는지는 확증할 수 없다. 과거 학계는 두 왕의 공동통치를 당연하게 여겼으나 최근 일부 학자가 당시 이 제도가 실제로 시행되었을지 의문을 제기한 바 있다. 그러나 시누헤가 우려했던 것과 달리 센와세레트 1세가 별다른 갈등이나 내분 없이 왕위를 계승한 것으로 보아 공동통치가 시행되었을 가능성이 높다.

센와세레트 3세(Senwosret III, 기원전 1870~기원전 1831년)와 아멘엠하트 3세(Amenemhat III, 기원전 1831~기원전 1786년) 같은 걸출한 파라오들이 등장하면서 제12왕조는 전성기를 맞는다. 이들은 국경을 넓히고 비대해진 지방 호족 세력을 견제하는 한편, 이집트 중부 지역의 거대한 담수호인 파이윰 지역을 개발하는 데 주력했다. 파이윰 지역이 개간되면서 많은 사람이 이곳에 정착하기 시작했다. 특히, 센와세레트 2세(Senwosret II, 기원전 1877~기원전 1870년)는 오늘날의 엘-라훈(el-Lahun)에 자리한 자신의 피라미드 부근에 장인들을 위한 신도시를 건설했다. 약 250채의 가옥으로 구성된 이 계획도시는 향후 200년간 번성하면서 많은 파피루스 문서를 비롯해 다양한 유물을 남겼다.

강력한 파라오가 다시 등장하고 개간 사업을 통해 농산물의 생산이 늘어나면서 이집트는 고왕국 시대에 이어 다시 한번 화려한 문학과 예술의 시대를 맞았다. 특히, 이 시대에 사용된 중기 이집트어는 이후 수천 년에 걸쳐 이집트의 표준 문어체로 사용되었으며, 초인적인 의무를 묵묵히 수행하는 파라오의 인간적인 고뇌를 사실적으로 표현한 엄격한 양식의 인물상은 당시의 '시대정신(Zeitgeist)'을 잘 표현한 걸작으로 평가받는다.

## 제2중간기

제12왕조의 마지막 통치자는 소벡네페루(Sobekneferu, 기원전 1777~기원전 1773년) 여왕이다. 아마도 왕위를 계승할 남성 후계자가 없었던 것으로 추정된다. 왕조 말기에 이집트는 역사상 처음으로—부분적이긴 하지만—이민족의 지배를 받았다. 중왕국 시대 말기부터 시리아-팔레스타인 지역과의 빈번하고 광범위한 교역 등으로 북부 삼각주 지역에 셈족이 대규모로 정착했는데, 이들은 제12왕조 말기의 혼란을 틈타 북부 지역을 장악했다. '힉소스(Hyksos)'인으로 불린 이 이방인 지배자들은 이집트의 풍습과 전통을 받아들여 파라오로 즉위했는데, 그 결과 이집트는 이들의 지배를 받는 북부와 토착 왕조가 다스리는 남부로 다시 나뉘었다. 이 분단의 시기가 바로 제2중간기(기원전 1650~기원전 1550년)이다.

힉소스의 제15왕조(기원전 1650~기원전 1550년)가 북부를 다스리는 동안, 남부에서는 테베를 근거지로 한 제16~17왕조(기원전 1650~기원전 1550년)가 등장한다. 테베의 제17왕조는 제2중간기 후반부터 힉소스를 쫓아내려고 본격적으로 투쟁한다. 제17왕조의 파라오들은 20여 년간 북부의 왕조와 지속적으로 전투를 벌였는데, 끝에서 두 번째 파라오였던 세켄렌레 타오(Seqenrenre Tao, 기원전 1560년경)의 심하게 훼손된 미라를 통해 당시 두 세력 간의 전투가 매우 격렬했음을 알 수 있다. 그의 후계자였던 제17왕조의 마지막 파라오 카모세(Kamose, 기원전 1555~기원전 1550년)가 마침내 힉소스 왕조의 수도였던 아바리스(Avaris)까지 진출하면서 테베 왕조가 권력투쟁의 승기를 잡았다.

## 신왕국 시대

신왕국 시대(기원전 1550~기원전 1069년)는 '문명의 성숙기'이자 이집트 역사의 최전성기였다. 시리아 서북부에서 누비아 내륙까지 영토를 넓힌 이집트는 국제사회에서도 강대국의 일원으로 존중받았다. 마네토의 왕조 구분에 따르면 제18왕조, 제19왕조, 제20왕조가 신왕국 시대에 해당한다. 종교적으로는 테베의 주신인 아문(Amun)이 '신들의 왕'이라는 호칭을 받으며 헬리오폴리스의 주신인 태양신, 멤피스의 주신인 프타와 함께 국가신으로 떠올랐으며, 그를 모신 테베의 카르나크 신전(Karnak Temple)은 신왕국 시대 파라오들이 계속해서 증축과 개축을 하면서 세계에서 가장 거대한 종교 건축물로 급성장했다.

이집트 북부를 장악했던 셈족을 완전히 몰아낸 카모세의 아들 아흐모세(Ahmose, 기원전 1550~기원전 1525년)가 제18왕조(기원

**람세스 2세의 부조**

제18왕조 중반에 최전성기를 누렸던 이집트의 국력은 왕조 말기 무렵 크게 쇠퇴했다. 이어 등장한 제19왕조의 파라오들은 과거의 영광을 재현하려고 노력했는데, 그 선봉에 섰던 왕이 바로 람세스 2세다. 특히 그는 이집트 북부 국경에서의 영향력 회복에 적극적이었는데, 마침내 시리아의 전략적 요충지 카데쉬에서 히타이트와 충돌했다. 당시 고대 서아시아의 최첨단 공격무기였던 전차를 타고 이집트군의 선두에서 분전하는 람세스 2세의 모습이 아부심벨 신전 내벽의 부조에 생동감 있게 묘사되었다.

전 1550~기원전 1290년)를 수립하면서 통일왕조가 다시 출현한 이집트는 북으로 시리아-팔레스타인 지역에서 남으로 누비아 내륙에 이르는 거대한 제국으로 성장했다. 이민족과의 해방전쟁 이후 제국을 넓히려는 호전적인 정책이 지속됨에 따라 초기 파라오들은 강인한 전사의 면모를 보였으나, 메소포타미아 지역에서 제국들의 균형이 유지되고 (오늘날의 튀르키예에 해당하는) 아나톨리아 지역에서 번성하기 시작한 또 하나의 거대한 제국 히타이트(Hittite)와 평화조약이 체결됨에 따라 신왕국 시대 중후반부터 이집트 문화는 또 한 번의 개화기를 맞이했다.

신왕국 시대는 개성 넘치는 파라오가 많이 배출된 시기이기도 하다. 이집트가 대제국이 되는 기틀을 마련한 투트모세 1세(Thutmose I, 기원전 1504~기원전 1492년), 이집트를 전례 없는 번영으로 이끈 여성 파라오 하트셉수트(Hatshepsut, 기원전 1473~기원전 1458년), 총 17회에 걸친 정복전으로 이집트의 영토를 역사상 전례 없이 넓힌 '이집트의 광개토대왕' 투트모세 3세(Thutmose III, 기원전 1479~기원전 1425년), 제국의 막대한 부를 바탕으로 역사상 가장 찬란한 궁정문화를 누렸던 아멘호텝 3세(Amenhotep III, 기원전 1390~기원전 1352년), 인류사 최초의 '일신교 개혁'을 이끈 아멘호텝 4세/아켄아텐(Amenhotep IV/Akhenaten, 기원전 1352~기원전 1336년), 1922년 왕묘가 거의 도굴되지 않고 완벽하게 유지된 상태로 발굴되면서 일약 세계에서 가장 유명한 파라오의 반열에 오른 소년왕 투탕카멘(Tutankhamun, 기원전 1336~기원전 1327년), 그 이상의 설명이 필요 없이 '파라오 중의 파라오'

로 불리는 제19왕조(기원전 1295~기원전 1186년)의 람세스 2세 (Rameses II, 기원전 1279~기원전 1213년) 등 이집트 역사에서 가장 유명한 파라오가 모두 이 시기에 배출되었다.

## 제3중간기와 후기왕조 시대

모든 왕이 자신의 즉위명으로 '람세스'를 사용했던 제20왕조 람세스 시대(Ramesside Period, 기원전 1186~기원전 1069년)의 마지막 파라오인 람세스 11세(Ramesses XI, 기원전 1099~기원전 1069년)가 사망하면서 이집트는 또다시 내분에 빠져들었다. 이후 남부와 북부는 다시 분열되었는데, 북부는 이전까지 존재감이 아주 적었던 리비아의 부족장들이 역사의 무대에 등장하면서 권력을 나눠 가졌고, 남부는 카르나크 신전의 아문 신관에 의한 신정정치(神政政治, theocracy)가 시행되었다. 이 마지막 내분 시대를 제3중간기(기원전 1069~기원전 664년)라고 부른다.

리비아 부족과 마찬가지로, 과거에는 이집트의 지배를 받았지만 이집트의 세력이 약해지면서 역사의 전면에 등장한 남부 국경지대의 누비아인이 테베까지 영향력을 뻗쳤다. 이후 이집트는 이들이 세운 제25왕조(기원전 747~기원전 656년)에 의해 다시 통일되었다. 이 통일왕조를 그대로 이어받은 북부 리비아 지배 부족의 제26왕조(기원전 664~기원전 525년)에서부터 페르시아의 통치를 받는 제31왕조(기원전 343~기원전 332년)까지의 시기를 후기왕조 시대(기원전 664~기원전 332년)라고 한다.

나일 삼각주 사이스(Sais)에 근거지를 둔 제26왕조 시대에 이

**클레오파트라 7세와 그의 아들 카이사리온의 부조**

클레오파트라 7세(Cleopatra VII, 기원전 51~기원전 30년)는 덴데라에 위치한 하토르 신전의 벽면에 자신과 그녀의 아들 카이사리온(Caesarion)을 새겨넣게 했다. 카이사리온은 '작은 카이사르'라는 뜻으로, 그의 아버지는 로마 공화정 말기의 정치가 가이우스 율리우스 카이사르(Gaius Julius Caesar)다. 카이사르가 암살당한 후 클레오파트라 7세는 카이사르파의 수장이었던 마르쿠스 안토니우스(Marcus Antonius)와 연합했다. 그녀는 공화정 말기의 유력자들과 연대함으로써 이집트의 독립을 유지하려 했다. 하지만 기원전 31년 악티움(Actium) 해전에서 후일 제정(帝政)을 연 가이우스 옥타비아누스(Gaius Octavianus; Augustus)에게 패배함으로써 독립을 유지하는 데 실패하고 말았다.

르러 이집트는 정치·경제·외교·문화·예술 등 다양한 부문에서 마지막 번영의 시대가 찾아오지만, 페르시아의 침입을 받으며 번영은 갑작스럽게 막을 내린다. 이후 제30왕조(기원전 380~기원전 343년)의 왕들이 페르시아에서 일시적으로 독립해 이집트 토착 왕조의 명맥을 간신히 유지하지만, 기원전 343년 페르시아가 국력을 결집해 이집트를 다시 정복하면서 제30왕조의 마지막 파라오인 넥타네보 2세(Nectanebo II, 기원전 360~기원전 343년)를 끝으로 이집트인 파라오가 다스리는 왕조 시대는 마침내 종언을 고하고 만다.

## 후기왕조 시대 이후

후기왕조 시대 이후 이집트는 마케도니아 출신의 그리스인과 로마인의 지배를 받았다. 학계에서는 이집트가 로마의 속주로 편입되는 기원전 30년을 고대 이집트 문명이 막을 내린 시점으로 보고 있다. 이후 로마제국이 기독교를 국교로 채택하면서 이집트에도 기독교가 전파되었는데, 395년 서로마 제국(395~476년)과 동로마 제국이 분리되면서 이집트는 동로마 제국 또는 비잔틴 제국(395~1453년)의 영토로 편입되었다.

그러나 이집트인은 비잔틴 제국의 통치를 그리 달가워하지 않았다. 스무 가지 이상의 과중한 세금이 부과되었을 뿐만 아니라, 당시 비잔틴 제국이 공인한 기독교 교리와 다른 이집트 고유의 단성론 기독교인 콥트교가 당국의 탄압을 받았기 때문이다. 이런 상황에서 641년 이슬람 세력이 서아시아 전역을 정복하면서 이집트도 이들의 지배를 받았다. 이로써 이집트는 고대 문명의 정체성을 완전히 잃었다.

# 부록 1. 고대 이집트 연대표

| | |
|---|---|
| **기원전 7000~기원전 5000년경** | 나일강 유역에서 정착 생활 시작 |
| **기원전 5300~기원전 3000년경** | 선왕조 시대 |
| **기원전 3000~기원전 2686년경** | 초기왕조 시대 |
| 기원전 2900년경 | 이집트 최초의 수도 멤피스 건설 |
| **기원전 2686~기원전 2160년** | 고왕국 시대 |
| 기원전 2650년경 | 조세르가 계단식 피라미드 건설 |
| 기원전 2560년경 | 쿠푸가 기자고원에 대피라미드 건설 |
| **기원전 2160~기원전 2055년** | 제1중간기 |
| **기원전 2055~기원전 1650년** | 중왕국 시대 |
| 기원전 1985~기원전 1956년 | 제12왕조 아멘엠하트 1세 재위기 |
| 기원전 1956~기원전 1911년 | 제12왕조 센와세레트 1세 재위기 |
| 기원전 1911~기원전 1830년경 | 《시누헤 이야기》 창작 |
| **기원전 1650~기원전 1550년** | 제2중간기 |
| **기원전 1550~기원전 1069년** | 신왕국 시대 |
| 기원전 1479~기원전 1425년 | 제18왕조 투트모세 3세, 이집트 역사상 최대 규모로 영토 확장 |
| 기원전 1390~기원전 1352년 | 제18왕조 아멘호텝 3세, 이집트 역사상 최전성기 |

| | |
|---|---|
| 기원전 1352~기원전 1336년 | 제18왕조 아멘호텝 4세/아켄아텐, '일신교 혁명' 시도 |
| 기원전 1274년 | 제19왕조 람세스 2세, 히타이트와 카데쉬에서 전면전 수행 |
| 기원전 1259년 | 제19왕조 람세스 2세, 히타이트와 세계 최초의 평화조약 체결 |
| **기원전 1069~기원전 664년** | 제3중간기 |
| **기원전 664~기원전 332년** | 후기왕조 시대 |
| 기원전 343년 | 이집트 토착 왕조의 마지막 파라오 넥타네보 2세의 치세 종료 |
| 기원전 332년 | 마케도니아의 알렉산드로스 3세, 페르시아로부터 이집트 '해방' |
| **기원전 332~기원전 30년** | 그리스 지배기 |
| **기원전 30년** | 프톨레마이오스 왕조의 마지막 파라오 클레오파트라 7세 사망 |
| **기원전 30~기원후 395년** | 로마 지배기 |
| 기원후 364년 | 필레 신전에 성각문자가 마지막으로 새겨짐 |
| **기원후 641년** | 아랍 지배기 |

고대 이집트의 역사

## 제11왕조(기원전 2055~기원전 1985년)

넵헤페트레 몬투호텝 2세     Nebhepetre Montuhotep II    기원전 2055~기원전 2004년

세앙크레 몬투호텝 3세     Seankhre Montuhotep III     기원전 2004~기원전 1992년

넵타위레 몬투호텝 4세     Nebtawyre Montuhotep IV    기원전 1992~기원전 1985년


## 제12왕조(기원전 1985~기원전 1773년)

세헤템이브레 아멘엠하트 1세   Sehetepibre Amenemhat I     기원전 1985~기원전 1956년

케페르카레 센와세레트 1세    Kheperkare Senwosret I      기원전 1956~기원전 1911년

눕카우레 아멘엠하트 2세     Nubkaure Amenemhat II      기원전 1911~기원전 1877년

카케페르레 센와세레트 2세    Khakheperre Senwosret II    기원전 1877~기원전 1870년

카카우레 센와세레트 3세     Khakaure Senwosret III     기원전 1870~기원전 1831년

니마아트레 아멘엠하트 3세    Nimaatre Amenemhat III     기원전 1831~기원전 1786년

마케루레 아멘엠하트 4세     Maakherure Amenemhat IV   기원전 1786~기원전 1777년

소벡카레 소벡네페루         Sobekkare Sobekneferu     기원전 1777~기원전 1773년


## 제13왕조(기원전 1773~기원전 1650년 이후)

　후기의 문헌에서는 제13왕조를 혼돈의 시기로 묘사하고 있으나 왕
조 시대 전반에 걸쳐 수도 이취타위의 중앙정부가 기능했으며, 따라

서 후대의 문헌에 묘사된 것보다는 안정적인 정국이었을 것으로 추정된다. 그러나 이 시기가 중왕국 시대 말기의 쇠퇴기였다는 사실은 의심할 여지가 없다. 왕들은 대부분 재위 기간이 매우 짧으며, 이들에 대한 사료도 절대적으로 적다.

고대 이집트의 역사

# 고대 이집트어와 서체의 변천

## 고대 이집트어의 변천

당연한 이야기 같지만, 고대 이집트인은 고대 이집트어를 사용했다. 동어반복과 같은 사실을 굳이 언급하는 이유는 현대 이집트인이 아랍어를 사용하기 때문이다. 오늘날의 이집트인은 일상생활에서 '마스리(مصري)'라고 불리는 아랍어 방언을 사용하는데, '이집트 구어체 아랍어'라고 불리는 이 방언은 '푸스하(اللغة العربية الفصحى)'라고 불리는 현대 표준 아랍어와 원만하게 의사소통을 할 수 없을 정도로 큰 차이를 보인다. 그러나 문어체로 문서를 작성할 때라거나 방송 등과 같은 공적인 상황, 또는 현대 표준 아랍어를 사용하는 다른 아랍 국가 사람들과 의사소통할 때는 이집트인도 표준 아랍어를 사용한다.

이집트의 상용어가 고유의 토착어에서 아랍어로 대체된 과정은 7세기부터 이슬람 제국이 확장하면서 서아시아와 북아프리카 전역에 걸쳐 아랍어가 현지 언어를 대체한 과정과 매우 유사하다. 이집트는 641년부터 아랍 제국의 지배를 받았는데, 제국의 공용어인 아랍어, 좀 더 정확하게 말하면 아랍어와 토착 이집트어의 변종이 이집트인의 일상어로 정착한 시점은 11세기 무렵으로 추정된다. 아랍어는 북부에서 먼저 일상어로 자리 잡았으며, 이후 콥트어(Coptic)의 영향력이 강했던 남부로도 퍼졌다.

토착 이집트어의 마지막 단계였던 콥트어는 '콥트교도'로 알려진, 기독교로 개종한 이집트인이 《성서》를 번역하고 각종 종교문서를 작성할 때 고대부터 사용하던 문자 체계를 버리고 그리스어 자모(알파벳)를 채택하면서 붙은 이름이다. 콥트어를 기록하는 데 사용되었던 콥트 문자 체계는 자음과 모음을 모두 표현할 수 있었는데, 그 결과 콥트 문자로 작성된 문헌을 통해 고대 이집트어 모음체계의 전모가 처음으로 밝혀질 수 있었다. 콥트 문자는 1세기 말에 처음 등장했으며 이후 약 1,000년간 사용되었다. 마지막 콥트어 문헌은 18세기에 작성된 것으로 추정된다.

고대 이집트어는 세계에서 가장 오랜 기간에 걸쳐 사용된 언어다. 이 언어를 기록하는 데 사용되었던 최초의 문자는 기원전 3250년경 출현했다. 흔히 '이집트 상형문자'로 알려진 이 문자 체계는 하나하나의 문자가 일정한 의미를 전달하는 표의문자와 말소리를 기호로 나타내는 표음문자가 한데 뒤섞여 있었다. 그 출현 시기는 고대 메소포타미아의 독특한 문자 체계인 쐐기문자 또는 설형문자(楔形文字, cuneiform)가 출현했던 시기와 거의 일치한다.

한편, 고대 이집트어는 베자어(Beja)·베르베르어(Berber)·오로모어(Oromo) 같은 아프리카계 언어로 구성된 '함어계(Hamitic)' 언어와 아카드어(Akkadian)·히브리어(Hebrew)·아랍어 같은 서아시아의 '셈어계(Semitic)' 언어의 특징을 두루 갖춘 '함-셈

고대 이집트어와 서체의 변천

(Hamito-Semitic)' 어족에 속한다. 현대에는 함-셈 어족이라는 용어보다 종교적으로 중립적인 '아프리카-아시아(Afro-Asiatic)' 어족이라는 용어가 더 광범위하게 사용되는 추세다. 요컨대, 고대 이집트어는 함어족과 셈어족 그 어느 쪽에도 속하지 않은 독자적인 언어라고 할 수 있지만, 일부 음가를 분석해보면 셈어와의 친연관계가 더 강한 것으로 보인다.

이런 특징을 가진 이집트어는―다른 모든 언어와 마찬가지로―약 4,000년간 지속해서 사용되며 변화를 거듭했는데, 이집트학에서는 이런 변화 과정을 전기 이집트어(Old Egyptian), 중기 이집트어(Middle Egyptian), 후기 이집트어(Late Egyptian), 데모틱어(Demotic), 콥트어 등 크게 다섯 단계로 구분한다. 고대 이집트의 문학을 더욱 잘 이해하려면 고대 이집트어가 시간에 따라 어떻게 변화했는지를 간략하게나마 알아둘 필요가 있다.

### 전기 이집트어

전기 이집트어는 지금까지 알려진 고대 이집트어 중 가장 오래된 언어다. 기원전 3000년경부터 이름, 관직 등을 적는 데 처음 사용되었으며, 이후 기원전 2600년부터 기원전 2100년까지 사용된 것으로 추정된다. 이 시기에 일상어로 사용되었던 전기 이집트어의 언어학적 특성을 파악할 수 있는 유일한 방법은 문자로 기록된 각종 텍스트를 분석하는 것이다. 문자가 처음 등장한 시기에는 인물의 성명이나 관직, 물품의 이름이나 원산지, 특정 장면을 간단하게 설명하는 표제(caption) 등을 기록하는 데만 사용되었다.

이후 최초의 완전한 문장은 초기왕조 시대인 제2왕조 말기의
왕이었던 페립센(Peribsen)의 인장에서, 최초의 장문 텍스트는 고
왕국 시대 제3왕조에서 제4왕조에 걸쳐 활동했던 메첸(Metjen)
이라는 관리가 분묘의 내벽에 새긴 자전적 기록(autobiography)
에서 각각 발견된다. 제4왕조부터 제6왕조까지에는 각종 실용적
성격의 문서가 작성되었는데, 제5왕조 말기에 처음 기록되기 시
작한 왕실 장례문서인《피라미드 텍스트》는 고대 이집트의 문자
가 언어를 완전하게 재현할 수 있는 수준에 도달했음을 여실히
보여줬다.

### 중기 이집트어

중기 이집트어는 문법적 구조가 전기 이집트어와 밀접하게 연
관되어 있다. 기원전 2100년경 출현한 것으로 추정되며, 이후
약 500년간 구어로 쓰였으나 더는 상용어로 사용되지 않은 이
후에도 고대 이집트 문명이 종언을 고할 때까지 고전어(Classical
Egyptian)로서 사용되었다. 중기 이집트어의 발전단계는 다시 고
전기, 후기, 전승기로 나눌 수 있는데, 고전기의 중기 이집트어는
중왕국 시대에 작성된 문서 대부분, 특히 중왕국 시대를 대표하
는 고전 문학작품에서 사용되었다.

제2중간기부터 신왕국 시대까지 전승된 중기 이집트어는 후기
단계로 접어든다. 이 단계의 중기 이집트어에서는 후기 이집트어
의 특징이 일부 발견된다. 시간이 지나 후기 이집트어가 문어(文

고대 이집트어와 서체의 변천

語, literary language)로 사용되기 시작할 무렵, 중기 이집트어는 이미 사어가 되었다. 더는 구어로 사용되지 않은 이 시점부터 중기 이집트어는 전승기에 돌입했다. 중기 이집트어의 문법이 적용된 인위적인 구문이 문어로 사용되었으나, 당대의 어법이 일부 반영되는 것을 피할 수 없었다. 전승기의 중기 이집트어는 기원후 4세기에 이집트 문자가 더는 사용되지 않을 때까지 석조 건축물의 벽면에 새겨진 명문(銘文, inscription)이나 종교문서 등에 사용되었다.

### 후기 이집트어

후기 이집트어는 기원전 1600년경부터 중기 이집트어를 대체하는 새로운 구어로 등장한 후 기원전 600년경까지 사용되었다. 전기 이집트어와 중기 이집트어의 뒤를 잇는 언어였지만, 구문론의 측면에서는 앞의 두 언어와 매우 달랐다. 후기 이집트어의 특징이 문헌에 처음 등장하는 것은 기원전 1600년경이지만, 후기 이집트어로만 작성된 문서가 처음 등장하는 것은 신왕국 시대 제18왕조 아멘호텝 4세/아켄아텐 치세에 해당하는 기원전 1330년 무렵이다.

### 데모틱어

'민중'을 의미하는 데모틱(Demotic)은 문자와 언어를 통칭하는 용어다. 기원전 650년경에 독자적인 문자 체계를 갖춘 언어로서 후기 이집트어로부터 독립했다. 언어의 발전단계는 후기왕조 시대, 그리스 지배기, 로마 지배기 등으로 다시 세분되는데, 기원후 5세기 중반까지의 후반부 300년간은 콥트어와 공존했다. 다시 말해, 이 300년간은 데모틱어와 콥트어라는, 문법과 구문이 같은 언어가 두 개의 서로 다른 문자 체계로 기록되었다.

## 콥트어

앞서 언급한 것처럼, 고대 이집트어의 마지막 단계인 콥트어는 문법적으로 데모틱어와 밀접한 관계가 있다. 기원후 42년경 이후 기독교로 개종한 이집트인은 1세기 말~2세기 초반부터 그리스어 자모를 채택했다. 이집트에 기독교가 퍼지면서 고대의 문자 체계는 아직 남은 다신교 신전에 기거하던 신관들만 사용하는 문자로 전락했으며, 기원후 5세기 중반 이후에는 콥트어 자모가 일상생활의 문자로 완전히 정착했다.

## 고대 이집트 문자의 다양한 서체

일반적으로 우리에게 '이집트 상형문자'라고 알려진 문자를 전문용어로는 '성각문자(聖刻文字, hieroglyphs)'라고 한다. 이 용어는 고대 그리스어 형용사인 '히에로글리피코스(ἱερογλυφικός, hieroglyphikos)'에서 파생된 후기 라틴어(Late Latin, 175~900년 경) '히에로글리피쿠스(hieroglyphicus)'를 한자로 직역한 것이다. '히에로글리피코스'는 '신성하다'라는 의미의 '히에로스(ἱερός, hierós)'와 '새기다'를 뜻하는 '글뤼포(γλύφω, glýphō)'가 합쳐져 만들어진 말로, '새겨진 신성한 (것)'을 의미한다. 이 책에서는 '이집트 상형문자' 대신 '성각문자'라는 용어를 사용했다.

앞서 언급했듯이 성각문자는 기원전 3250년경부터 문자로서 기능하기 시작했다. 성각문자는 신전이나 분묘의 벽면 또는 석관이나 목관의 표면, 석비, 인물상, 봉헌 탁자 등에 부조와 함께 새겨지거나 벽화와 함께 그려졌으며, 갈대 붓을 사용해 파피루스·가죽·목재 같은 필기 매체에 쓰이기도 했다. 성각문자가 파피루스처럼 표면이 부드러운 매체에 쓰일 경우, 서기관들은 대개 성각문자의 윤곽과 특징적인 부분만 빠르게 그려 나갔는데, 이처럼 단순하게 표기된 성각문자를 '성각문자 흘림체/간자체(cursive hieroglyphic)'라고 한다. 성각문자 흘림체/간자체는 대개 위에서 아래로, 오른쪽에서 왼쪽으로 표기했으며,《사자의 서(Book of the Dead)》같은 종교문서에서 가장 자주 발견된다.

고대 이집트의 숙련된 서기관들은 정부의 행정문서, 회계문서, 보고서, 일지, 서간 등 실용적인 성격의 문서를 신속하게 작성할 때 성각문자 흘림체/간자체보다 더 심하게 흘려 쓴 필기체를 사용했는데, 이 서체를 '신관문자(神官文字, hieratic)'라고 한다. 신관문자는 성각문자와 동시대에 사용되었으며, 전기 이집트어·중기 이집트어·후기 이집트어 단계에서는 모두 성각문자와 신관문자가 병용되었다.

실용적인 성격의 문서뿐만 아니라 각종 문학작품과 종교문서 등도 대부분 신관문자로 작성되었다.《시누헤 이야기》를 비롯한 중기 이집트어 및 후기 이집트어의 서사문학 작품도 마찬가지였다. 일례로, 신관문자로 작성된《시누헤 이야기》의 필사본 중 하나인 〈라메세움 파피루스 A〉=〈베를린 파피루스 10499〉의 첫 번째 행(R1)을 성각문자로 전사하면 다음과 같다. 원본 아래에는 오늘날 이집트학자들이 공통으로 사용하는 음역과 한국어 번역을 덧붙였다.

*(j)rj-pˁt ḥȝt(j)-ˁ zȝb ˁd-mr spȝ[w]t jtj m tȝw sttjw*
**"귀족이자 고관, 아시아인의 땅에 자리한 폐하의 영지 담당관"**
신관문자·성각문자의 원본과 음역, 한국어 번역[1]

성각문자 흘림체/간자체와 마찬가지로 신관문자도 필요에 따라 수직이나 수평으로 적을 수 있었지만, 기원전 1800년경 이후로는 종교문서만 수직으로, 나머지 문서는 수평으로 작성되었다. 아울러 기원전 1600년경 이후 후기 이집트어는 거의 신관문자로만 기록되었다.

후기 이집트어를 기록하는 데 사용되었던 신관문자는 시간이 지날수록—특히 행정문서에서—흘린 정도와 문자가 단어 또는 구 단위로 축약되는 정도가 심해졌다. 마침내 신관문자와는 구분

---

1) 오른쪽에서 왼쪽으로 읽는 신관문자 독해법에 따라 성각문자도 재배열했다.

고대 이집트어와 서체의 변천

고대 이집트의 성각문자

고대 이집트의 성각문자 흘림체

되는 고유한 서체가 등장했는데, 이 서체를 '민용문자(民用文字)'라고 부른다. 민용문자는 기원전 650년경에 출현해 기원후 5세기까지 사용되었으며, 민용문자로 기록되었던 당시의 상용어가 바로 데모틱어다. 성각문자 해독에 결정적인 역할을 한 것으로 유명한 《로제타 석비(Rosetta Stone)》의 중앙부에 당시 이집트인이 일상생활에서 사용했던 민용문자가 새겨져 있다. 성각문자와 신관문자는 일대일 대응과 전사(傳寫, transcription)를 할 수 있지만, 민용문자는 성각문자와 일대일 대응을 할 수 없을 만큼 구조가 견고하고 간략화 정도가 심하다.

민용문자로 작성된 지혜문학 작품 중 하나인 《앙크셰숑키의 교훈서(Instruction of Ankhsheshonqy)》의 한 구절(E28:25/5)을 소개하면 다음과 같다. 앞서 살펴본 《시누헤 이야기》의 원문과 마찬가지로 음역과 한국어 번역을 나란히 적었다.

*n3 šḫne.w n p3 nṯr n3y*

**"이것은 신의 섭리다."**
**민용문자의 원본과 음역, 한국어 번역**

이 예에서 본 것처럼 민용문자가 더는 성각문자와 일대일로 대응하지 않기 때문에 대개는 성각문자로 전사하지 않는다.

끝으로, 이집트가 기독교화되면서 널리 쓰인 '콥트 문자'는 이

고대 이집트어와 서체의 변천

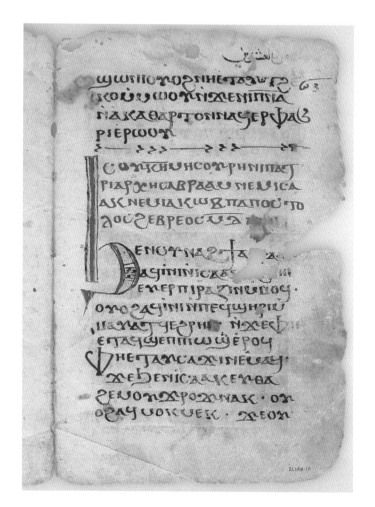

**콥트 문자로 쓰인 문서**

콥트 문자는 《신약성서》와 《구약성서》의 번역본, 이집트에서 창작된 영지주의 (Gnosticism) 계열의 복음서와 특히 나그함마디(Nag Hammadi)에서 출토된 모든 영지 주의 문서, 교회의 전례집, 사막에서 은둔생활을 했던 수사들의 금언집, 그리스 고전 의 번역본, 사제들이 다른 사제나 가족과 교환한 서신 등을 작성하는 데 사용되었다. 이집트 고유의 언어를 온전히 표현하기 위해 그리스어 자모 24개에 새로운 문자 6개 를 추가했으며, 자음 사이의 짧은 모음은 문자 위에 선을 긋는 방법으로 표기했다.

전의 문자 체계와 달리 그리스 알파벳을 빌려와 만들어졌다. 이 집트어에는 있지만 그리스어에 없는 음가는 민용문자 중 일부를 변형해서 추가되었다. 최초의 온전한 콥트어 텍스트는 기원후 2세기경 출현한 것으로 추정되며, 이후 아랍어가 이집트의 상용어가 되기 전까지 일상생활의 문자로서 약 1,000년간 사용되었다. 참고로, 콥트어 자모로 쓰인 〈주기도문(Lord's Prayer)〉의 첫 부분, 즉 "하늘에 계신 우리 아버지, 그대의 이름을 거룩하게 하시며"의 문법적 구조와 발음은 다음과 같다.

| ΠЄΝ·ЄΙШΤ | ЄΤ·ϨÑ·Μ·ΠΗΥЄ | ΜΑΡЄ·ΠЄΚ·ΡΑΝ | ΟΥΟΠ |
|---|---|---|---|
| *pen-eiōt* | *et-hᵉn-ᵉm-pēue* | *mare-pek-ran* | *ouop* |
| 펜-이요트문 | 에트-헌-엄-퓨에 | 마레-페크-란 | 우오프 |
| "우리-아버지 | (계신)-안에-하늘 | 하소서-그대의-이름이 | 거룩하게" |

**콥트 문자의 원본과 음역, 한국어 번역**

고대 이집트어와 서체의 변천

# 고대 이집트의 서사문학

## 고대 이집트 문학: 개요

고대 이집트에 문학작품이 처음 출현한 시기는 나라 전체가 전례 없는 내분을 겪은 후 다시 통일을 이뤘던 중왕국 시대다. 고대 이집트어는 지금까지 운 좋게 남겨진 각종 비문이나 파피루스에 적힌 기록 등에 전적으로 의존하고 있어서 정확한 실체를 완벽히 파악할 수는 없다. 하지만 우리말과 마찬가지로 문어체와 구어체 사이에 단어의 선택이나 표현 등에서 큰 차이가 있었던 것으로 보인다.

현대 이집트인은 아랍어를 사용하기 때문에 이미 사어가 된 고대 이집트어가 실생활에서 어떻게 사용되었을지 짐작하기란 쉽지 않다. 그러나 고대 이집트인의 무덤 부조에는 일상생활의 다양한 장면이 묘사되어 있는데, 특히 일꾼들이 들판에서 나누던 짧은 이야기가 마치 만화의 말풍선처럼 새겨져 있어 당시 일반인이 실제 쓰던 말을 짐작할 수 있게 해준다.

다음 그림은 고왕국 시대 제5왕조에 살았던, 티(Ti)라는 이름을 가진 귀족의 분묘에 새겨진 부조 중 일부인데, 세 명의 목부가 소 떼를 끌고 여울을 건너가는 장면이 묘사되어 있다. 그중 맨 앞의 목동은 어린 송아지를 어깨에 둘러멘 채 앞장서고, 그 뒤를 어미 소를 비롯한 나머지 소 떼가 다른 목동들과 함께 따라가고 있다.

**여울을 건너는 목동의 부조**

인물들 위에 새겨진 성각문자가 바로 이들이 소 떼를 몰면서 지껄이는 말이다. 그런데 소 떼가 여울을 너무 느리게 건너니까 맨 뒤에서 막대를 치켜든 목동이 앞에 가는 목동에게 소리친다.

**"야, 이 똥 같은 놈아! 이 소 떼를 앞으로 몰아!"**

그림 위에 새겨진 문자 중 첫 번째 행의 "(메헤스헤스)"가 바로 '똥(같은 놈)'이라는 뜻을 가진 단어다. (성각문자 텍스트는 대개 오른쪽에서 왼쪽으로 읽는다. '메헤스헤스'는 맨 윗줄 오른쪽 세 번째 문자에서부터 시작된다.) 그중 마지막 문자는 실제로 '똥'

고대 이집트의 서사문학

을 형상화한 성각문자(𒀱)다. 이집트의 귀족이 이처럼 일터나 저 잣거리에서 쓰는 거친 말을 좋아했던 것은 사실이지만—그렇지 않았다면 군이 이런 장면이나 말을 부조로 남기지는 않았을 것이다—자신들은 하층민이 사용하던 말, 즉 구어체를 사용하지 않는 것을 자랑스럽게 여겼다. 이들 상류계층이 언어생활에서 사용하던 말은 공문서에 사용하던 문어체였다.

고대 이집트인은 문어체와 구어체의 차이를 인식했을 뿐만 아니라 사상이나 감정을 언어로 표현한 예술, 요컨대 문학이라는 장르를 따로 구분했던 것 같다. 이집트인은 일반 공문서나 편지 등과 달리 빼어난 언어와 아름다운 문체로 적힌 순수 문학작품을 '메두트 네페레트', 즉 '아름다운 말'로 구분해 불렀으며—이와 같은 표현은 프랑스어로 '문학'이 'belles-lettres'라는 사실을 상기시킨다—이처럼 '아름다운 말'을 남긴 작가는 '네페르 메두', 다시 말해, '아름다운 말솜씨를 가진 사람'이라고 불렀다.

그런데 흥미로운 것은 이집트인이 '아름다운 말솜씨'를 소유한 사람이 반드시 상류층에 속하는 것은 아니라고 생각했다는 점이다. 고대 이집트 고전문학 작품의 걸작 중 하나로 인정받는《언변 좋은 농부(Eloquent Peasant)》는 우리나라의 산간벽지에 해당하는 변방 오아시스 출신의 농부가 고대 이집트에서 질서와 정의를 뜻하는 '마아트(ma'at)'를 정부의 고위 관리 앞에서 설파하는 이야기다. 또한 가장 인기 있던 교훈서 중 하나인《프타호텝의 교훈서(Instruction of Ptahhotep)》에는 "아름다운 말은 보석보다 깊이 감춰져 있으나 (때로는) 맷돌을 돌리는 여종에게서도 찾을 수 있다."는 구절이 나온다.

　이집트의 문학작품에는 언어유희로 여겨질 만큼 재치 있는 표현이 많이 등장하는데, 일례로《메리카레 왕을 위한 교훈서 (Instruction for King Merikare)》에는 다음과 같은 재미있는 표현이 나온다.

　같은 어근에서 파생되어 발음은 거의 같지만 품사는 서로 다른 단어가 절묘하게 반복되면서 동어반복과 같은 효과를 이룬 이 문장은 "웨르 웨르 웨루에프 웨루"로 읽는데, "(자신이) 거느린 위대한 자가 위대한 사람이 (정말) 위대한 것이다." 정도로 번역할 수 있다. 미래의 왕을 위한 이 교훈서가 전하려는 메시지는 '자신이 거느린 관리가 위대한 자야말로 진정 위대한 왕이다'라는 것인데, 발음의 유사성을 사용한 언어유희가 돋보인다.

　이런 기교 이외에도 고대 이집트 문학작품에는 오늘날에도 사용되는 문학기법, 다시 말해 비유(simile), 은유(metaphor), 두운 (alliteration)을 사용한 운율 등도 풍부하게 발견된다. 그런데 고대 이집트 문학에서 가장 두드러지게 발견되는 기법 가운데 하나가 바로 대구(對句, thought couplets)다.《시누헤 이야기》에는 이런 대구가 다음과 같이 묘사되어 있다(B57~58행).

　　　　　　　　　　　　　　고대 이집트의 서사문학

**그는 물리치는 순간 꿋꿋하신 이**
**등을 보이지 않을 때 격퇴하시는 이**

대구는 고대 서아시아 문화에서 공통으로 발견되는 문학기법
의 하나이며,《성서》의〈시편〉등을 통해서도 잘 알려져 있다.

이집트인이 생각한 문학, 즉 '아름다운 말'에는 우리에게 친숙
한 이야기나 찬가, 무훈시 등과 같은 장르 외에도 분묘에 새겨진
자전적 기록이나 심지어 서신까지도 포함되었다. 자전적 기록이
나 서신이라도 문학적 가치가 높다고 생각될 때는 필사되어 널
리 보급되었다. 그 결과, 고대 이집트인 사이에서 인기가 높은 작
품은 적어도 하나 이상의 필사본을 통해 현대로 전해지는 경우
가 많다. 이런 필사본 중 상당수는 서기관 양성소의 수습 서기관
들이 연습용으로 필사했다. 그러나 이미 상당한 수준에 오른 노
련한 서기관이 소장용으로 작품을 필사하는 사례도 있었다. 이렇
게 필사된 문서 중 일부는 사후 부장품으로 함께 매장되었다가
발굴되면서 우리에게까지 전해졌다.

고대 이집트의 문학작품과 관련해 한 가지 특기할 만한 점이
있다. 필사를 끝낸 사람이 작품 끄트머리에 자신의 이름을 써넣
는 것이 하나의 관례로 정착되면서 필사자의 이름은 상당수 알
려졌지만, 정작 문학작품을 실제로 창작한 작가의 이름은 알 수

없다는 사실이다. 하지만 현재와 마찬가지로 당대에도 지식인이라면 유명한 작품을 저술한 작가의 이름쯤은 당연히 알고 있어야 할 상식과 같았으며, 서기관들 사이에서 문자 문명을 발전시킨 선배로서 존경의 대상이 되었다.

이런 사실을 가장 잘 보여주는 사례가 신왕국 시대 말기인 이른바 '람세스 시대'에 창작된 한 시가다. 이 작품에서는 이집트 문학의 황금기라 할 수 있는 중왕국 시대 문학의 거장들에 대한 높은 존경심이 잘 표현되어 있다.

신들 다음으로 찾아온 시대 이래 학식 있는 작가들,

일어날 일을 예언한 예언자들, 그들의 이름은 영원히 남았네.

......

그들은 동으로 피라미드를, 쇠로 비석을 세우지 않았으며

뒤를 이을 자손을 남길 수도 없었지만

그래도 그들의 이름은 인구에 회자하며

그들 자신이 그들이 창작한 글과 가르침의 후손이 되었네.

(지금) 하르제데프(Hardedef) 같은 인물이 있는가? 임호텝(Imhotep)은 어떤가?

프타호텝이나 카이레스(Kaires) 같은 인물이 우리 시대에 나왔는가?

......

이들은 모두 가고, 그들의 이름은 잊혔지만,

(그들이 남긴) 글은 그들을 기억하게 하네.

*– p. CB IV, vo. 2, 5~3, 11*

**현존하는 대표적인 작품 중 하나인 《두 형제 이야기》의 사본**

《두 형제 이야기(Tale of Two Brothers)》는 현재 영국박물관이 소장한 《도르비니 파피루스(Papyrus D'Orbiney)》를 통해 전해져 내려오는 신왕국 시대의 대표적인 서사문학 작품이다. 시기적으로는 제19왕조 세티 2세(Sety II, 기원전 1200~기원전 1194년) 치세에 작성된 것으로 추정된다. 전반부는 주인공인 아누비스(Anubis)와 바타(Bata) 형제의 갈등이, 후반부는 삼목 숲과 이집트의 왕궁에서 벌어지는 초자연적이고 기적적인 사건이 주를 이룬다. 이런 구성을 미뤄볼 때 민간에 전승되던 신화가 민담으로 '주저앉은' 사례 중 하나인 것으로 판단하고 있다.

## 서사문학

　다른 모든 문명권에서와 마찬가지로, 고대 이집트에서도 이야기는 언제나 큰 인기가 있었다. 이야기 자체는 이집트 문명만큼, 아니, 이집트 문명이 시작된 때보다 훨씬 오래되었을 것으로 추정되지만, 문자로 기록된 이야기 중 가장 오래된 것은 중왕국 시대에 기록 또는 창작되었다. 이 때문에 고대 이집트의 서사문학을 대표하는 작품 대부분은 고전어라고 할 수 있는 중기 이집트어로 쓰였다. 이들 작품 중 일부는 단편만 남아있으나 이집트 문학의 최고 걸작이라고 할 수 있는, 《시누헤 이야기》를 제외한 다음 세 작품은 거의 완벽한 상태로 보존되어 전해진다.

### 《난파당한 선원》

　남아있는 이집트 문학작품 중 가장 오래된 것은 《난파당한 선원(Shipwrecked Sailor)》이다. 이 작품은 단 한 장의 파피루스 필사본을 통해 보존되었는데, 이 파피루스는 현재 러시아의 상트페테르부르크(Sankt Peterburg)에 소장되어 있다. 중왕국 시대를 이루는 제11왕조 말기 또는 제12왕조 초기에 쓰인 것으로 추정되는 이 이야기는 도입부 없이 바로 시작된다(도입부가 소실되었을 가능성도 있다). 왕의 명령을 받고 탐사에 나섰던 원정대가 이집트의 수도로 무사히 돌아온다. 하지만 이렇다 할 성과를 거두지 못한 원정대장은 파라오가 자신을 벌줄까 두렵다. 그런데 한 선원이 나서더니 자신의 경험담을 통해 원정대장을 안심시키려고 한다. 선원은 이전 원정에서 자신이 겪은 일을 설명하기 시작한다.

선원에게는 이번이 첫 원정이 아니다. 그는 전에도 유능한 선원들과 함께 바다로 원정을 나선 적이 있다. 그러나 원정 도중 폭풍을 만나 원정대는 전멸하고 그만 살아남아 한 섬에 도착한다. 난파 후 사흘을 홀로 보낸 선원은 먹을 것을 찾으러 섬을 방황하다가 거대한 뱀을 만난다. 뱀은 무서워서 어쩔 줄 모르는 선원을 안심시킨 후 자신에게 일어난 일을 말해준다. 뱀은 원래 가족과 함께 살았는데, 어느 날 운석이 떨어져 자신을 제외한 다른 가족이 모두 죽었다고 말한다. 그러고는 지금 선원에게 닥친 가혹한 운명을 참고 견디면 곧 다른 원정대가 이곳을 지날 것이고, 선원은 무사히 가족의 품으로 돌아갈 것이라고 예언한다. 뱀의 예언대로 원정대가 도착하자 선원은 뱀이 선물해준 섬의 진귀한 보물들과 함께 이집트로 돌아온다. 그는 보물을 파라오에게 바치고 그 보답으로 파라오는 선원을 진급시키고 하인들을 하사한다. 그는 또한 가족과 재회하는 기쁨을 누린다.

이야기 끄트머리에서 선원은 원정대장에게 이번 역경을 이겨내고 다시 희망을 품으라고 말하지만, 원정대장은 "그날 아침 죽을 거위에 새벽에 물을 주는 것이 무슨 의미가 있는가?"라고 반문한다.《난파당한 선원》은 그 결말이 전형적인 해피엔딩이 아니라는 점, 등장인물의 이름이 전혀 드러나지 않는다는 점, 한 이야기 속에 다른 이야기가 포함되는 액자구조(narrative of frame)라는 점에서 고대 이집트에서 창작된 다른 이야기와 확연히 구별된다.

## 《언변 좋은 농부》

중기 이집트의 대표적인 명작 중 하나인 《언변 좋은 농부》는 중왕국 시대 말기에 작성된 것으로 추정되는 총 4점의 파피루스를 통해 전해진다. 그러나 시대적 배경은 중왕국 시대보다 이른 제1중간기에 헤라클레오폴리스를 근거로 이집트 북부를 지배했던 제10왕조의 파라오 넵카우레 케티(Nebkaure Khety) 치세다. 이야기는 카이로 북서쪽에 자리한 와디 나트룬(Wadi Natrun)의 오아시스에 사는 한 농부가 경작지의 소출을 팔려고 당시 수도였던 헤라클레오폴리스로 나오면서 시작된다.

그가 한 소작농의 땅을 지날 때 나귀에 실린 그의 짐이 탐난 소작농은 자신의 경작지와 수로 사이에 난 좁은 길에 천 조각을 깔아놓고 농부를 기다린다. 농부는 길에 깔린 천 조각을 피하려고 자기 나귀를 소작농의 밭으로 몰았고, 그중 한 마리가 그 밭의 곡식 낱알을 먹어버리자 소작농은 이것을 빌미 삼아 농부의 나귀와 작물을 빼앗아버린다.

억울한 일을 당한 농부는 소작농의 지주인 왕의 농경지 관리인을 찾아가서 하소연한다. 그런데 농부의 말솜씨에 깊이 감동한 관리는 이 사실을 파라오에게 알리고, 파라오는 농부가 계속 탄원하더라도 일절 응하지 말라고 명하는 동시에 그 가족에게는 농부가 모르게 필요한 양식을 제공하라고 명한다.

이때부터 농부의 긴 탄원이 시작되는데, 아홉 번에 걸친 탄원은 관리의 의무와 마아트의 중요성에 관한 내용으로 구성되어 있다. 아홉 번째 탄원이 끝나자 관리는 마침내 농부의 청원을 들

고대 이집트의 서사문학

어준다. 그가 탄원한 내용은 모두 파피루스에 적혀 왕에게 보고
되는데, "이들[파피루스에 적힌 농부의 탄원]은 그의 마음에 이
집트 전역의 그 무엇보다 좋았다." 이야기는 욕심 많은 소작농의
재산을 몰수해서 언변 좋은 농부에게 주라는 관리의 판결로 끝
맺는다.


### 《쿠푸 왕과 마법사 이야기》

《난파당한 선원》과 마찬가지로 단 하나의 필사본만 전해지는
《쿠푸 왕과 마법사 이야기(The Tale of King Khufu's Court)》는 필
사본을 처음 소유했던 사람의 이름을 따 흔히 《웨스트카 파피루
스(Papyrus Westcar)》라고 불린다. 이 파피루스는 현재 베를린 국
립 박물관(Staatliche Museen zu Berlin) 산하 고대 이집트 박물관
및 파피루스 컬렉션(Ägyptischen Museum und Papyrussammlung)에
소장되어 있다.

작품은 힉소스 침입기인 제2중간기 제15왕조에 쓰인 것으로
추정된다. 파피루스의 시작 부분과 끝부분은 소실되었다. 남아
있는 부분에는 기자고원의 대피라미드를 세운 고왕국 시대 제4
왕조 쿠푸의 궁정에서 그의 아들들이 왕을 즐겁게 해주려고 마
법과 관련된 신비한 이야기를 하는 것으로 시작된다.

첫 번째 이야기는 파피루스의 맨 뒷부분만 남아있어 내용을
알 수 없다. 두 번째 이야기에서는 아내가 자기 몰래 부정을 저지
른 것을 안 마법사가 아내의 정부를 밀랍으로 만든 악어가 잡아
먹게 만든다. 세 번째 이야기는 쿠푸 왕의 아버지인 스네페루 치

세에 권태에 빠진 왕에게 기쁨을 주고자 궁녀들이 그물로 만든 옷을 입고 궁전의 호수에서 뱃놀이한다는 내용이다. 뱃놀이 도중 한 궁녀가 노 젓기를 멈추자 왕이 이유를 묻는다. 궁녀가 자신의 장신구가 물에 빠져 노를 젓기 싫다고 답하자 왕은 궁정 마법사를 불러 호수의 물 중 반쪽을 떼어내 다른 반쪽과 포갠 후 호수 바닥에서 장신구를 찾아낸다(이 이야기는 〈출애굽기〉에 등장하는 모세가 홍해에서 행한 기적을 연상시킨다).

네 번째 이야기는 쿠푸 왕의 동시대 마법사와 관련되어 있다. 이 마법사가 왕에게 헬리오폴리스에서 태양신을 모시는 한 신관의 아내로부터 제5왕조의 첫 번째 세 왕—즉, 우세르카에프, 사후레, 네페르이르카레—이 탄생하리라고 예언한다는 이야기다. 마지막 다섯 번째 이야기는 이들 왕의 탄생과 그들의 어머니에 관한 내용인데, 끝부분이 소실되어 결말은 알 수 없다.

## 결론

물론 고대 이집트에는 이보다 더 많은 서사문학 작품이 있었을 것이다. 이와 같은 추정은 여러 이야기가 단편의 형태로 발견된다는 사실을 통해서도 뒷받침된다. 일례로, 한 목부가 늪지대에서 반인반수의 모습을 한 여신을 만나는 이야기는 앞부분만 전해진다. 파라오가 파이윰 호수에서 겪은 모험을 기록한 파피루스 조각도 확인된다. 또한 중왕국 시대의 이야기뿐만 아니라 후기 이집트어와 데모틱어로 적힌 필사본도 있다.

앞서 언급한 세 편의 문학작품과《시누헤 이야기》에는 다양한

고대 이집트의 서사문학

유사점과 차이점이 동시에 존재한다. 우선 이들 이야기는 단순한 재미뿐만 아니라 교훈을 주려는 목적에서 창작되었다. 《난파당한 선원》에는 역경을 참고 이기라는 교훈이 담겼으며,《시누헤 이야기》는 초기 중왕국 시대의 문학작품답게 왕에 대한 충성과 이집트인이라는 자랑스러운 정체성을 강조한다. 《언변 좋은 농부》는 우주적 질서이자 사회적 정의인 마아트를 수호해야 할 관리의 덕목을 열거하고 있으며,《쿠푸 왕과 마법사 이야기》는 일반인도 신의 개입과 마법 등을 통해 왕과 버금가는 힘을 얻을 수 있다는 내용을 담았다.

모든 이야기가 중기 이집트어로 기록되었지만, 사용된 언어와 문학적 수준에서는 차이를 보인다. 《시누헤 이야기》와 《언변 좋은 농부》는 고전어인 중기 이집트어에 대한 완벽한 지식과 높은 문학적 소양을 가진 작가들이 썼지만,《난파당한 선원》과 《쿠푸 왕과 마법사 이야기》는 구전되던 이야기를 문서화한 것으로 보인다. 문헌학적으로는 《난파당한 선원》이 초기와 중기 이집트의 문학적 특징을 보이고,《시누헤 이야기》와 《언변 좋은 농부》는 중기 이집트어가 고전어로서 가장 높은 성취를 보였을 시대의 작품으로 추정되며,《쿠푸 왕과 마법사 이야기》는 중기 이집트어에서 후기 이집트어로 넘어가는 시대적 특징을 보여준다.

# 번역 저본 소개

## 《시누헤 이야기》의 고대 이집트 원본

《시누헤 이야기》는 중왕국 시대 제12왕조의 전반부, 아마도 센 와세레트 1세 치세 말엽인 기원전 1911년에서 기원전 1830년 어간에 창작되었을 것으로 추정된다. 대부분의 고대 이집트 서사 문학 작품과 마찬가지로 《시누헤 이야기》의 원작자가 누구인지 는 알 수 없다. 심지어 필사본의 경우에도 대부분 그것을 작성한 서기관 또는 학생의 이름조차 알려지지 않았다. 그러나 고대 이 집트의 서사문학 작품 중 최고의 걸작으로 평가받았던—그리고 현대의 이집트학자들에게서도 같은 평가를 받는—《시누헤 이 야기》는 적어도 750여 년 동안 서기관과 학생 들 사이에서 읽히 고 필사된 것으로 보인다. 이들 중 일부는 파피루스에, 일부는 수 습 서기관이 문자를 익히는 과정에서 귀한 파피루스 대신 연습 용으로 즐겨 사용했던 편평한 석회암 조각—앞으로는 석편(石片, ostracon)이라고 부른다—에 필사되었다.

현존하는 필사본은 모두 32점인데, 중왕국 시대에 파피루스에 필사된 것이 5점, 신왕국 시대에 파피루스에 필사된 것이 2점, 신 왕국 시대에 석편에 필사된 것이 25점이다. 이들은 모두 신관문자로 작성되었으며, 작품 전체가 처음부터 끝까지 온전하게 수록된 완벽한 필사본은 하나도 없다. 이는 필사본마다 파손되었거나 빠진 부분이 반드시 존재한다는 것을 의미한다. 이 때문에 작품 전체를 재구성하려면 이들 필사본을 대조해 파손되었거나 빠진 부분을 보완해야 한다. 또한 필사본들은 특정 부분에서 조금씩 차이를 보이는데, 이것은 서기관이나 학생이 필사하면서 새로운 문구나 표현을 실수로 또는 일부러 빼버렸거나 새로 덧붙였기 때문이다.

이 책에 소개된 《시누헤 이야기》는 중왕국 시대의 필사본 5개를 저본(底本)으로 삼았다. 이들 필사본의 명칭과 학계에서 공통으로 사용되는 약어(코드), 이들의 문헌학적 특징은 다음과 같다.

• B ─ 〈베를린 파피루스 3022(p. Berlin 3022)〉 및 〈애머스트 파피루스[(p. Amherst) 4~6(n−q)]〉

〈베를린 파피루스 3022〉는 작품의 시작 부분이 소실되었지만, 나머지 부분은 결구에 이르기까지 총 311열이 온전하게 보존되어 있다. 소실된 부분은 R5행까지다('Sinuhe B'의 경우, 원본 텍스트는 세로로 필사되어 있으나 논의의 편의와 일관성을 위해 '열' 대신 '행'을 사용하기로 한다). 그러나 결구에 관행적으로 적어넣던 서기관의 이름은 없다. 중왕국 시대의 파피루스 필사본 중 가장 보존 상태가 좋지만 제대로 필사되지 못한 바람에 의미가 불분명하거나 문법적으로 틀린 부분이 있다.

〈애머스트 파피루스〉는 원래 〈베를린 파피루스 3022〉의 일부

였으며,《시누헤 이야기》의 소실된 서두 16행 중 일부분이 기록되어 있다. 〈애머스트 파피루스〉를 구성하는 5개의 파편 중 마지막 조각(m)은 〈베를린 파피루스 3022〉와 큰 무리 없이 이어진다.

• R — 〈라메세움 파피루스 A(p. Ramesseum A)〉=〈베를린 파피루스 10499(p. Berlin 10499)〉

중왕국 시대의 파피루스 필사본 중 유일하게 가로로 기록된 텍스트다. 파피루스에는 총 203행이 적혀있는데, R1~78행은 한 면에 6행씩 모두 13쪽에 걸쳐, R79~85행은 단 한 면에 7행이, R86~97행은 한 면에 6행씩 2쪽에 걸쳐, R98~139행은 한 면에 6행씩 모두 7쪽에 걸쳐, R140~203행은 한 면에 8행씩 8쪽에 걸쳐 필사되었다. 작품의 시작 부분이 보존된 유일한 필사본이지만 아쉽게도 끝부분이 소실되었다. 시기적으로 앞선 필사본에는 없는 새로운 문구나 표현을 많이 찾아볼 수 있는데, 이런 표현은 신왕국 시대에 작성된 필사본에서도 그대로 발견된다. 파피루스의 앞면에는 중왕국 시대에 창작된 또 다른 서사문학 작품인《언변 좋은 농부》가 수록되어 있다.

• BA — 〈부에노스아이레스 파피루스(p. Buenos Aires)〉

전체 작품 중 세로로 총 11열이 남아있는데, 이들은 B103~110행에 해당한다.

• La — 〈유니버시티 칼리지 런던 라훈 파피루스 32106C(p. Lahun UC 32106C)〉

전체 작품 중 세로로 총 6열이 남아있는데, 이들은 R24~32행과 B1~8행에 각각 해당한다.

〈베를린 파피루스 3022〉의 펼침면

- H — 〈유니버시티 칼리지 런던 라훈 파피루스 32773(p. Lahun UC 32773)〉

전체 작품 중 세로로 총 4열이 남아있는데, 이들은 B103~110행에 해당한다.

《시누헤 이야기》의 시대적 배경은 아멘엠하트 1세 치세 말기와 센와세레트 1세 치세 초기로 설정되어 있지만, 앞서 언급한 중왕국 시대의 필사본 중 가장 오래된 것은 이집트학에서 'Sinuhe B'로 통칭하는 〈베를린 파피루스 3022〉다. 이 필사본은 제12왕조 센와세레트 3세와 아멘엠하트 3세의 공동통치 기간에 필사된 것으로 보인다. 'Sinuhe R', 즉 〈라메세움 파피루스 A〉 또는 〈베를린 파피루스 10499〉를 제외한 나머지 필사본은 〈베를린 파피루스 3022〉와 비슷한 시기에 필사된 것으로 추정된다.

19세기에 제12왕조 때 조성된 분묘에서 발견된 것으로 알려진 〈베를린 파피루스 3022〉의 정확한 출처는 알 수 없다. 다만 상형문자 체계를 해독한 프랑스의 언어학자 장-프랑수아 샹폴리옹 사후 고대 이집트어 문법을 정립한 것으로 유명한 프로이센의 이집트학자 카를 리하르트 렙시우스(Karl Richard Lepsius, 1810~1884)가 자신이 사들인 〈베를린 파피루스 3022〉에 대해 《이집트와 에티오피아의 유물(Denkmäler aus Ägypten und Äthiopien)》 제6권에서 언급한 바 있다(104~107쪽). 이 파피루스와 〈라메세움 파피루스 A〉는 현재 베를린 국립 박물관 산하 고대 이집트관 및 파피루스 컬렉션에 소장되어 있다.

〈베를린 파피루스 3022〉와 달리 〈라메세움 파피루스 A〉는 출토의 경위와 출처가 분명하다. 이 파피루스는 1896년에 영국의 이집트학자 제임스 에드워드 퀴벨(James Edward Quibell, 1867~1935년)이 신왕국 시대 제19왕조 람세스 2세의 장제전(葬祭殿, mortuary temple)인 라메세움(Ramesseum) 뒤편에 자리한 중왕국 시대의 분묘에서 발견했다. 〈라메세움 파피루스 A〉와 함께 발견된 파피루스 문서에는 모두 '라메세움 파피루스(Ramesseum Papyri)'라는 이름이 붙었는데, 이들은 제1중간기에 해당하는 제13왕조 말기 무렵 작성된 것으로 보인다.

영국의 이집트학자이자 문헌학자였던 앨런 가드너(Alan Henderson Gardiner, 1879~1963년)는 〈베를린 파피루스 3022〉와 〈라메세움 파피루스 A〉, 신왕국 시대의 석편 필사본 등을 바탕으로 《시누헤 이야기》를 재구성했으며, 그 결과를 스승이었던 독일의 저명한 이집트학자이자 문헌학자 요한 에르만(Johann Peter Adolf Erman, 1854~1937년)이 1909년에 편찬한 《중왕국 시대 문학 텍스트(Literarische Texte des Mittleren Reiches)》 시리즈의 두 번째 책에 〈시누헤 이야기와 목부 이야기(Die Erzählung des Sinuhe und die Hirtengeschichte)〉라는 제목으로 발표했다. 그리고 1916년 그는 이 작품의 필사본 대조본과 영문 번역, 주석을 정리한 《시누헤 이야기 주석서(Notes on the Story of Sinuhe)》를 독자적으로 출간했다. 이와 같은 학문적 성과에 힘입어 영국의 또 다른 이집트 학자인 에일워드 블랙먼(Aylward Manley Blackman, 1883~1956년)은 1932년 출간된 《중기 이집트어 문학 원전(Middle-Egyptian

Stories)》제1권을 통해 가드너가 재구성한 텍스트를 보완했다.

그로부터 불과 1년 후인 1933년 부에노스아이레스의 아르헨티나 국립 자연사 박물관(Museo Argentino de Ciencias Naturales Bernardino Rivadavia)에 소장되어 있던, 출처가 불분명한 파피루스 한 점이《시누헤 이야기》의 한 부분임이 밝혀졌다. 이 사실을 발견한 사람은 '아르헨티나 이집트학의 아버지'라고 불리는 유대계 이집트학자 아브라함 로젠바세르(Abraham Rosenvasser, 1896~1983년)였다. 그는 이 사실을 이듬해인 1934년〈시누헤 이야기의 새로운 필사본(A New Duplicate Text of the Story of Sinuhe)〉이라는 제목의 논문으로 발표했다. 이후 이 파피루스 조각에〈부에노스아이레스 파피루스〉라는 이름이 붙여졌다.

영국의 선구적인 이집트학자 중 한 명으로 '현대 고고학의 아버지'로 불리는 윌리엄 피트리(William Matthew Flinders Petrie, 1853~1942년)는 1889년 엘-라훈에서 다수의 파피루스 문서를 발굴했다. 이들을 통칭해 '라훈 파피루스(Lahun Papyri)' 또는 '카훈 파피루스(Kahun Papyri)'라고 부른다. 카이로에서 남서쪽으로 80킬로미터 떨어진 담수호인 파이윰 인근에 자리한 엘-라훈은 제12왕조 센와세레트 2세의 피라미드 인근에 조성되었던 고대 장인들의 집단 거주지가 남아있는 곳이다. 대부분 각종 행정 문서와 의학 파피루스, 수학 파피루스 등과 같은 실용적인—요컨대 비종교적이고 비문학적인—텍스트로 구성된 '라훈 파피루스' 컬렉션에는《시누헤 이야기》의 일부가 적힌 파피루스 파편이 포함되어 있었다. 이들이 바로〈유니버시티 칼리지 런던 라훈 파피루스 32106C〉와 〈유니버시티 칼리지 런던 라훈 파피루스 32773〉이다. 이들 파피루스는 현재 유니버시티 칼리지 런던 (University College London) 산하 피트리 이집트 고고학 박물관 (Petrie Museum of Egyptian Archaeology)에 소장되어 있다.

앞서 언급한 파피루스 필사본 이외에도 가드너는《시누헤 이야기 주석서》를 출간할 때 다음과 같은 신왕국 시대 필사본을 참고해《시누헤 이야기》원본을 재구성했다.

### • G — 〈골레니셰프 파피루스(p. Golénischeff)〉=〈모스크바 파피루스 4657(p. Moscow 4657)〉

〈골레니셰프 파피루스〉는 러시아의 이집트학자인 블라디미르 골레니셰프(Wladimir Golénischeff 또는 Vladimir Semyonovich Golenishchev, 1856~1947년)가 모스크바의 푸시킨 국립 미술관 (The Pushkin State Museum of Fine Arts)에 1911년 기증한 것을 계기로 〈모스크바 파피루스 4657〉로 불린다. 파피루스는 현재 여러 조각으로 심하게 훼손된 상태인데, 원본은 한 면에 각각 16행이 적힌 최소 네 쪽으로 이뤄진 문서였을 것으로 추정된다. 첫 번째와 두 번째 쪽에는 B22행=R1~47행, 세 번째 쪽에는 B56~66행=R81~90행에 해당하는 텍스트가 각각 필사되어 있지만, 네 번째 쪽에는 2개의 신관문자만 남아있다. 당시 고대 이집트의 문서작성 관행에 따라 검은색과 붉은색 잉크가 필사에 사용되었으며, 각 연(聯, verse)의 끝부분은 붉은 점으로 표시되었다. 필사된 시기는 신왕국 시대 제19왕조 말엽으로 보인다.

• H — 〈하라게 파피루스 1(p. Harageh 1)〉=〈피트리 파피루스 32773(p. Pietrie UC 32773)〉

〈하라게 파피루스 1〉은 파이윰 입구의 하라게(Harageh)에 자리한 중왕국 시대의 공동묘역에서 발견된 파피루스 조각으로, 《시누헤 이야기》B103~110행의 중간 부분이 필사되어 있다. 파피루스가 정확하게 어디에서 출토되었는지는 파악되지 않았지만, 필사된 시기는 중왕국 시대 말기 또는 신왕국 시대 초기로 추정된다. 앞서 언급한 〈유니버시티 칼리지 런던 라훈 파피루스 32106C〉, 〈유니버시티 칼리지 런던 라훈 파피루스 32773〉과 마찬가지로 피트리 이집트 고고학 박물관에 소장되어 있다.

신왕국 시대 제19왕조와 제20왕조 무렵 《시누헤 이야기》는 중왕국 시대 서사문학의 걸작으로서 명실상부한 고전의 지위를 누렸으며 서기관 양성소에서 교과서로 사용되었다. 그 결과, 학생들이 고대 이집트의 신관문자 체계를 배우는 과정에서 연습용으로 필사한 수많은 석편 중 25점이 지금까지 남아있다. 이들 중 가드너가 원본을 재구성하는 데 사용한 석편 필사본은 다음과 같다.

• C — 〈카이로 석편 25216+27419(o. Cairo 25216+27419=CG 25216+27419)〉

1896년에 길쭉한 석편이 두 조각으로 쪼개진 채 발견되었다. 이들 석편에는 《시누헤 이야기》의 시작 부분이 세로로 8.5행가

량 신관문자로 필사되어 있었다. 서체는 매우 단정하지만, 잉크 자국이 희미한 부분이 일부 관찰된다. 이들 석편은 룩소르시 서안의 데이르 엘-메디나(Deir el-Medina)에 조성된 주민들의 공동묘역에 있는 센네젬(Sennedjem)의 분묘에서 발견되었다. 데이르 엘-메디나는 신왕국 시대 왕실 전용 공동묘역이었던 왕가의 계곡(Valley of the Kings)에서 왕묘를 건설하던 전문 장인들의 집단 거주지였다. 센네젬이 제19왕조의 세티 1세(Sety I, 기원전 1294~ 기원전 1279년)와 람세스 2세 치세에 활동했던 장인임을 고려할 때 텍스트 역시 이 무렵에 필사된 것으로 추정된다.

- L — 〈런던 석편 5629(o. London 5629=EA 5629)〉

석편의 편평한 앞면에만 《시누헤 이야기》 중 일부가 가로로 8행에 걸쳐 필사되어 있는데, 이들은 이야기의 마지막 부분인 B300~311행에 해당한다. 수습 서기관이 필사한 것으로 보이는 이 텍스트에는 의미를 정확하게 파악할 수 없는 부분이 있다. 이것은 필사 과정에서 발생한 실수로 보인다. 〈골레니셰프 파피루스〉와 마찬가지로 각 연의 끝을 붉은 점으로 표시한 것은 다른 석편에서 찾아볼 수 없는 특징이다.

- OB1 — 〈베를린 석편 12341(o. Berlin 12341)〉

석편의 앞면에 기록된 내용으로 보아 힉소스 지배기인 제2중간기 말엽에 작성된 것으로 보인다. 뒷면에는 《시누헤 이야기》 B34~36행=R58~60행의 단어 중 일부가 필사되어 있다.

- OB2 — 〈베를린 석편 12379(o. Berlin 12379)〉

독일의 이집트학자 게오르크 묄러(Georg Möller, 1876~1921

년)가 1910년 센네쳄의 분묘 근처에서 발견했다. 제19왕조의 특
징적인 신관문자 서체로 필사된 텍스트는 《시누헤 이야기》의
B273~279행에 해당한다.

- OB3 — 〈베를린 석편 12623(o. Berlin 12623)〉

마찬가지로 묄러가 1913년 센네쳄의 분묘 근처에서 발견했다.
필체가 'Sinuhe C'와 유사한 것으로 보아 제19왕조 또는 제20왕
조에 필사된 것으로 보인다. 제법 큰 이 석편의 앞면에는 R1~19
행에 해당하는 부분이, 뒷면에는 B25~44행=R49~68행에 해당
하는 부분이 각각 필사되어 있다.

- OB4 — 〈베를린 석편 12624(o. Berlin 12624)〉

'Sinuhe OB3'보다는 작지만, 같은 장소에서 발견되었으며
서체도 매우 유사하다. 필사된 텍스트는 《시누헤 이야기》의
B13~27행=R38~51행에 해당한다.

- OP1 — 〈피트리 석편 58(o. Petrie 58=UC 31996)〉

《시누헤 이야기》 B22~25행=R47~50행의 단어 중 일부가 필
사되어 있는데, 필사된 시기는 제19왕조 또는 제20왕조로 추정
된다.

- OP2 — 〈피트리 석편 12(o. Petrie 12=UC 34322)〉

크기가 비교적 작은 이 석편의 앞면에는 《시누헤 이야기》
B236~245행 중 일부가, 뒷면에는 B248~253행 중 일부가 각각
필사되어 있다. 필사된 시기는 제19왕조 또는 제20왕조로 추정
된다.

- OP3 — 〈피트리 석편 59(o. Petrie 59=UC 31997)〉

〈베를린 석편 12379〉의 스케치

크기가 비교적 작은 이 석편에는 B250~256행의 단어 중 일부가 필사되어 있다. 필사된 시기는 제19왕조 또는 제20왕조로 추정된다.

### 《시누헤 이야기》의 성각문자 원본, 주석본, 번역본

이집트학에서는 신관문자로 작성된 원전을 성각문자로 옮긴 후 음역과 번역 및 텍스트 분석을 진행하는 것이 관행이다. 신관문자는 성각문자와 일대일로 대응하므로 옮기는 것이 큰 문제가 되지 않는다. 앞서 언급한 것처럼, 현존하는 《시누헤 이야기》의 모든 필사본은 신관문자로 적혀있으나 학자들이 원문을 재구성해 발표할 때는 신관문자 원본과 함께 성각문자로 재구성한 부분을 제공한다. 가드너의 《시누헤 이야기 주석서》를 포함해, 지금까지 학계에 발표된 주요 성각문자 원전을 연도순으로 살펴보면 다음과 같다.


• 1908년: Gaston Maspero, *Les Mémoires de Sinouhît*, Cairo: Institut Français d'Archéologie Orientale, pp. 1~42. [문헌학적 주석 및 번역 포함/참조 필사본: B, R, G, C, L]

• 1909년: Alan H. Gardiner, *Literarische Texte des Mittleren Reiches, Band II: Die Erzählung des Sinuhe und die Hirtengeschichte*, Hieratische Papyri aus den königlichen Museen zu Berlin 05, Leipzig: J. C. Hinrichs'sche Buchhandlung. [참조 필사본: R]

• 1916년: Alan H. Gardiner, *Notes on the Story of Sinuhe*, Paris: Librairie Honoré Champion, pp. 120~151. [문헌학적 주석 및 번역 포함/참조 필사본: B, R, G, C, L, OB1, OB2, OB3, OB4, OP1, OP2, OP3]

• 1928년: Kurt Sethe, *Ägyptische Lesestücke zum Gebrauch im akademischen Unterricht: Texte des Mittleren Reiches*, Leipzig: J. C. Hinrichs'sche Buchhandlung. [저자가 편집한 축약본]

• 1932년: Aylward M. Blackman, *Middle-Egyptian Stories*, Bibliotheca Aegyptiaca II, Brussels: Fondation Égyptologique Reine Élisabeth, pp. 1~41. [참조 필사본: B, R, G, H, C, L, OB1, OB2, OB3, OB4, OP1, OP2, OP3 등을 비롯한 다양한 파피루스 및 석편 필사본]

• 1934년: Abraham Rosenvasser, "A New Duplicate Text of the Story of Sinuhe," *The Journal of Egyptian Archaeology* Vol. 20, No. 1/2, pp. 47~50. [참조 필사본: BA]

• 1952년: John Wintour Baldwin Barns, *The Ashmolean Ostracon of Sinuhe*, London: Oxford University Press, pp. 1~33. [참조 필사본: OAsh]

• 1990년: Roland Koch, *Die Erzählung des Sinuhe*, Bibliotheca Aegyptiaca XVII, Brussels: Fondation Égyptologique Reine Élisabeth. [참조 필사본: B, R, G, H, C, L, OB1, OB2, OB3, OB4, OP1, OP2, OP3 등을 포괄하는, 현존하는 모든 파피루스 및 석편 필사본]

• 2015년: James P. Allen, *Middle Egyptian Literature: Eight Literary Works of the Middle Kingdom*, Cambridge: Cambridge University Press, pp. 55~154. [문헌학적 주석 및 번역 포함/참조 원문: B, R, BA, La, H]

앞서 언급한 문헌 중 성각문자 텍스트와 함께 문헌학적인 주석이 포함된 저서에는 저자의 모국어, 즉 영어·프랑스어·독일어 번역본이 함께 수록되어 있음을 알 수 있다. 이들 저서 이외에 원문 없이 문헌학적 주석과 번역 또는 주석만 수록된 저서와 고대 이집트의 서사문학 작품으로서 《시누헤 이야기》의 성격을 구체적으로 분석한 대표적인 연구를 연도순으로 살펴보면 다음과 같다.

• 1952년: Hermann Grapow, *Untersuchungen zur ägyptischen Stilistik I: Der stilistische Bau der Geschichte des Sinuhe*, Berlin: Akademie Verlag.

• 1953년: Alfred Hermann, "Sinuhe—ein ägyptischer Schelmenroman? (Zu Hermann Grapow's Untersuchungen zur ägyptischen Stilistik)," *Orientalistische Literaturzeitung* Vol. 48, No. 1, pp. 101~109. [번역본 없음]

• 1966년: Hellmut Brunner, *Grundzüge einer Geschichte der altägyptischen Literatur*, Darmstadt: Wissenschaftliche Buchgesellschaft, pp. 65~72. [번역본 없음]

번역 저본 소개

• 1973년: Miriam Lichtheim, *Ancient Egyptian Literature: A Book of Readings*, Volume I: The Old and Middle Kingdoms, Berkley-Los Angeles: University of California Press, pp. 222~235.

• 1982년: John Baines, "Interpreting Sinuhe," *The Journal of Egyptian Archaeology* Vol. 68, pp. 31~44. [번역본 없음]

• 1995년: Elke Blumenthal, "Die Erzählung des Sinuhe," *Mythen und Epen III*, Texte aus der Umwelt des Alten Testaments, Band III.5: Weisheitstexte, Mythen und Epen, eds. Elke Blumenthal, Gütersloh: Gütersloher Verlagshaus, pp. 884~911.

• 1996년: Richard B. Parkinson, "Individual and Society in Middle Kingdom Literature," *Ancient Egyptian Literature: History and Forms*, Probleme der Ägyptologie X, edited by Antonio Loprieno, Leiden: E. J. Brill, pp. 137~155. [번역본 없음]

• 1997년: Richard B. Parkinson, *The Tale of Sinuhe: and Other Ancient Egyptian Poems 1940~1640 BC*, Oxford-New York: Oxford University Press, pp. 21~53.

• 2002년: Richard B. Parkinson, *Poetry and Culture in Middle Kingdom Egypt: A Dark Side to Perfection*, Studies in Egyptology and the Ancient Near East, London: Equinox, pp. 149~168. [번역본 없음]

• 2003년: William Kelly Simpson, "The Story of Sinuhe," *The Literature of Ancient Egypt: An Anthology of Stories, Instructions, Stelae, Autobiographies, and Poetry*, edited by William Kelly

Simpson, New Haven-London: Yale University Press, pp. 54~66.

• 2005년: José M. Galán, *Four Journeys in Ancient Egyptian Literature*, Seminar für Ägyptologie und Koptologie, Lingua Aegyptia - Studia Monographica V, Göttingen: Frank Kammerzell & Gerald Moers, pp. 49~94.

나는 《시누헤 이야기》를 우리말로 옮기는 과정에서 앞서 언급한 각종 번역본을 대조·비교·분석함으로써 원문에 사용된 표현과 단어의 미묘한 어감을 정확하게 포착할 수 있었고, 서사의 맥락을 더욱 구체적으로 파악할 수 있었다. 한편, 국내에서 《시누헤 이야기》가 언급되거나 소개된 학술 논문과 전문 한국어 번역이 시도된 경우를 연도순으로 살펴보면 다음과 같다.

• 2006년: 유윤종, 〈동 지중해 문학에 나타난 "귀향" 모티프의 역사적 의미〉, 《서양고대사연구》 제18집, 한국서양고대역사문화학회, 31~53쪽.

• 2011년: 유윤종, 〈이집트 12왕조 시대 문학작품의 정치적 성격〉, 《서양고대사연구》 제28집, 한국서양고대역사문화학회, 11~50쪽.

• 2013년: 유성환, 〈외국인에 대한 이집트인들의 두 시선: 고왕국 시대에서 신왕국 시대까지 창작된 이집트 문학작품 속의 외국과 외국인에 대한 묘사를 중심으로〉, 《서양고대사연구》 제34집, 한국서양고대역사문화학회, 33~77쪽.

• 2016년: 존 A. 윌슨(John A. Wilson) 원역, 〈이집트의 신화와 설화들〉, 제임스 B. 프리처드(James B. Pritchard) 엮음, 《고대 근동 문학 선집(The Ancient Near East: An Anthology of Texts and Pictures)》, 김구원 책임 감수, 강승일·김구원·김성천·김재환·윤성덕·주원준 옮김, 기독교문서선교회, 58~65쪽.

• 2022년: 유성환, 〈국왕 시해의 양상과 역사적 의의: 고대 이집트의 문헌 증거를 중심으로〉, 《서양고대사연구》 제63집, 한국서양고대역사문화학회, 7~36쪽.

평택대학교 피어선 신학 전문대학원 소속의 유윤종 교수가 저술한 논문 〈동 지중해 문학에 나타난 "귀향" 모티프의 역사적 의미〉에서는 오랜 망명 생활을 마치고 이집트로 돌아온 시누헤의 상황이 간단히 언급되며(34~36쪽), 〈이집트 12왕조 시대 문학작품의 정치적 성격〉에서는 '정치적 선전물(propaganda)'의 범주에 속하는 서사문학 작품 중 하나로 인용된 《시누헤 이야기》에 나타난 '애국주의적 서사'와 '자애롭지만 강력한' 군주의 면모 등이 언급된다(24~28쪽). 이들 논문에서 원문의 번역은 미국의 유대계 이집트학자 미리엄 리히타임(Miriam Lichtheim, 1914~2004년)과 또 다른 미국의 이집트학자인 존 윌슨(John Albert Wilson, 1899~1976년)의 영문 번역을 참고한 것으로 보인다.

2016년 출간된 《고대 근동 문학 선집》에 포함된 《시누헤 이야기》는 한국 최초로 작품의 전문이 한국어로 번역된 것으로 볼 수 있다. 이 선집에 포함된 작품들은 모두 한국을 대표하는 고대 근동학자가 번역했기 때문에 번역의 품질이나 신뢰도는 흠잡을 데 없다. 그러나 《시누혜 이야기》를 비롯한 고대 이집트 문헌이 모두 1975년 발표된 윌슨의 영문 번역을 한국어로 다시 옮긴 것으로서 중역본이라는 한계가 있다. 이와 더불어 영문 번역본이 발표된 이후 40여 년간의 학문적 성과가 반영되지 못했다는 한계도 있다. 다만 번역문 옆에 연관된 《성서》의 구절이 병기되어 있어서 《성서》의 유사한 예와 비교·참조할 수 있다는 장점이 있으므로 《구약성서》 전공자뿐만 아니라 고대 서아시아의 역사·문화·종교 전반에 관심이 있는 독자에게 훌륭한 참고자료로 활용될 수 있다.

나는 〈외국인에 대한 이집트인들의 두 시선: 고왕국 시대에서 신왕국 시대까지 창작된 이집트 문학작품 속의 외국과 외국인에 대한 묘사를 중심으로〉와 〈국왕 시해의 양상과 역사적 의의: 고대 이집트의 문헌 증거를 중심으로〉에서 논지를 보강하기 위해 작품의 일부를 소개했다. 전자에서 나는 고대 이집트인이 외국에 대해 가졌던 상반되는 관점을 각각 '구심적 공간개념'과 '원심적 공간개념'으로 구분했는데, 《시누혜 이야기》 중 상당한 분량을 인용했다(B26~28=R51~52, B43~45=R67~69, B81~85=R108~113, B97~104=H1~3, B117~122=R142~146, B197~198, B243~246, B290~295). 후자에서는 아멘엠하트 1세의 암살과 관련한 사료에 초점을 맞췄는데(12~19쪽) 이와 관련된 원전 중 하나로서 《시누혜 이야기》의 일부를 인용했다(R5~11, B1~5=R22~29=La1~4).

《시누헤 이야기》가 한국 대중에게 의역이나 편역으로 소개된 대표적인 예로는 국내에서 번역·출간된 프랑스 작가 크리스티앙 자크(Christian Jacq, 1947년~)의 저서를 들 수 있다. 1999년 영림카디널에서 출간된 《나일 강 위로 흐르는 빛의 도시(L'Égypte ancienne au Jour le Jour)》에서는 〈제14장 시누헤의 전설적인 대모험〉을 통해(99~111쪽), 2001년 시아출판에서 출간된 《파라오 제국의 파노라마(L'Égypte des grands Pharaons: L'Histoire et la Legende)》에서는 〈제7장 세조스트리스, 중기제국의 미소〉를 통해 (153~160쪽) 작품의 대략적인 줄거리가 고대 이집트를 무비판적으로 이상화하는 작가의 취향에 따라 각색되어 소개된 바 있다.

아울러 비교적 최근인 2021년에는 《시누헤 이야기: 파피루스 속의 이야기 보따리 5》가 정인출판사에서 출간되었다. 이 책의 저자인 강주현 작가는 리버풀 대학교에서 이집트학을 공부한 경험을 바탕으로 《시누헤 이야기》뿐만 아니라 《난파당한 선원》, 《언변 좋은 농부》, 《쿠푸 왕과 마법사 이야기》 등과 같은 작품을 어린이를 위한 동화책으로 재구성해 출간하는 작업을 꾸준히 진행하고 있다. 《시누헤 이야기: 파피루스 속의 이야기 보따리 5》는 작품의 기본적인 내용은 물론이고, 〈베를린 파피루스 3022〉나 〈라메세움 파피루스 A〉와 같은 주요 원전, 작품의 역사적 배경 등이 삽화·성각문자 등과 함께 수록되어 있어 어린이가 고대 이집트 문명을 쉽게 이해할 수 있게 배려했다.

이와는 별도로, 핀란드 작가 미카 발타리(Mika Toimi Waltari, 1908~1979년)의 베스트셀러 소설 《이집트인 시누헤(Sinuhe

Egyptiläinen)》가 2007년 《시누헤》라는 제목으로 번역·출간되었다. 그러나 이 작품은 주인공의 이름을 제외하면 고대 이집트의 원전과 아무런 관련이 없는 완전한 문학적 허구로서, 시대적 배경은 중왕국 시대가 아니라 신왕국 시대 제18왕조의 유명한 '이단' 파라오 아멘호텝 4세/아켄아텐 치세이며, 주인공의 직업도 궁인이 아닌 의사로 설정되어 있다. 원전을 비롯해 고대 서아시아의 여러 전설과 화소(話素)가 뒤섞인 이 소설의 핀란드어 초판은 1945년에 출간되었으며, 1949년의 영문판을 비롯해 총 41개국 언어로 번역되면서 세계적인 베스트셀러가 되었다. 이런 대중적 인기에 힘입어 1954년에는 20세기 폭스(20th Century Fox)에서 〈이집트인(The Egyptian)〉이라는 제목의 영화로 제작하기도 했다.

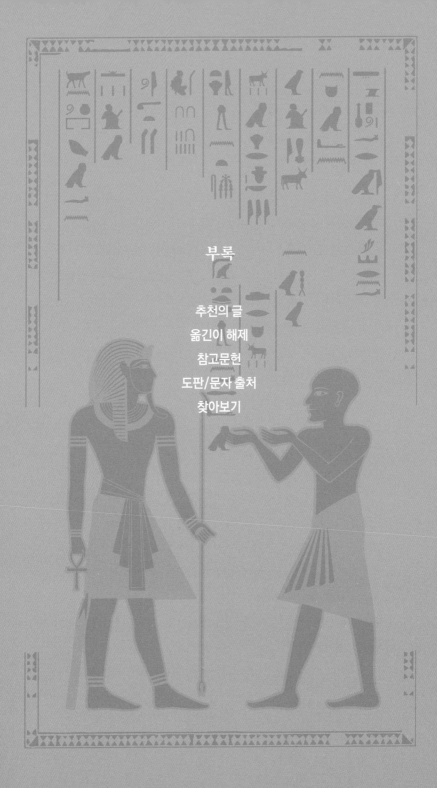

부록

무엇이 최초의 소설인가. 소설을 역사적 맥락에서 근대성의 산물로 보는 이는 《로빈슨 크루소》나 《돈키호테》를 지목할 것이다. 장르/장치의 측면에서 내면성(inwardness)과 친밀성(intimacy)의 경험을 다루는 일관성 있는 화자의 허구적 산문으로 보는 이는 《겐지 이야기》의 기념비적 성격을 강조할 것이다. 이 모든 '임의적' 규정을 다 내치고 서사성만 남기는 이는 기원전의 몇몇 서사시로까지 거슬러 올라갈 것이다. 이런 복잡한 논의를 딛고도 《시누헤 이야기》 앞에 '최초의 소설'이라는 타이틀을 붙일 수 있을까?

정치적 격변 앞에서 고국을 떠난 이가 그 선택이 신의 뜻이라고 주장할 정도로 제 심층 동기를 혼란스러워하고, 생의 절반 이상을 디아스포라로 살면서 그 삶이 성공적일수록 가중되는 정체성의 혼돈을 견뎌내다가, 결국 귀국을 허락받아 돌아오되 여느 서사시와 달리 조금도 영웅적이지 않은 조촐한 자기 구원에 도달한다. 일부러 고유명사를 생략한 이 요약 서술은 지금 여기의 어떤 이야기를 떠올리게 하지 않는가? 이 원형적인 화소(話素)를 음미하다 보면 4000년 저쪽의 어느 '호모 픽투스(homo fictus)'와 스산한 대화를 나눌 수 있게 된다. 옮긴이 본인에 의한 자기 평가만이 유일하게 가능해 보이는, 말 그대로 '독보(獨步)'적인 업적 덕분에 가능해진 일이다.

**신형철(문학평론가, 서울대학교 영어영문학과 부교수)**

《시누헤 이야기》가 풍부한 해설과 함께 우리말로 처음 번역되어 기쁘다.《시누헤 이야기》는 고대근동 세계와 고대 이스라엘의 관계를 탐구하는 사람에게 구약성경의 결정적 사건인 이집트 탈출 사건이 일어나기 이전에 시리아-팔레스타인의 상황이 어땠는지 생생하게 전해주는 문헌이다. 주인공 시누헤는 정치적 이유로 이집트를 탈출해 시리아-팔레스타인 땅을 떠돌다 정착했지만, 모세와 달리 이집트를 그리워해 결국 고향으로 돌아가는 데 성공했다. 또한《시누헤 이야기》는 이집트 중왕국의 정치, 문화, 군사, 외교 등을 이해하는 데 결정적인 도움을 주는 귀중한 1차 사료이기도 하다.

그런 점에서 이 책은 이집트학 전공자로서 우수한 논문과 저술로 고대 이집트를 한국에 알려온 유성환 박사의 역작이다. 인류 최초의 문명에서 탄생된 문헌을 우리말로 읽는 즐거움을 누려보시라. 우리에게 쉽고 친절하게 다가온《시누헤 이야기》의 출판을 축하하며 가장 큰 박수를 보낸다.

**주원준(한님성서연구소, 한국고대근동학회 초대 회장)**

# 이집트인에 의한, 이집트인을 위한, 이집트인의 서사

《시누혜 이야기》는 중왕국 시대의 서사문학 작품 중에서도 독보적인 지위를 차지한다. 그럴 수 있는 요인 중 하나는 현재 전해지는 필사본의 수이다. 앞서 〈번역 저본 소개〉에서 자세히 다뤘듯이 현존하는 《시누혜 이야기》 필사본의 수만 해도 중왕국 시대의 파피루스 필사본 5점, 신왕국 시대의 파피루스 필사본 2점, 연습 삼아 필사된 석편 사본 25점까지 모두 32점에 달한다. 후기 왕조 시대에 이르러서도 심각한 문화적 단절의 흔적이 발견되지 않는다는 점을 고려할 때 《시누혜 이야기》가—적어도 단편적으로는 또는 이야기의 핵심 주제만큼은—후기왕조 시대에 속하는 페르시아 지배기, 심지어 그리스 지배기까지 전승되었을 가능성도 충분하다.

고대 이집트의 문헌이 현대까지 보존되려면 거의 기적에 가까운 조건이 필요할 뿐만 아니라 우연적 요소에 절대적으로 좌우

된다. 그러므로 단순히 필사본의 수가 많다는 것이 반드시 그 작품이 당대에 널리 읽히고 광범위하게 필사된 작품임을 의미하지는 않는다. 그러나 《시누헤 이야기》는 필사본의 수와 전승된 범위가 다른 작품들에 비해 압도적인 것이 사실이다. 일례로, 《시누헤 이야기》와 마찬가지로 중왕국 시대 서사문학 작품의 걸작으로 알려진 《난파당한 선원》이나 《쿠푸 왕과 마법사 이야기》는 현존하는 필사본이 단 한 점에 불과하다. 이런 사실은 아무리 뛰어난 작품이라도 그것이 현대까지 전해지려면 엄청난 운이 작용해야 한다는 방증일 것이다. 하지만 나는 오히려 이것이야말로—모든 우연적 요소를 고려하더라도—《시누헤 이야기》가 고대 이집트인에게 얼마만큼 독보적인 작품이었는지를 보여주는 명백한 증거라고 생각한다.

그렇다면 고대 이집트인에게 《시누헤 이야기》는 어떤 의미였을까? 이에 관한 자료가 전해지지 않으니 당연히 알 수 없다. 그러나 이 작품을 세세하게 분석해보면 이 작품이야말로—에이브러햄 링컨 대통령의 〈게티스버그 연설〉을 패러디하자면—'이집트인에 의한, 이집트인을 위한, 이집트인의 서사'라고 정의할 수 있을 것이다. 지금부터 나는 이 정의가 무엇을 의미하는지 하나씩 찬찬히 설명하고자 한다.

## 이집트인에 의한 서사

《시누헤 이야기》는 우선 '이집트인에 의한 서사'다. 고대 이집트인이 이 작품을 창작했다는 사실은 자명하다. 그런데도 굳이

'이집트인에 의한 서사'라는 동어반복으로 정의하는 이유는 이 작품이 이집트인만이 생각해낼 수 있는 형식으로 주인공의 서사를 다루기 때문이다. 그렇다면 그 형식이란 무엇일까? 바로 '자전적 기록'이다.

고대 이집트에서 고유의 문자가 발명된 이후 역사상 최초로 서사구조를 갖춘 장르가 바로 자전적 기록이다. 고왕국 시대에 그형식이 정립된 자전적 기록은 제3왕조 말기에서 제4왕조 초기에 활동했던 메첸이라는 귀족의 분묘에서 처음 등장한다. 이후 자전적 기록은 '사실적(史實的) 자전적 기록(historical autobiography)'으로 시작해 '회고적 자전적 기록(reflective autobiography)'으로 발전한다. 사실적 자전적 기록에는 주인공이 관리로서 업무를 수행하면서 여러 업적을 거뒀고 이에 대해 왕의 인정과 포상을 받았다는 내용이 주를 이룬다. 이후 구조가 좀 더 복잡해진 회고적 자전적 기록은 여기에 더해 주인공의 탁월한 능력과 지배층이 가지고 있었던 윤리적 가치의 실행이 강조된다. 자전적 기록의 발전과정과 특징을 고려할 때, 《시누헤 이야기》의 자전적 기록은 회고적 성격이 강하다고 할 수 있다.

《시누헤 이야기》에서 자전적 기록이라는 형식은 작품 전체를 감싸는 일종의 액자(프레임) 역할을 한다. 따라서 시작부터 '귀족', '고관', '왕의 지인', '종자', '왕실 사저의 궁인' 등과 같은 직함이 역사적으로 실존했던 파라오와 대왕비의 이름과 함께 나열된다(R1~5행). 자전적 기록의 특징 중 하나가 해당 기록의 대상인 인물의 일생을 사후적(事後的) 관점에서 정리하는 것이라는 점을 고려할 때, 이런 형식은 서사가 본격적으로 전개되면서 구체적으로 기술될 도주와 귀환의 사건을 독자가 알기 전에 주인공이 이집트식 장례 절차에 따라 매장되었음을 확정적으로 단정한다. 그 결과, 시누헤가 도주하고 레체누에 정착해 일생의 대부분을 보내는 부분을 접하는 순간에도 독자는 서두의 자전적 기록을 통해 그가 결국에는 무사히 이집트로 돌아와 제대로 된 분묘에 매장되어 축복받은 영생을 누릴 것이라는 사실을 미리 눈치챌 수 있다. 요컨대, 현대의 독자에게 자전적 기록은 서사의 긴장감을 떨어뜨리는 일종의 '스포일러'로 작용한다.

그러나 고대의 독자에게 자전적 기록이라는 형식은 일인칭 주인공 시점으로 전개되는 이 작품의 서사를 자연스럽게 받아들일 수 있는 문학적 장치로 기능했던 것이 분명하다. 고대 이집트의 서사문학 작품은 대개 삼인칭 관찰자 시점으로 작성되었으므로 고대의 독자는 이런 시점의 이야기에 더 익숙했을 것이다. 이 때문에 《시누헤 이야기》는 이야기가 일인칭 주인공 시점으로 전개되어야 할 근거(또는 핑계)가 필요했을 텐데, 바로 이것을 자전적 기록이라는 형식이 제공해준다. 참고로, 《난파당한 선원》에서는 작품의 시점이 삼인칭에서 출발해 도중에 일인칭으로 바뀌는데, 이때는 이야기 속에 또 다른 이야기가 들어가는 액자구조가 이와 같은 시점의 변화를 정당화하는 문학적 장치로 활용된다.

한편, 서사의 서두에 등장하는 여러 직함 중에서 "아시아인의 땅에 자리한 폐하의 영지 담당관"(R1행)은 실제로는 존재하지 않았던 허구의 직함이다. 그러므로 이 직함은 《시누헤 이야기》를 창작한 서기관이 일종의 복선으로 채택했다고 보는 것이 옳다. 이 직함이 고대의 독자에게 제공할 수 있었던 주인공에 대한 정보가 무엇이었는지는 분명하다. "아시아인의 땅에 자리한 폐하의 영지 담당관"은 마치 19세기 말에서 20세기 초반에 걸친 제국주의 시대에 제국의 주변부인 식민지에 오랜 기간 거주했던 중심부 출신의 주요 인사가 식민지의 정세나 풍습 또는 통치에 필요한 정책적 자문을 제공하는, 일종의 '지역 전문가' 같은 역할을 의미했다. 다시 말해 그 직함은 시누헤가 이집트인에게 주변부 '아시아'에 해당했던 시리아-팔레스타인 지역과 어떤 관계를 맺을 것인지, 중심부로 귀환한 뒤에는 그 지역과 관련해 어떤 역할을 할 것인지가 하나의 구문으로 압축되어 제시되는 '요약(résumé)' 또는 '이력'이라 할 수 있다.

자전적 기록에서 시누헤는 자신을 "그의 주인을 따르는 종자"(R2~3행)라고 설명하는데, 이것 역시 고대의 독자에게는 역설적으로 다가왔을 것이다. 왜냐하면 시누헤는 자전적 기록의 형식이 끝나고 본격적인 서사가 시작된 지 얼마 지나지 않아—그 이유가 무엇이었든 간에—자기 주인을 버리고 무단으로 탈영한 후 기나긴 도주와 망명의 생활을 시작하기 때문이다. 아마도 고대의 독자는 이 직함과 서사의 방향이 서로 어긋나는 것을 보고 쓴 웃음을 짓지 않았을까? 그런데 직함으로 대표되는 이상과 서사를 통해 확인되는 현실 사이의 이런 괴리는 다른 한편으로 작품의 서두를 장식하는 자전적 기록의 형식이 얼마나 허구적인지를 실감하는 계기를 제공한다. 다시 말해,《시누헤 이야기》의 핵심을 이루는 주인공의 '일대기'는 자전적 기록이라는 장르가 일반적으로 묘사하고자 하는 '이상적인 삶'과 정반대의 방향으로 전개된다.

자전적 기록의 형식은 아멘엠하트 1세의 급작스러운 죽음을 언급하는 시점(R5행 이하)부터 벌써 흐트러지기 시작한다. 이후 서사가 본격적으로 전개되면서 잠복해 있던 이 형식은 그가 레체누에 완벽하게 정착한 후 자신이 생전에 실천한 선행을 언급하는 장면(B96~97행), 즉 "목마른 자에게 물을" 주고 "길을 잃은 자에게 길을 일러줬으며 약탈당한 자를 구해냈다."고 말하는 부분과 "나는 이웃에게 빵을 줬네."(B151~152행)에서 잠시 표면으로 부상했다가 이집트로 귀환한 후 장례를 준비하는 부분(B300행 이하)에서 다시 본격적으로 등장하며 이야기의 대미를 장식한다. 특히, 작품의 마지막 두 문장(B308~310행), "이렇게 하도록 하신 분은 (바로) 폐하이시니 (일찍이) 미천한 자에게 이와 같은 일이 행해진 전례가 없었다. (마침내) 정박하는 날이 올 때까지 나는 폐하의 총애 속에서 살리라."를 통해 허구의 이 자전적 기록이 회고적 성격으로 작성되었음을 알 수 있다.

결론적으로, 《시누헤 이야기》의 자전적 기록은―앞서 언급된 《난파당한 선원》의 액자식 구조와 마찬가지로―전체 서사의 서두와 말미를 마치 괄호처럼 감싸는 A¹-B-A²의 구조를 형성하는 데 핵심적인 역할을 담당한다. 서사의 시작 부분(A¹)에서 시누헤는 전형적인 이집트의 귀족이자 고위 관리로, 끝부분(A²)에서는 왕으로부터 사면받고 복권된 이상적인 이집트인의 모습으로 각각 묘사되는데, 이것은 서사의 핵심(B)에서 시누헤가 "활잡이들이 만들어낸 아시아인"(B264~265행), 즉 이집트인의 정체성을 완전히 잃어버린 상태로 변모하는 사태를 극적으로 도드라지게 하는 동시에 변증법적 정반합의 구조를 가시적으로 드러내는 문학적 장치라 할 수 있다.

여기서 변증법적 정반합의 기본 구조, 다시 말해 $A^1$-B-$A^2$의 구조는 '일대기'에서 가장 이상적인 상태인 이집트의 관리로 출발한 시누헤의 처지를 '정(正)'=테제(thesis)로, 시리아-팔레스타인으로 도주할 때 최악이 되었다가 이 지역에 정착한 이후부터 점차 개선되고 레체누의 용사로부터 도전을 받으면서 분수령을 맞는 상황을 '반(反)'=안티테제(antithesis)로, 귀국 후 이상적인 이집트인의 정체성을 회복하는 상황을 '합(合)'=진테제(synthesis)로 각각 제시한다. '반'에 해당하는 레체누에서의 생활은 아무리 풍족하고 만족스러웠더라도 '정'과 '반'의 모순이 해소된 초월적 상태인 '합'은 물론이고, 일개 "종자"에 불과했던 '정'의 처지에도 못 미치는 불완전하고 불안정적인 과정으로 인식된다.

이처럼 자전적 기록이라는 형식은 일인칭 시점의 서사에서 고대의 독자에게 가장 친숙한 형식이었던 동시에, 전체 서사의 흐름을 원점으로 되돌리는―주인공이 변증법적 순환을 통해 시작점보다 훨씬 고양된 존재로 변모할지에 대해서는 마지막에 살펴보기로 한다―악보의 도돌이표 같은 기능을 수행한다.

## 이집트인을 위한 서사

고대 이집트의 독자에게 《시누헤 이야기》가 독보적인 작품으로 자리매김할 수 있었던 두 번째 이유는 이것이 '이집트인을 위한 (실용적인) 서사'였기 때문이다. 《난파당한 선원》이나 《쿠푸왕과 마법사 이야기》처럼 처음부터 끝까지 일관되게 서사의 형식을 유지하는 동시대의 다른 서사문학 작품과 달리 《시누헤 이야기》에는 서로 다른 장르로 분류될 수 있는 성질의 텍스트가 다수 포함되어 있다. 이들 중 고대 이집트의 문헌사에서 서사의 기원이라 할 수 있는 자전적 기록이 작품의 첫 부분과 끝부분을 이룬다는 사실은 앞서 살펴봤다.

그런데 이 작품에는 자전적 기록 외에도 센와세레트 1세를 위한 '찬가'(B47~70행), 레체누에서 시누헤가 수행한 전쟁을 묘사하기 위해 차용된 '왕실 비문' 중 특히 '경계비'에서 찾아볼 수 있는 전형적인 표현(B102~106행), 시누헤에게 망명 생활을 청산하고 이집트로 돌아올 것을 권고하는 '왕실 포고문'(B178~199행), 이 포고문에 대한 시누헤의 회신을 담은 '서신'(B204~238행), '서사부정사'를 통해 표현된 '일지' 형식(B238~243행), 작품에서는 왕에게 탄원하려는 목적으로 공연되었으나 원래는 신을 대상으로 한 신전 의례에 사용되었을 '전례용 가사'(B268~279행) 등 실로 다양한 장르의 이질적인 텍스트가 서사의 흐름을 끊어놓을 만큼 다채롭게 사용되었다. 이는 《시누헤 이야기》의 석편 사본이 25점이나 전해진 이유 중 하나라 할 수 있다.

고대 이집트의 교사는 서기관이 될 학생을 가르칠 때 '전체론적(holistic)'인 교육법을 사용했다. 이 교육법은 구조와 문체가 고정된 '본보기' 또는 '템플릿(template)'으로 사용될 수 있는 텍스트를 완전히 암기하도록 한 후, 상황에 따라 암기한 텍스트의 세부만 바꿔 실제 업무에 활용할 수 있도록 훈련하는 교육법을 말한다. 따라서 서기관 양성소의 학생은《시누헤 이야기》처럼 문학적 가치가 높은 동시에 실용적인 서사가 풍부한 작품을 통째로 외워야 했을 것이다. 이런 교육법은 배워야 할 내용을 여러 조각으로 나눠 단계적으로 공부하도록 함으로써 학생의 실력을 높이는 현대의 '분석적(analytic)' 교육법과 정면으로 반대되는 방법이었다.

지금까지 전해지는 고대 이집트 문헌 중에는 일정한 서사구조를 가지는《시누헤 이야기》와 달리, 본보기가 될 만한 텍스트를 별다른 형식이나 순서 없이 기계적으로 나열한 일종의 '모음집(compilation)'이나 '개요서(compendium)'가 존재한다. 이들은 주로 단어의 올바른 철자법을 나열한 목록이나 각종 서신과 보고서의 일반적이고 표준적인 양식으로 구성되었는데,《시누헤 이야기》처럼 서기관 양성소에서 교과서로 사용되었다. 이들 문헌을 통해 서기관의 주요 업무가 서신이나 보고서를 직접 작성하거나, 상관이 구술한 내용을 공문서로 작성하는 것이었다는 사실을 알 수 있다. 이런 맥락에서 서신과 보고서는 물론이고, 찬가나 포고문을 아우르는《시누헤 이야기》는 가히 당시 서기관이 능숙하게 다룰 수 있어야 할 텍스트의 이상적인 표본집이었다고 할 수 있다.

《시누헤 이야기》가 '이집트인을 위한 서사'로서 어떤 실용적 가치가 있는지를 가감 없이 평가하려면 이 작품이 창작될 때와 비슷한 시기에 작성된 여러 장르의 텍스트를 비교해 이들이 공유하는 동시대성(contemporaneousness)을 파악할 필요가 있다. 이런 공시적 비교·분석의 첫 번째 대상으로는 시누헤가 왕에게 보낸 회신과 당대에 작성된 실제 서신이 적합할 것이다. 앞서 언급한 것처럼 실생활에 응용·활용될 수 있는 가장 유용한 장르가 바로 서신이기 때문이다. 그렇다면 고대 이집트의 실제 서신은 어떤 형식으로 작성되었으며, 그 내용은 무엇이었을까? 중왕국 시대 제12왕조 아멘엠하트 3세 치세 말기 또는 아멘엠하트 4세 치세 초기쯤에 네니(Neni)라는 하급 서기관이 웨아흐(Wah)라는 사람의 재산과 관련해 자기 상관인 이이입(Iyib)에게 보낸 서신에서 답을 찾아보자.

　　장원(莊園)의 종 네니가 감독관인 이이입—장수·번영·강건하소서—에게 이릅니다. 이것은 주인님—장수·번영·강건하소서—의 업무가 어디서든 견실하고 번성한다는 것을 알리고자 주인님—장수·번영·강건하소서—에게 올리는 서신입니다. 소인이 바라건대 동방의 주이신 소피두, 그의 아홉 주신, 그리고 모든 신의 가호가 함께 하시기를.
　　(지난) 서신에서 말씀드린 것과 같이, 이것은 웨아흐의 가정에 관심을 기울여주시는 것과 관련해 주인님—장수·번영·강건하소서—에게 올리는 서신입니다. 좋은 일을 행하는 분은 바로 당신이시니,

옮긴이 해제

그리하면 지복을 누리실 것입니다.

신전 감독관 테티가 제게 이르기를, "보라, 나도 그에게 이와 관련한 서신을 보냈다."라고 했습니다. 그러니 왕의 카가 당신께 은총을 베풀도록 이에 맞게 일이 행해지도록 하소서. 이것은 그에 관한 서신으로서 주인님─장수·번영·강건하소서─에게 올리는 서신입니다. 모쪼록 주인님─장수·번영·강건하소서─께서 경청하셨기를.

─《네니가 이이입에게 보낸 서신》, *p. Kahun II*, 2


이 서신에서 네니는 이이입이 자신과 신전 감독관 테티(Teti)가 앞서 보낸 서신에서 요청한 것을 재고하고, 이와 관련해 적절하게 조치해달라고 우회적으로 간청하고 있다. 고대 이집트의 서신은 본론으로 들어가기 전에 신들이 수신자를 축복해줄 것을 기원하는 상투적인 문구로 시작하는데,《네니가 이이입에게 보낸 서신》역시《시누헤 이야기》에 수록된 서신과 거의 같은 구조로 작성되었음을 알 수 있다. 다만 언급되는 신들의 수나 서신을 통해 전달하려는 내용은 시누헤의 서신에 비해 매우 단순하고 간결한데, 이것은 수신자의 사회적 지위가 다르다는 점 때문임이 분명하다.[1] 또한 고왕국 시대 말기의 귀족 하르쿠프(Harkhuf)의 경우에서처럼 왕이 보낸 편지가 자전적 기록에 포함되는 사례는 있지만,《시누헤 이야기》에서와 같이 이에 대한 개인의 회신은 수

---

1) 형식과 문체의 동시대성에도 불구하고 시누헤의 서신과 네니의 서신에서 찾아볼 수 있는 차이는 서신 끄트머리에 관용적으로 사용되던 "경청하셨기를"이라는 문구가《시누헤 이야기》에서는 사용되지 않았다는 점이다.

록된 적이 없다는 사실도 현실과 허구의 차이를 보여준다.

텍스트 사이의 동시대성이 두드러지는 또 다른 장르는 찬가다. 특히 《시누헤 이야기》에서 시누헤가 암무넨쉬 앞에서 즉흥적으로 암송하는 찬가를 중왕국 시대의 다른 찬가와 비교하면 형식과 내용의 유사성을 직관적으로 실감할 수 있다.

> 호루스 명: 신성한 발현,
>
> 두 여신 명: 신성한 탄생,
>
> 황금 호루스 명: 발현하신 황금 호루스,
>
> 즉위명: 카카우레,
>
> 탄생명: 센와세레트,
>
> 폐하께서 두 땅을 적법하게 취하시니,
>
> 찬양하옵니다, 카카우레, 신성한 탄생이신 우리의 호루스여,
>
> 땅을 보호하고 국경을 넓히시는 이,
>
> 그의 왕관으로 이방을 복속시키시는 이,
>
> 두 팔의 행함으로 두 땅을 보듬어 안으시는 이,
>
> 그의 행함으로 이방을 물리치시는 이,
>
> 전투봉을 휘두르지도 않으면서 활잡이들을 죽이시는 이,
>
> 시위를 당기지도 않으면서 활을 쏘시는 이,
>
> 그에 대한 공포가 동부의 기둥 족속을 그들의 땅에서 치신 이,
>
> 그에 대한 공포가 아홉 활을 죽이시는 이,
>
> 그의 권능을 모르는 자들을 수천씩 쓰러뜨릴 때 세크메트와 같이 화살을 쏘시는 이,

폐하의 혀는 누비아를 제압하시며 그의 명령은 활잡이들을 도주하게 만드시니,

그의 국경을 위해 싸우시는 독보적인 청년,

그에게 의탁하는 이들을 지치지 않게 하시는 이,

귀족들이 새벽까지 잠들게 하시고 신병들이 그의 심장을 수호자 삼아 자게 하시는 이.

*－《센와세레트 3세 찬가》, p. UC 32157, 1. 1~10*

센와세레트 1세 치세 말엽인 기원전 1911년에서 기원전 1830년경 사이에 창작된 《시누헤 이야기》에 수록된 왕의 찬가와 왕을 위한 신전 의례에서 낭송되었던 것으로 보이는 《센와세레트 3세 찬가》는 형식이나 사용된 어휘, 표현 등이 매우 유사하다. 이들 찬가의 전반부에는 전쟁의 수행에서 왕에게 집중된 독보적인 지위와 역할이 예외 없이 강조되며, 이어지는 후반부에서는 "두 팔의 행함으로 두 땅을 보듬어 안으시는 이", 다시 말해, 신민을 돌보는 자애로운 군주로서의 모습이 강조된다. 이처럼 찬가의 전반부와 후반부에 묘사되는 왕의 서로 다른 면모는 신전과 같은 건축물에 시각화된 군주의 두 측면과 대체로 조응한다. 요컨대, 홀로 적에 맞서며 전쟁 전체를 이끄는 초인적인 인물로 구현된 전사-왕의 모습은 모든 인간을 대표해 홀로 신과 마주하며 신전 의례를 집전하는 제사장-왕의 모습과 중첩된다.

한편, 찬가의 전반부와 후반부에 나타나는 왕의 서로 다른 면모가 조형예술에서도 그대로 규범화된다. 일례로 접경지대를 상

징하는 탑문 같은 신전 외벽에는 사로잡은 적의 머리채를 잡고 관자놀이를 곤봉으로 내리치는 '승리를 거둔 왕(Victorious King)'의 모티프나 전차를 타고 적진으로 용감하게 돌진하는 '전차전' 모티프가 형상화되었다. 반면, 세계의 중심이자 신국(神國, god-given)인 이집트 본토에 해당하는 신전 내부에는 인간세계에서 유일하게 신과 접촉할 자격을 갖춘 반인반신의 파라오가 신전에서 일상적으로 수행하던 의례와 정기적으로 치르던 축제를 주관하는 모습으로 묘사되었다. 이것은 파라오의 두 가지 신성한 의무였던 전쟁과 의례가 실은 같은 차원 또는 범주에 속하는 일종의 '거울상(mirror image)'의 관계에 있다는 것을 여실히 보여준다.

《시누헤 이야기》에 언급된 센와세레트 1세의 원정(R11~16행)이나 시누헤가 레체누에서 치른 소규모 전투(B97~109행)에 대한 묘사도 그에 상응하는 표현이나 기록을 전대의 자전적 기록이나 당대의 왕실 비문에서 찾아볼 수 있다. 특히 시누헤는 B101~106행에서 "내가 떠나간 모든 땅마다 일단 내가 공격을 감행하자 그곳의 목초지와 우물에서 쫓겨났다. 나는 그곳의 가축을 약탈했고 그곳의 주민을 데려왔으며 그들의 식량을 빼앗았다. 나의 강한 팔과 활과 진법과 뛰어난 계략으로 나는 그곳 사람들을 죽였다."고 자랑한다. 고대 이집트의 교전규칙에 따르면, 이제페트(izefet)를 체현한 마아트의 적인 반란군과 외국인에 대한 잔인한 공격은 언제나 정당한 것으로 받아들여졌다.

예를 들어, 고왕국 시대 제6왕조 파라오들의 총애를 받으며 고위직을 두루 거쳤던 관리 웨니(Weni)가 아비도스에 건립한 자신의 분묘에 남긴 《웨니의 자전적 기록(Autobiography of Weni)》에는 고왕국 시대의 왕들이 시리아-팔레스타인 지역을 대상으로 전개했던 정복전의 면모가 생생하게 묘사되어 있는데, 다소 과장된 표현을 고려하더라도 주변 민족에 대한 이집트인의 원정이 매우 무자비했으며 종종 거주민의 완전한 축출과 취락지 및 농경지의 완전한 파괴를 목표로 했다는 사실을 알 수 있다.

> 이 군대는 무사히 귀환했네,
>
> 모래 위의 사람들을 유린한 후에.
>
> 이 군대는 무사히 귀환했네,
>
> 사막의 유목민 땅을 납작하게 만든 후에.
>
> 이 군대는 무사히 귀환했네,
>
> 그 요새를 약탈한 후에.
>
> 이 군대는 무사히 귀환했네,
>
> 그 무화과와 포도를 벤 후에.
>
> 이 군대는 무사히 귀환했네,
>
> 그 모든 [가옥]에 불을 지른 후에.
>
> 이 군대는 무사히 귀환했네,
>
> 그 수만의 군대를 도륙한 후에.
>
> 이 군대는 무사히 귀환했네,
>
> 그 많은 [군대를] 포로로 [잡아 온 후에].
>
> – 《웨니의 자전적 기록》, *Urk.*, 103. 7~104. 3

이런 냉혹한 교전수칙은 중왕국 시대에도 변함없이 유지되었다. 앞서 찬가에서 이상적인 전사로 묘사되었던 센와세레트 3세가 누비아 지역을 대상으로 원정한 후 제2급류 근처의 군사 요충지 셈나(Semna)에 세우게 한 《셈나 경계비(Boundary Stela of Semna)》에서도 당시 전투의 목적이 축출과 절멸에 있었다는 것을 알 수 있다. 참고로, 고대 이집트 왕실은 누비아 접경 지역에 인구가 집중되어 이집트와 경쟁할 만한 영토국가가 수립되는 것을 몹시 경계했으며, 본토의 수확기가 끝나자마자 군대를 소집해 이 지역에 대한 토벌전을 벌였다.

> 그[후대의 왕]의 국경에서 물러서는 자는 진실로 겁쟁이이니,
> 누비아인은 듣기만 해도 쓰러지기 때문이도다,
> 그[누비아인]에게 응전하면 곧 물러서게 하는 것이다.
> 그에게 공세를 취하면 그의 등을 보이나 물러서면 그가 공세를 취하니,
> 결코 존중할 만한 가치가 없는 족속이며 사악하고 심장이 부서진 것들이다.
> 짐이 그것을 직접 보았으니 결코 과장이 아니다.
> 나[센와세레트 3세]는 그들의 여인을 약탈했으며 그들의 식솔을 데려왔노라.
> 그들의 우물로 갔으며 그들의 소를 죽이고,
> 그들의 보리를 베고 거기에 불을 질렀노라.
>
> ─《셈나 경계비》, 8~14행=*Lesestücke*, 84, 4~10

마지막으로, '이집트인을 위한 서사'라는 성격을 유감없이 드러내는 《시누헤 이야기》의 백미는 바로 '기도'(B156~173행)다. 기도는 실용적 성격이 전혀 없으므로 기도가 포함되었다는 사실은 이 서사에 포함된 이질적인 장르의 모든 텍스트가 반드시 실용적인 목적을 가져야 했던 것은 아님을 분명하게 보여준다. 오히려 고대의 독자에게는 실용적 성격을 가진 여러 장르의 텍스트가 작품의 사실성을 강화하는 역할을 한다. 요컨대, 《시누헤 이야기》의 창작자는 작품의 문학성을 높이기 위해 서기관에게 친숙한 실용적 텍스트를 적재적소에 배치했으며, 따라서 '이집트인을 위한 서사'라는 실용적인 성격은—비록 그것이 현대의 독자에게는 작품의 흐름을 끊는 이질적인 요소로 보일지라도—서사의 문학적 가치를 높이려는 과정에서 파생된 부가적인 것이라 할 수 있다.

기도에는 서기관 양성이나 공문서 작성 등의 실용적 목적이 없지만, 고대 이집트인의 내면 깊숙한 곳에 자리한 종교적 심성을 드물게 드러내 보여준다는 점에서 종교사적으로, 그리고 문헌학적으로 매우 의미심장한 주제다. 사실 시누헤가 만년에 이르러 자신의 생애를 반성하고 고찰한 다음 '이름 모를 자기만의' 신에게 드리는 기도는—이것이 허구적 서사 속에 삽입된 것이라 하더라도—문헌학적으로는 고대 이집트의 개인 신심(personal piety)과 관련된 가장 오래된 기록이기 때문에 신왕국 시대 이전에도 존재했던 것으로 보이는 개인 신심을 시사하는 대단히 중요한 단서가 된다.

개인 신심이란 하나의 종교 공동체에 속한 개인이 왕이나 신관단(神官團, priesthood) 또는 축제나 신탁과 같은 외연을 갖춘 '공적 종교(official religion)'의 매개 없이 다신교 체제 내에서 자신이 선택한 신을 스스로 내면화하고 이를 통해 신과 직접 소통하는 '비중재성(immediacy)'을 특징으로 하는 종교 활동과 그에 의해 유발·고양되는 사적인 종교적 심성을 의미한다. 기도의 전반부(B156~164행), 즉 시누헤가 "이 도주를 결정하신 신"에게 드리는 기도에서 그는 자신이 염두에 둔 신, 즉, 개인 신심의 중심이 되는 신이 이제 자신을 용서하고 "심장이 온종일 머무는 곳"으로 이끌어주기를 기도한다. 이처럼 자신이 처한 상황을 신의 징벌로 인식하고 그것을 해결해달라고 탄원한다는 점은 각종 문헌과 조형예술을 통해 신왕국 시대 이후 본격적으로 표출되기 시작한 개인적 기도나 탄원과 형식적으로 유사하지만, 자신이 인지하면서도 (또는 인지하지 못한 채) 지은 죄를 고백하고 참회하지는 않는다는 사실은 후대의 기도와 다른 점이다.

《시누헤 이야기》에서 그 실마리를 찾아볼 수 있는 초기 개인 신심의 종교적 심성은 석편에 신의 이름과 신격을 써서 해당 신의 축제 행렬이 이뤄지는 곳에 묻는다거나 공적·사적 서신의 서두에 발신자와 수신자에게 각별한 신(들)의 가호를 비는 전통 등을 통해서도 확인된다. 그러나 개인 신심과 관련된 고고학적·문헌학적 증거가 본격적으로 등장하는 것은 신왕국 시대부터다. 이와 관련해 이집트학계 내부에서는 두 가지 주장이 팽팽하게 대립하는 중이다. 한쪽은 이것이 신왕국 시대 들어 비로소 발전하기 시작한 시대적 산물이라고 주장하지만, 다른 한쪽은 문헌학적 주제나 시각·조형 이미지의 배타적 수용에 따른—다시 말해, 문헌을 작성하거나 조형예술을 제작할 때 준수했던 폐쇄적 원리인 데코룸(decorum)에 따른—제약으로 인해 제대로 기록되지 못한 것뿐이며, 고고학적 증거가 양적으로 늘어남에 따른 착시현상이라고 주장한다.

그러나 여러 정황증거를 고려할 때 개인 신심이 신왕국 시대에 이르러 숭배할 신을 개인적으로 선택하고 내면화하는 과정으로 고착된 것은 사실이다. 개인 신심 이전의 종교적 심성, 즉 시누헤의 시대에는 개인의 운명이 신의 행동에 좌우되었기 때문에 신이나 왕에 의해 하향적으로 부과되는 우주적·사회적 질서인 마아트에 충실한 삶을 산다면 부나 명성 같은 사회적 성공은 자동으로 이뤄낼 수 있었다. 그러나 개인 신심이 본격적으로 표출되기 시작한 이후부터는 '종과 주인'이나 '아들과 아버지'와 같은 명목적인 관계를 통해 개인이 다른 매개 없이 신과 일대일로 대면했으며, 신은 그의 행동에 대해 직접 책임을 물었다. 결과적으로, 개인이 선택한 신은 그의 삶에 개입해 잘못된 행위에 대해 개인적이고 구체적인 징벌을 내리는 존재가 되었으며, 질병, 특히 (일시적인) 실명처럼 신적인 구원이 꼭 필요한 생애 위기는 우연히 찾아온 비인격적인 불행이 아니라 참회 당사자의 실수·범죄·악행으로 초래된 신의 징벌로 해석되었다.

이렇게 신왕국 시대로 접어들면서 더욱 심화한 개인 신심의 면모를 실증하는 문헌 증거는 이른바 '참회 석비(penitentiary stela)'라고 불리는 장르에 속한 텍스트다. 참회 석비 중 상당수는 신왕국 시대에 조성된 룩소르시 서안의 데이르 엘-메디나에서 발견되었다. 가장 대표적인 참회 석비로는 〈영국박물관 석비 589번(Stela British Museum AE 589)〉을 들 수 있는데, 이 석비는 데이르 엘-메디나의 장인 네페르아부(Neferabu)가 만들어 멤피스의 주신 프타에게 봉헌한 것이다.

테베 서부 왕실 묘역 노무자 네페르아부가 작성한 프타, 그의 벽 남쪽에 거하시는 이의 권능에 대한 증언의 서두: 나는 마아트의 주 프타의 이름으로 거짓 맹세를 한 사람이다. 그분께서는 내가 낮에도 어둠을 보게 하셨다. 나는 그분을 모르는 이들, 그분을 아는 이들, 젊은이들과 노인들에게 그분의 권능을 증언하겠다. 마아트의 주 프타를 외경하라. 보라, 그분은 그 어떤 악행도 그냥 두시지 않는다. 프타의 이름을 거짓되게 말하지 말라. 보라, 그분을 거짓되게 말하는 이여, 보라, 그는 고꾸라질 것이다. 그분[프타]께서는 내가 그의 손안에 있을 때 나를 길거리의 개처럼 만드셨다. 그분은 내가 그의 주가 혐오하시는 일을 행한 사람과 같았을 때 사람들과 신들이 나를 지켜보게 하셨다. 마아트의 주 프타께서 나를 깨우쳐주려고 나에게 맞설 때 그는 정의로우셨다.

제게 자비를 베푸소서. 저를 보고 용서하소서! 위대한 신 앞의 진실한 목소리 테베 서부 왕실 묘역 노무자 네페르아부 올림.

— 《영국박물관 석비 598번》, 본문 1~10행

옮긴이 해제

네페르아부는 신왕국 시대 제19왕조 람세스 2세 치세 후반에 활동했던 장인으로, 데이르 엘-메디나에서 상당한 지위와 재산을 보유했다. 시누헤의 기도와 네페르아부의 참회 석비에 새겨진 내용을 비교·분석하면 개인 신심의 양상이 약 700년의 시차를 두고 어떻게 바뀌었는지 실감할 수 있다. 시누헤는 레체누에서 이룬 성공을 신이 자신을 용서한 징표라고 여기면서 자신이 죽기 전에 고국 땅을 밟을 수 있게 해달라고 기도한다. 그러나 그가 신에게 도대체 무슨 잘못을 저질렀는지에 대해서는 한마디도 고백하지 않는다. 그에 비해 네페르아부는 자신이 일시적으로 시력을 잃은 것이 자신의 위증 때문이라고 솔직하게 고백하고 프타를 "마아트의 주"로 찬양하는 동시에 통절한 어조로 용서를 구한다.

자신의 실수나 잘못을 구체적으로 밝히지 않는 시누헤의 태도는 도주의 이유에 대해 그가 일관되게 취하는 모호한 태도와 일맥상통한다. 요컨대, 신과 일대일로 대면한 네페르아부는 자신의 신심을 오체투지(五體投地)로 허심탄회하게 표현한다. 그러나 시누헤는 신 앞에서 어찌할 바를 모른다. 신과 개인적으로 소통하는 과정에서 시누헤가 보이는 서툰 모습은 그가 실제로 신을 대면했을 때─즉, 센와세레트 1세를 알현했을 때(B248~263행)─여과 없이 드러난다. 그리고 이런 태도는《시누헤 이야기》의 마지막 특성인 '이집트인의 서사'를 설명하는 데 있어 반드시 짚고 넘어가야 할 본질적인 문제다. 그러나 지금은 이 서사를 구성하는 다양한 장르의 텍스트가 공시적으로는 당대의 문헌들과 어떤 유사성을 보이는지, 그리고 통시적으로는 이전 또는 이후의 문헌들과 어떤 연속성과 차이점을 보이는지에만 집중하도록 하자.

결론적으로 말하면,《시누혜 이야기》에 포함된 것과 같은 장르에 속하는 텍스트 사이에서 발견되는 구성·주제·문체·표현의 공시적 유사성은 당대의 '시대정신'을 반영하는 동시에 '고전 문학의 개화기'라고 불리는 중왕국 시대의 맥락 속에서《시누혜 이야기》가 누리는 '가장 대표적인 서사문학 작품'으로서의 높은 위상을 방증한다. 반면에 내용과 형식의 통시적 유사성과 차이점은 문자 문명을 기반으로 구축된 문헌 전통의 유구한 일관성과 점진적인 연속성, 즉 '안정 속의 변화'를 명징하게 드러낸다. 그러므로 '이집트인을 위한 서사'로서의《시누혜 이야기》를 서기관 문화의 기념비적인 성취인 동시에 고대 이집트 문학사의 독보적인 이정표로 평가한다고 해도 큰 무리는 없을 것이다.

## 이집트인의 서사

《시누혜 이야기》가 고대 이집트 서사문학의 독보적인 걸작이 될 수 있었던 가장 중요한 이유는 이 작품이 '이집트인의 서사'였기 때문일 것이다. 그렇다면 '이집트인의 서사'란 도대체 무엇일까? 찬란했던 문명이 붕괴했다가 다시 복구되는 것을 경험한 중왕국 시대의 지식인이 집요하게 천착했던 주제는 다름 아닌 '이집트인의 정체성'이었다. 이 질문에 담긴 고민은 '일견 견고해 보이지만 사실은 대단히 취약한 것으로 판명된 문명을 유지하기 위해 구성원이 취해야 할 태도는 무엇인가'로 압축될 수 있다. 그런데 고대 이집트의 문학작품을 통틀어《시누헤 이야기》만큼 이 주제를 깊이 탐구하는 작품은―내가 알기로는―없다. 간단히 말해,《시누헤 이야기》는 '이집트인의 정체성'이란 무엇인가라는 질문에 가장 근사한 답을 제공해줄 수 있는 문학작품이었다.

《시누헤 이야기》는 주인공 시누헤의 도주를 통해 '이집트인의 정체성'을 드러낸다. 좀 더 정확하게 말하면, 도주라는 사건이 아니라 그가 도주할 수밖에 없었던 이유를 주인공과 독자가 각자 찾아가는 과정에서 정체성에 대한 해답이 도출된다고 해야 할 것이다. 더구나 시누헤의 도주는《시누헤 이야기》를 관통하는 핵심적 주제인데도 그가 도주한 이유는 이야기가 끝날 때까지 속 시원하게 드러나지 않는다. 그러나 시누헤가 자신이 도주하게 된 원인을 탐색하는 과정에서 불가피하게 직면할 수밖에 없는 질문, 요컨대 '왕과 신민은 어떤 관계인가', '신과 인간은 어떤 관계인가', '개인의 행위와 그에게 닥치는 운명은 어떤 관계인가'와 같은 질문은 결국 '이집트인의 정체성은 무엇인가'라는 궁극적인 질문에 대한 답에 다다르게 한다.

앞의 세 질문에 대한 답을 모색하기 전에 이 작품의 구조를 되짚어보자. 앞서 언급한 것처럼, 이 작품의 시작과 끝은 자전적 기록의 형식으로 구성되었다. 이 형식을 벗겨내면 이야기의 실질적인 출발점과 종착점이 드러난다. 나는 여기서 이들 출발점과 종착점에 걸친 서사의 핵심에 미국의 신화학자 조지프 캠벨(Joseph Campbell, 1904~1987년)이《천의 얼굴을 가진 영웅(The Hero with A Thousand Faces)》에서 제시한 '영웅이 수행하는 신화적 모험의 표준적 순환구조'를 대입해보고자 한다. 캠벨은 이 순환구조를 '원질신화(原質神話, monomyth)'의 핵심구조로 정의하면서, 신화적 모험의 순환구조는 입문자를 구원하려는 '통과의례(rite of passage)'에서 거치는 '분리-입문-회귀'의 확대판이라고 설명한다. 이 도식에 따르면 모험을 향한 '출발'은 '분리'에 해당하고, 주인공은—대개 우발적이고 비자발적으로—모험에 초대되며 조력자(들)에게서 뜻밖의 도움을 받아 모험의 첫 번째 관문을 통과한다.

일단 모험이 시작되면 모험의 영역은 주인공이나 독자에게 익숙한 일상적인 공간이 아니라 신적인 영역이나 이질적이면서 불가해한 공간으로 설정된다. 모험의 문턱(threshold)을 넘는 것은 통과의례의 '입문'에 해당하며, 이 단계에서 주인공은 도저히 극복할 수 없을 것 같은 모진 시련을 겪는다. 그리고 모험의 절정에서 그는 그를 가로막는 장애물을 제거하고 무시무시한 괴물이나 가공할 만한 적을 죽인다. 이 과정에서 자신 역시 죽었다가 다시 태어나는 변성(變性, transformation)을 경험하면서 이전과는 완전히 다른 존재로 탈바꿈한다. 주인공의 성격이나 자질이 근본적으로 바뀌는 변성은 모험이 의도하는 핵심적인 목적이다.

목적이 달성되면 주인공은 도주나 탈출 또는 구출을 통해 모험의 공간에서 벗어난다. 주인공은 모험의 문턱을 넘어 출발한 장소로 돌아오지만, '회귀' 이후의 그는 이제 예전의 그가 아니다. 그는 부활한 상태 또는 고양된 상태에서 사람들을 구원하거나 삶의 조건을 획기적으로 개선할 수 있는 지혜나 능력을 세상

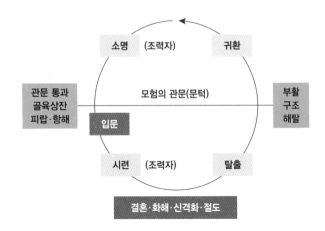

**영웅이 수행하는 신화적 모험의 표준적 순환구조**

에 제공함으로써 '영웅'이 된다. 따라서 캠벨이 도출한 모험의 순환구조는 평범했던—어쩌면 보통 사람보다 열등했던—주인공을 영웅으로 만드는 과정이라 할 수 있다. 아울러 신화적 모험의 영웅은 '괴물을 죽이는 자(monster slayer)'로 정의될 수 있는데, 괴물은 삶에서 맞닥뜨리는 온갖 부조리를 상징한다. 따라서 영웅이 괴물을 제거한 세상은 어제보다 진보한 세계, 어제보다는 오늘이 낫고 오늘보다는 내일이 더 나아질 세계다. 이처럼 시간의 방향성에 발전과 개선을 상정하는 세계는 '직선적 시간관' 또는 '진보적 역사관'의 지배를 받는다.

이제부터는 캠벨의 순환구조를 《시누헤 이야기》에 대입해보자. 이 서사에서 모험의 '출발'은 아멘엠하트 1세가 급작스럽게 서거했다는 소식을 들은 시누헤가 도주의 길에 오르는 것에 해당한다. 여기서 앞서 제기한 첫 번째 질문, '왕과 신민은 어떤 관계인가'에 대한 답을 모색해야 한다. 고대 이집트의 파라오는 '전제군주'였다. 헤로도토스 같은 그리스와 로마의 작가들이 크세르크세스 1세(Xerxes I, 기원전 486~기원전 465년) 같은 페르시아의 군주들에게 덧씌운 부정적인 이미지 때문에 '동방의 전제군주'라는 말은 '폭군(tyrant)'과 동의어처럼 사용된다.[2] 하지만 고대 이집트인에게 파라오는 모든 신민의 삶을 가능하게 하는 동시에 삶의 조건을 규정하는 신적인 존재였다. 이러한 왕의 절대적 위상은 《시누헤 이야기》와 비슷한 시기에 창작된 《충신의 교훈서(Loyalist Instruction)》라는 작품에 고스란히 반영되어 있다.

후손을 위해 지은 교훈서의 서두.

내가 중요한 이야기를 할 것이니 너희는 새겨들어라. 내가 너희에게 영겁회귀의 섭리와 올바르게 삶을 영위할 방법과 일생을 평화롭게 보낼 방법을 알려주겠다. 니마아트레—영생하소서—를 마음속 가장 깊은 곳에서부터 경배하고 폐하를 너희의 심장에 품어라. 그분은 모든 (피조물의) 심장에 깃든 창조주 인식이시니, 그분의 눈은 모든 신민을 살피신다. 그분은 그 빛으로 모든 이가 볼 수 있도록 해

---

2) 헤로도토스의 《역사》에 따르면(Ⅶ. 34~35), 크세르크세스 1세는 그리스 본토를 침공하기 위해 헬레스폰투스에 부교를 건설하게 하는데, 강풍으로 부교가 파괴되자 바다에 300대의 태형과 함께 낙인을 찍게 한 다음 부교의 건설 책임자들을 참수형에 처했다. 헤로도토스는 이 일화를 통해 크세르크세스를 자연마저 자기 뜻에 복종하게 하려던 폭군으로 묘사했는데, 이처럼 부정적인 서아시아 군주의 이미지는 오스만 제국(1299~1922년)을 주제로 한 '오리엔탈리즘(Orientalism)'을 거쳐 현대까지 이어진다.

주는 태양이시니, 그분께서 두 땅을 비추심은 태양 원반보다 더 밝도다. 그분께서는 큰 범람보다 더 풍요롭게 하시니 그분께서는 두 땅을 생명력으로 채우셨기 때문이다. 그분께서 분란에서 떨어져 계실 때 모든 코가 시원해지고 그분께서 만족하셔야 (비로소) 숨을 쉴 수 있도다. 그분께서는 그분을 따르는 이들에게만 주시고 그분의 길에 머무는 이들을 먹이신다. 왕은 카이시니 그분의 입은 풍요이며 그분께서 부양하시는 이들만 존재하리라. 그분은 모든 육신을 창조하는 크눔이시니 신민을 만들어내시는 창조주요, 그분은 두 땅을 수호하는 바스테트 여신이시니 그분을 숭배하는 이들을 그의 팔이 보호하시고, 그분은 그의 명령을 어기는 자들을 대적하는 세크메트 여신이시니 그분께서 혐오하는 자는 곤경에 처하리라. 그분의 존함을 위해 싸우라. 그분의 맹세를 존중하라. 방종한 일을 행하지 말라. 왕께서 사랑하시는 이는 훌륭해질 것이며 폐하께 반역하는 자들에게는 무덤이 없고 그의 시신은 물에 던져진다. 너희가 이것을 행하면 너희 몸은 온전할 것이며 너희는 이것이 영원불변의 법칙임을 알리라.

－《충신의 교훈서》, *Lange & Schaefer, IV*, pl. 40, 8~20


　이 교훈서에서 "니마아트레" 아멘엠하트 3세는 지상에 현현한 창조주로 묘사된다. 이집트인의 생존에 가장 중요했던 두 가지 요소, 즉 빛과 온기를 제공하는 태양과 농업용수 및 생활용수를 제공하는 나일강의 범람과 비교해도 파라오는 태양보다 밝게 세상을 비추며 나일강의 주기적인 범람보다 더 많은 풍요를 가져다주는 존재다. 따라서 신민이 된 자는 모두 왕에게 절대적으로 순종하고 충성함으로써 평화롭고 부유한 삶을 누릴 수 있으며, 그의 뜻을 어기거나 저항하는 자들을 기다리는 운명은 무덤도 없고 시신도 보존되지 못하는 존재의 완전한 파멸이다. 이름을 알 수 없는《충신의 교훈서》의 저자 같은 지배계층이 이처럼 파라오에게 절대적으로 충성하라고 강조했던 이유는 파라오가 권력의 정점에 있는 전제군주제 안에서만 자신들의 기득권을 보호하고 지속해서 수혜를 누릴 수 있었기 때문이다. 요컨대, 이들은 파라오와 정치적 운명을 함께했다.

따라서 왕에 대한 절대적인 의존과 복종은 특히 시누헤와 같은 궁인의 생존에 꼭 필요한 가치였다. 이들에게는 삶의 모든 조건이 왕과의 친소관계에 따라 결정되었다. 이런 의존적 관계는 시누헤가 자신을 "폐하께서 총애하시는 왕의 진실한 지인이자 종자"(R2행)로 소개하는 데서도 분명하게 드러난다. 이런 상황에서 아멘엠하트 1세가 갑자기 서거했다는 소식은 시누헤에게 이루 말할 수 없는 충격을 줬을 것이다. 일부 학자는 그 소식만으로도 시누헤는 심신미약 상태가 되어 아무런 계획 없이 진영을 벗어나 도주했을 것이라고 주장한다. 그러나 군신 간의 관계가 아무리 절대적이라고 해도 다소 지나친 설정이다. 이 소식이 센와세레트 1세와 함께 원정에 참여한 다른 궁인들에게도 알려졌지만, 이들이 시누헤와 동반 탈영하지 않았다는 점도 고려해야 한다. 따라서 시누헤가 도주하기 위해서는 왕에 대한 지나친 심리적 의존 상태 이상의 동기가 필요하다.

표면적으로 시누헤는 원정에 동행했던 왕실 자녀 중 한 명이 호명될 때 시중을 들고 있었고, "그가 말할 때 …… 조금 떨어져서 그의 목소리를 들었"으며(R22~29행=B1~2행), 이어 "소요가 일어날 것으로 생각했고, 폐하 이후로는 내가 살아남을 것이라고 예상하지 않았기 때문"에 도주했다(B6~7행). 그러나 그가 우연히 무엇을 들었는지는 끝내 밝혀지지 않는다. 일부 학자는 시누헤가 실패한 왕실의 음모에 연루되었기 때문에 도주했다고 본다. 하지만 그가 암무넨쉬와 대면한 자리와 왕실 포고문에 대한 회신에서 재차 자신의 결백을 강력하게 주장한다는 점(B40~41행, B226~228행), 새로 왕위에 오른 센와세레트 1세를 열광적으로 찬양한다는 점(B47~70행), 자신의 도주에 대해 신에게 먼저 용서를 구한다는 점(B156~164행), 센와세레트 1세가 왕실 포고문에서 그의 결백을 인정한 후(B183~184행) 그의 사면을 윤허한다는 점(B188~189행, 아무리 오랜 시간이 지났더라도 국사범에게 이런 관용을 베풀지는 않을 것이다.) 등을 고려할 때 그가 모반에 연루되었을 가능성은 희박하다.

시누헤가 암무넨쉬를 만났을 때 그는 카타누에서 이미 반년을 머물렀고, 센와세레트 1세가 별다른 분란 없이 무사히 즉위했다는 사실도 알고 있었다. 암무넨쉬가 이집트의 정세에 관해 묻자, 그는 주저하지 않고 "진실로, 그의 아드님이 왕궁으로 드시어 부왕의 유산을 상속받으셨소."라고 대답한다(B46~47행). 모반에는 연루되지 않았지만, 무단으로 탈영한 죄는 절대 가볍지 않았다. 그가 센와세레트 1세가 왕위에 오른 뒤에도 계속 레체누에 머물러야 했던 것도 바로 이런 이유 때문이다. 그리고 이런 비자발적인 망명 생활에 마침표를 찍게 해주는 것도 왕의 자애로운 배려였다. 이에 대해 시누헤는 '최종심급'으로서의 왕의 절대적인 권위를 재차 환기한다. "(오직) 폐하에 대한 사랑으로 태양 원반은 떠오르고 강의 물은 폐하께서 윤허하실 때 그들이 (비로소) 마시며 하늘의 공기는 폐하께서 말씀하실 때 그들이 (비로소) 들이쉽니다."(B233~234행)

《충신의 교훈서》에서처럼 여기서도 왕은 창조주와 같은 섭리의 주관자로 묘사된다. 태양이 뜨고 지는 것 같은 항구적인 법칙과 물을 마시고 공기를 들이쉬는 것처럼 살기 위해서 꼭 필요한 행동조차 모두 왕의 배려와 허락이 있어야만 실현될 수 있는 것으로 언급된다. 왕의 의지에 절대적으로 복종해야 한다는 이집트식 '정언명령'은 마침내 시누헤가 도주 이유와 관계없이 체념에 가까운 순응의 태도를 보이면서 자신의 생사를 전적으로 왕에게 일임하는 것으로 귀결된다. 우선 그는 회신에서 "폐하께서 주시는 공기로 누구든 사는 것이니, 폐하께서는 뜻하는 바대로 하소서."(B236행)라고 선언하며, 이후 왕을 알현한 상황에서도 "보시옵소서, 소인이 폐하의 눈앞에 있으니 생명은 폐하의 것입니다. 폐하께서는 뜻하는 바대로 하소서."(B263행)라고 대답한다.

시누헤는 절대적으로 복종해야 하는 왕의 의지에 따라 망명 생활에서 이집트로 돌아와 복권된다. 그렇다고 해서 행복한 결말이 그가 도주했던 이유를 분명하게 밝혀주지는 못한다. 앞서 언급한 것처럼, 그가 도주한 이유는 이야기가 끝날 때까지 명쾌하게 규명되지 않는다. 그렇다면 그의 도주는 자의에 의한 것이었을까? 아니면 신과 같은 알 수 없는 힘이 작용했기 때문일까? 우리는 이것을 '의지였나, 운명이었나'라는 질문으로 바꿀 수 있을 것이다. 도주가 시누헤의 의지에 의한 것이라면 문제는 간단하다. 그는 자신이 언급한 것처럼 왕실에서 벌어질지도 모르는 분란에서 살아남지 못할 것 같아 자발적으로 도주한 것이며, 따라서 이후에 벌어진 모든 사태의 책임은 오롯이 자신에게 있다. 그리고 망명 상태에서 사망하는 '최악의 사태'를 벗어날 수 있는 유일한 탈출구는 왕의 사면이다. 다행히도 왕은 자애로웠고 시누헤는 마침내 그것을 얻었다.

그런데 시누헤는 작품 전반에 걸쳐 자신의 의지로 도주한 것이 아니라고 일관되게 주장한다. 그렇다면 가능성은 다시 두 가지다. 하나는 심신미약 상태, 즉 도주는 일시적인 충격으로 사물을 변별할 능력이나 올바른 판단을 내릴 능력을 잃어버린 상태에서 발생한 것이다. 시누헤는 도주를 감행했을 당시 "심장이 갈피를 잡지 못하며 팔은 늘어지고 사지가 떨리"는 상태(R22~29행=B2~3행)였다고 말한다. 또한 암무넨쉬에게도 "제 마음은 갈피를 잡지 못했고 제 심장—제 몸속에 있는 것이 그것이 아니었기에 저를 도주의 길로 내몰았습니다."라고 대답한다(B38~39행). 심지어 사면을 약속하는 왕실 포고문에 대한 회신에서도 "소인이 저지른 도주는 의도된 것이 아니니, 그것은 제 마음에 없었으며 제가 궁리한 것이 아닙니다. 제가 어떻게 이곳으로 떨어져 나왔는지 모르니, 마치 꿈이 인도한 것 같으며"라고 말함으로써

(B223~225행) 의지의 개입 가능성을 부정한다.

흥미로운 점은 시누헤가 심신미약 같은 얼떨떨한 상태에서 도주가 이뤄진 동시에 신의 개입, 즉 신이 부과한 운명에 의한 것으로 믿고 있다는 점이다. 왕이 왕실 포고문에서 "결국 그대의 심장의 조언에 따른 것임을 그대가 알게 하려 함이다."라고 분명히 단언했지만(B181~183행), 시누헤는 왕과 대면한 자리에서 "다만 온몸에 소름이 돋으니 두 발은 허둥대고 제 심장이 저를 조종하는 가운데 이 도주를 운명으로 부여하신 신께서 저를 끌고 가실 뿐이었습니다."라고 대답함으로써(B228~230행) 도주가 자신의 의지에 따른 행위라는 지적을 끝내 회피한다. 도주가 운명으로 주어진 것이라는 시누헤의 신념은 기도의 전반부에서 기도의 대상이 되는 신을 "이 도주를 결정하신 신"이라고 일컫는 대목(B156~157행)에서 분명하게 드러난다. 아울러 그는 왕에게 "소인의 몸속에 운명 같은 도주를 일으킨 것과 같은 두려움이 (여전히) 있기 때문입니다."라고 대답함으로써(B262행) 이런 이해할 수 없는 운명의 장난을 여전히 두려워하고 있다고 고백한다.

만약 도주가 전적으로 신이 부과한 운명에 따른 것이라면 그는 '고난받는 의인(righteous sufferer)'이 된다. 이 모티프는 고대 메소포타미아의 《고난받는 의인의 시(Poem of the Righteous Sufferer)》—또는 《루드룰 벨 네메키(Ludlul Bel Nemeqi)》—를 비롯해 이집트의 《한 사람과 그의 바와의 대화(The Debate between a Man and his Ba)》, 《구약성서》의 〈욥기〉 등에서 두루 찾아볼 수 있다. 그러나 '고난받는 의인'은 시누헤처럼 순응적이지 않다. 고

옮긴이 해제

대 이집트의 경우, 신왕국 시대 제19왕조의 람세스 2세는 카데쉬 전투에서 히타이트 군대에 기습당해 적진에 고립된 순간 자신의 수호신인 아문에게 '아버지에 대해 아무런 잘못도 저지르지 않은 아들'이 왜 이런 위기에 직면해야 하는지를 따져 물으며 격렬하게 항의한다.

그 어떤 장교도 제 곁에 없었습니다, 그 어떤 전차병도 (제 곁에 없었습니다.)

군대의 그 어떤 군인도 없었습니다, 그 어떤 방패병도 없었습니다.

제 보병대와 제 전차부대는 그들 앞에 굴복(?)했으며,

그들 중 그 누구도 그들과 싸우려고 할 만큼 굳건하지 못했습니다.

그러자 폐하[람세스 2세]께서 말씀하셨다.

"(이것이) 대체 무엇입니까, 아버지 아문이시여? 아버지가 아들을 모르는 체하는 것입니까?

제가 행했던 것들이 당신께서 무시하셔야 할 일입니까?

당신의 말에 따라 제가 가고 서지 않았습니까? 당신께서 명하신 것을 제가 위배했습니까?

검은 땅의 주는 이방인이 그의 길을 밟게 하기에는 너무나 중요하지 않습니까?

저 아시아인이 당신의 심장에 무엇이옵니까, 아문이시여, 신을 모르는 비참한 자들이?

제가 당신을 위해 그렇게 많은 기념물을 세우고,

제 전리품으로 당신의 신전을 채우지 않았습니까?

제가 당신을 위해 백만 년의 저택[장제전]을 건립하고 제 모든 것을 바치지 않았습니까?

......

저는 당신을 불렀습니다, 아버지 아문이시여. 저는 제가 모르는 이들 사이에 있습니다.

온 이방이 저를 대적하니 저는 그 누구도 곁에 없이 홀로 있습니다."

－《카데쉬 전투시가》, *KRI II*, 32, §§88~100+§§110~112


'신들의 왕'이라고 불린 아문에 대한 람세스 2세의 이처럼 당당한 항의는 《구약성서》〈욥기〉에 등장하는 욥의 항변을 상기시킨다.


나를 치시는 그 손을 거두어 주시고, 제발, 내가 이렇게 두려워 떨지 않게 해주십시오. 하나님, 하나님께서 먼저 말씀하시면, 내가 대답하겠습니다. 그렇지 않으시면 내가 먼저 말씀드리게 해주시고, 주님께서 내게 대답해 주십시오. 내가 지은 죄가 무엇입니까? 내가 무슨 잘못을 저질렀습니까? 내가 어떤 범죄에 연루되어 있습니까? 어찌하여 주님께서 나를 피하십니까? 어찌하여 주님께서 나를 원수로 여기십니까? 주님께서는 줄곧 나를 위협하시렵니까? 나는 바람에 날리는 나뭇잎 같을 뿐입니다. 주님께서는 지금 마른 지푸라기 같은 나를 공격하고 계십니다.

－《구약성서》〈욥기〉, 13장 21~25절

옮긴이 해제

운명의 장난과 '고난받는 의인' 모티프는 앞서 제기한 두 번째 질문, '신과 인간은 어떤 관계인가'와 필연적으로 연결된다. 그러나 "그의 주인을 따르는 종자"(R2~3행)로 하여금 자기 주인을 버리게 만들고, 어엿한 "왕실 사저의 궁인"(R3행)을 "활잡이들이 만들어낸 아시아인"(B265행)으로 만들어버린 신의 변덕스러운 장난 앞에서 시누헤의 태도는 한없이 무력하기만 하다. 그는 이런 운명을 결정한 신에게 "만족하시고" "기도를 들으시고" "자비를 베푸"시어 "끝이 좋을 수 있도록 부디 행하"시기를 기원할 뿐이다(B156~164행). 시누헤의 이런 태도는 무엇을 의미하는가? 그는 왜 람세스 2세나 욥처럼 신에게 당당하게 항변하지 못하는가? 람세스 2세처럼 인간계를 대표해 신을 직접 대면할 수 있는 신-왕이 아니어서 그런 것일까? 아니면 욥처럼 신 앞에서 한 점 부끄러움이 없는 의인이 아니어서 그런 것일까? 고대의 독자는 시누헤의 미적거리는 태도를 어떻게 해석했을까?

《한 사람과 그의 바와의 대화》의 주인공은 《고난받는 의인의 시》의 화자가 처한 부조리한 상황을 죽음, 다시 말해 이상적인 본향(本鄕)으로의 귀환을 통해 해결하려고 한다. 그러나 시누헤가 신에게 기도할 때 그는 이집트 밖에 있었다. 자신이 나고 자란 땅에서 '바'와 한가롭게 자신의 얄궂은 운명을 주제로 대화를 나눌 만한 상황이 아니었다. 그에게 무엇보다 시급한 것은 이집트로 귀환해 적절한 절차에 따라 매장됨으로써 영생을 보장받는 것이었다. 그러나 그의 처지가 절박했다는 점을 고려하더라도 의문은 여전히 남는다. 시누헤는 서사가 진행되는 과정에서 때로는 상황에 반응하고 때로는 사태에 적극적으로 개입함으로써 자기 능력과 기질을 드러낸다. 그러나 동시에 그는 자신만이 알고 있는 무언가, 즉 자신에 대한 정보나 도주처럼 삶의 전환을 유발한 사건에 대한 정보, 그런 사건에 대한 내면의 감정을—다분히 의도적으로—숨기고 있는 것처럼 보인다.

이런 개인적인 '비밀'은 도주의 근본적인 이유와 마찬가지로 서사가 끝날 때까지 드러나지 않는다. 암무넨쉬와 처음 대면했을 때와 마찬가지로 그는 왕에게도, 고대와 현대의 독자에게도 "모호하게"(B37행) 대한다. 이런 모호함은 신과 왕에 대한 그의 미적거리는 태도를 이해하는 데 핵심적인 역할을 한다. 어떻게 보면 《시누헤 이야기》를 창작한 이름 모를 서기관의 진정한 문학적 재능은 결코 풀릴 수 없는 시누헤의 '비밀'을 만들어내고 유지하는 데 있는지도 모른다. 그리하여 고대의 독자는 그 답을 스스로 찾아내려고 궁리하는 과정에서 '왕과 신민은 어떤 관계인가', '신과 인간은 어떤 관계인가' 등과 같은 본질적인 질문을 던졌을 것이다. 요컨대, 《시누헤 이야기》는 해답 없는 질문을 제기하는 서사문학 작품으로서 중왕국 시대와 후대의 지식인이 향유하고 공유했던 일종의 '지적 유희(intellectual entertainment)'였을지도 모른다. 그리고 이 지적 유희는 궁극적으로 '정체성 문제'로 수렴되었을 것이다.

《시누헤 이야기》에서 모색·제시되는 '정체성 문제'는 '진정한 나는 누구/무엇인가'가 아니라 '진정한 이집트인은 누구/무엇인가'이다. 다시 말해, '이집트인'의 정체성은 이미 주어진 상수(常數)다.

그러므로 '지적 유희'의 과정에서 모색·논의의 대상은 **진정한** 이 집트인'의 정체성이다. 《시누혜 이야기》에서 이것은 '이집트인' 과 '비-이집트인', 즉 '타자'와의 극명한 대조를 통해 드러나는데, 이런 대조를 위해 동원되는 것이 바로 절대적인 '부재' 또는 '결 핍'의 상태다. 그리고 이런 상태를 주인공이 경험하는 과정은 통 과의례의 성격을 띤다. 그러므로 이 시점에서 캠벨의 '신화적 모 험의 표준적 순환구조'를 다시 한번 소환할 필요가 있다.

아멘엠하트 1세의 급작스러운 서거로 촉발된 시누혜의 도주와 방랑은 레체누에 정착하는 결과로 이어진다. '순환구조'에서 레 체누 정착은 입문에 해당한다. 정착 직전의 단계에서 시누혜는 입문자들이 다음 단계에서 경험할 변성과 부활을 예비하는 '작 은 죽음'을 겪는데, 이런 경험은 "이것이 죽음의 맛이구나."라는 선언(B23행)을 통해 표현된다. 국경을 넘은 순간부터 시누혜는 이질적인 삶의 공간에 직면한다. 그곳은 고국인 이집트와 언어 도 관습도 가치관도 완전히 다른 곳이다. 그리고 오랜 정착 생활 과 그 과정에서 물질적인 성공을 이뤘는데도 시누혜가 삶 속에 서 경험하는 이질성은 끝내 사라지지 않는다. 결국 레체누의 실 력자가 시누혜에게 도전함으로써 '순환구조' 속의 모험은 절정에 달하는데, 이때 시누혜는 자신을 "다른 무리 사이에 있는 야생 황 소"로 묘사한다(B117~119행).

서사의 분수령을 이루는 '결투'라는 위기는 무사히 넘겼지만, '정체성 문제'는 해결되기는커녕 더 심해진다. 이후 시누혜가 느 낀 '부재' 또는 '결핍'의 상태는 기도에서 절실하게 드러난다. 망명 생활에서 그가 잃어버린 것은 '젊음'(B167~168행, "노환이 찾아오고 피로가 덮쳤기 때문"), '관습'(B160행, "좋은 일이 생기게 하시고"=적합한 장례 절차), '영생'(B172~173행, "영접회귀의 축복을 내리실 것입니다.")이다. 이런 '결핍' 상태를 극복하고 '정체성 문제'를 해결할 유일한 방법은 이집트로의 귀환이다. 따라서 《시누헤 이야기》에서 주인공의 귀환은 구조와 탈출의 성격을 띤다. 이런 관점은 시누헤가 본인이 처한 부적절한 상황을 일거에 해결해줄 왕실 포고문을 자신을 "죽음에서 구한 결정"이라고 부르는 데서(B203행) 분명하게 드러난다.

아울러 그는 회신에서 "태양 원반"과 "강의 물"과 "하늘의 공기"를 왕의 권능으로 언급하는데(B233~234행), 이들은 또 다른 근원적인 '결핍' 상태, 즉 이방 땅에서는 온전히 누릴 수 없는, 왕이 제공하는 은혜의 부재를 대변한다. 그러므로 레체누에서의 망명 생활은 적어도 '정체성 문제'에서는 살아있지만 삶의 필수적 조건이 부재함으로써 죽어있는 상태, 다시 말해 일종의 '가사 상태'로 정의될 수 있다. 이집트로 귀환한 후 시누헤는 "내 몸에서 세월의 흔적이 지워졌"다고 선언하는데(B290행), 이것은 그가 일시적으로 잃어버렸던 젊음과 활기, 영생의 기회를 되찾았다는 선언이나 마찬가지다. 결론적으로, 《시누헤 이야기》에서 입문 과정의 '작은 죽음'은 심연에서의 진정한 모험으로 이어지지 못하고 가치 있는 삶을 누리는 데 꼭 필요한 요소들이 결핍된 답답한 '가사 상태'를 초래한다. 이런 '가사 상태'는 그를 캠벨이 '순환구조'를 통해 정의한 '영웅'인지 아닌지 판별하는 준거가 된다.

그리하여 우리에게는 '시누혜는 영웅인가'라는 질문이 남았다. 사실 이것은 **'진정한** 이집트인'이라는 정체성을 파악할 때 반드시 제기해야 할 질문이기도 하다. '분리-입문-회귀'로 구성된 '모험의 순환구조' 또는 '통과의례'를 모두 거친 시누혜는 언뜻 영웅처럼 보일 수 있다. 그러나 그는 영웅이 아니다. 왜냐하면 모험에서 가장 중요한 변성의 과정을 거치지 않았기 때문이다. 외국에서의 오랜 체류라는 모험 또는 시련을 거친 시누혜에게 내적 변화가 없었던 것은 아니다. 그러나 그런 변화가 육체·정신의 본질적인 변성으로 이어지지는 못한다. 영웅은 모험에서 시련을 거쳐 한 단계 더 고양된 존재가 된다. 그러나 $A^1$-$B$-$A^2$의 변증법적 서사구조인데도 시누혜는 모험을 시작하기 전에도 이집트인이었으며 모험을 끝낸 후에도 여전히 이집트인이다. 모험은 시누혜를 새로운 존재로 바꾸고 그의 내면을 고양하는 대신, 그의 정체성을 강화할 뿐이다.

　결론적으로, 시누혜는 **'진정한** 이집트인'에서 "활잡이들이 만들어낸 아시아인"(B265행)으로의 '퇴행' 또는 '가사 상태'를 경험한 후 **'진정한** 이집트인'으로 복원되었을 뿐이다. 변증법적 정반합을 통해 육체와 의식이 고양되는 체계가 《시누혜 이야기》에서는 작동하지 않는다. 작품에 언급되는 그의 아내나 자식들이 서사의 중심으로 들어오지 못하는 이유도 이런 맥락에서 설명될 수 있다. 이들은 태생적으로—또는 적어도 이야기가 끝나는 시점까지는—**'진정한** 이집트인'이 될 수 없다. 따라서 서사는 시누혜의 피붙이들이 아니라 아멘엠하트 1세와 센와세레트 1세 같은 왕과 대왕비와 왕실 자녀들을 중심으로 전개된다. 여기서 반드시 짚고 넘어가야 할 것이 바로 왕의 역할이다. 이야기 전반에 걸쳐 시누헤는 서사를 이끄는 동인(動因)으로서의 능동적인 행위자가 아니다. 시누헤는 그가 주도적으로 행한 것처럼 보이는 도주조차 심신미약이나 운명 같은 모호한 원인 탓으로 돌린다. 그리고 그가 처한 막막한 상황을 쾌도난마로 해결해주는 인물은 바로 왕이다. 달리 말하면, '가사 상태'에 빠진 그의 운명을 흔들어 깨운 것은 바로 센와세레트 1세다. 따라서 시누헤는 다른 영웅들과 달리―마치 《신약성서》 〈누가복음〉 15장 11~32절에 언급되는 '탕자(Prodigal Son)'처럼―영웅적인 '구원'의 시혜자가 아닌 이상적인 '통치'의 수혜자에 머문다.

이런 결말은 완결된 영겁회귀의 순환적 시간관을 가진 이집트 문명에서는 어떻게 보면 당연하다. 영원히 순환해 제자리로 돌아오는 시간관을 가진 이집트 같은 세계에서 '구원'은 영웅에 의해 그때그때 극적으로 실현되는 것이 아니라 파라오의 지속적인 통치를 통해 매 순간 실현되는 것이다. 따라서 이집트에서는 '메시아' 같은 구세주가 재림하기를 기다리는 종교적 심성이 들어설 여지가 없다. 고대 이집트에서 '영웅-왕'의 임무는 세상을 개조하는 것이 아니라 완결되어 영원히 변하지 않는 순환의 법칙이 제대로 작동해 질서가 유지되도록 통치하는 것이기 때문이다. 이웃한 메소포타미아의 탁월한 문학적 성취 중 하나인 《길가메쉬 서사시》와 같은 영웅서사나[3] 지중해 너머 그리스 신화의 절반 이상을 차지하는 수많은 영웅에 관한 이야기가 이집트에는 변변하게 존재하지 않았던 것도 바로 이런 이유 때문이다. 따라서 영웅을 요구하지 않는 문명의 구성원이었던 시누헤는 불가피한 모험과 함께 찾아온 변용의 기회를 거부한 '비영웅(non-hero)'이다.

그리하여 서사는 B309~310행의 "(마침내) 정박하는 날이 올 때까지 나는 폐하의 총애 속에서 살리라."는 말로 대단원의 막을 내린다. 행위의 동기는 설명되지 않는다. (아니, 설명될 필요조차 없다.) 현대의 독자가 통상 기대하는 파국이나 반전도 없다.[4] 시누헤는 충직한 신민이라는 본분을 다하는 **'진정한** 이집트인'으로 살다가 삶을 마칠 것이다. 그리고 내세에서는 명계의 왕인 오시리스의 충직한 신민으로서 **'진정한** 이집트인'이라는 정체성을 영원히 유지하는 축복받은 영생을 누릴 것이다. 그리고 명실공히 '이집트인의 서사'라고 할 이 작품을 일독한 고대의 서기관들은 **'진정한** 이집트인'이라는 정체성이 다시 한번 강화되는 지적인

---

3) 《길가메쉬 서사시》의 주인공 길가메쉬는 인류를 홍수에 의한 절멸에서 구한 공로로 영생을 허락받은 현인 우트나피쉬팀(Utnapishtim)을 찾아가는 여정과 '재기의 풀'을 구하는 모험을 통해—비록 모험의 궁극적인 목표는 성취하지 못했지만—'심연을 본 자', 다시 말해 '지혜의 정수를 본 자'로 거듭난다. 따라서 자신의 도시 우루크(Uruk)로 귀환했을 때의 길가메쉬는 '고양된 영웅'의 면모를 가감 없이 보여준다.

4) 제20왕조 때 작성된 것으로 추정되는 《아멘엠오페의 교훈서(Instruction of Amenemope)》의 금언(p. BM 10474, 11.6~7), "도주한 정황이 드러나지 않았다면 그 사람에 대해 '잘못이다'라고 단언하지 말라."를 고려하면, 고대의 독자들이 도주의 의도가 이성적으로 명백하게 규명되지 않는 상황을 그대로 수긍했을 가능성도 무시할 수 없다.

기쁨과 뿌듯한 자부심을 만끽했을 것이다.

이제 남은 것은 우리, 현대의 독자다. '인류 최초의 이야기'인 《시누헤 이야기》가 '이집트인의 서사'인 동시에 '우리의 서사'가 될 수 있을까? 인공지능을 기반으로 한 새로운 문명의 여명기에 어떻게 읽히고 수용될지 궁금하고 또 궁금할 따름이다.

옮긴이 해제

# 참고문헌

## 1. 국내 논문과 단행본

- 강주현, 《시누헤 이야기》(파피루스 속의 이야기 보따리 5), 정인출판사, 2021.

- 미카 월터리, 《시누헤》(전 2권), 이순희 옮김, 동녘, 2007.

- 유성환, 〈외국인에 대한 이집트인들의 두 시선: 고왕국 시대에서 신왕국 시대까지 창작된 이집트 문학작품 속의 외국과 외국인에 대한 묘사를 중심으로〉, 《서양고대사연구》 제34집, 한국서양고대역사문화학회, 2013, 33~77쪽.

- ———, 〈고대 이집트 신왕국 참회석비의 실명 모티프를 통해 모색하는 고대 이집트의 개인신심 가능성〉, 《종교와 문화》 제42호, 서울대학교 종교문제연구소, 2022, 233~295쪽.

- ———, 〈국왕 시해의 양상과 역사적 의의: 고대 이집트의 문헌 증거를 중심으로〉, 《서양고대사연구》 제63집, 한국서양고대역사문화학회, 2022, 7~36쪽.

- 유윤종, 〈동 지중해 문학에 나타난 "귀향" 모티프의 역사적 의미〉, 《서양고대사연구》 제18집, 한국서양고대역사문화학회, 2006, 31~53쪽.

- ———, 〈이집트 12왕조 시대 문학작품의 정치적 성격〉, 《서양고대사연구》 제28집, 한국서양고대역사문화학회, 2011, 11~50쪽.

- 존 A. 윌슨 원역, 〈이집트의 신화와 설화들〉, 제임스 B. 프리처드 엮음, 《고대 근동 문학 선집》(고대 근동 시리즈 13), 김구원 책임 감수, 강승일·김구원·김성천·김재환·윤성덕·주원준 옮김, 기독교문서선교회, 2016, 58~65쪽.

- 크리스티앙 자크, 《나일 강 위로 흐르는 빛의 도시》(이집톨로지 Ⅳ), 우종길 옮김, 영림카디널, 1999, 99~111쪽.

- ———,《파라오 제국의 파노라마》, 임헌 옮김, 시아출판, 2001, 153~160쪽.

- 헤로도토스,《역사》(원전으로 읽는 순수고전세계), 천병희 옮김, 도서출판 숲, 2009, 159~270쪽.

## 2. 해외 논문과 단행본

- Allen, James P., "The Egyptian Concept of the World," David O'Connor and Stephen Quirke eds., *Mysterious Lands*, London: University College London Press, 2003, pp. 23~30.

- ———, *Middle Egyptian: An Introduction to the Language and Culture of Hieroglyphs*, Third Edition, Revised and Reorganized, with a New Analysis of the Verbal System, Cambridge: Cambridge University Press, 2014.

- ———, *Middle Egyptian Literature: Eight Literary Works of the Middle Kingdom*, Cambridge: Cambridge University Press, 2015, pp. 55~154.

- Assmann, Jan, "Die Rubren in der Überlieferung der Sinuhe-Erzählung," Manfred Görg Hrsg., *Fontes atque Pontes: Eine Festgabe für Hellmut Brunner*, Ägypten und Altes Testament 5, Wiesbaden: Harrassowitz, 1983, pp. 18~41.

- ———, *The Mind of Egypt: History and Meaning in the Time of the Pharaohs*, Andrew Jenkins trans,, Cambridge: Harvard University Press, 1996.

- Baines, John, "Interpreting Sinuhe," *The Journal of Egyptian Archaeology* Vol. 68, 1982, pp. 31~44.

- Barnes, John and Wintour Baldwin, *The Ashmolean Ostracon of Sinuhe*, London: Oxford University Press, 1952, pp. 1~33.

- Barta, Winfried, "Der 'Vorwurf an Gott' in der Lebensgeschichte des Sinuhe," Bettina Schmitz und Arne Eggebrecht Hrsg., *Festschrift Jürgen von Beckerath: zum 70 Geburtstag am 19. Februar 1990*, Gerstenberg: Hildescheimer Ägyptologische Beiträge, 1990, pp. 21~27.

- Bestock, Laurel, *Violence and Power in Ancient Egypt: Image and Ideology before the New Kingdom* (Routledge Studies in Egyptology), London–New York: Routledge, 2018.

- Blackman, Aylward M., *Middle-Egyptian Stories*, Bibliotheca Aegyptiaca Ⅱ, Brussels: Fondation Égyptologique Reine Élisabeth, 1932, pp. 1~41.

- Blumenthal, Elke, "Die Erzählung des Sinuhe," Elke Blumenthal et al. Hrsg., *Mythen und Epen III*, Texte aus der Umwelt des Alten Testaments, Band III.5: Weisheitstexte, Mythen und Epen, Gütersloh: Gütersloher Verlagshaus, 1995, pp. 884~911.

- ————, "Sinuhes persönliche Frömmigkeit," Irene Shirun–Grumach Hrgs., *Jerusalem Studies in Egyptology*, Ägypten und Altes Testament 40, Wiesbaden: Harrassowitz, 1998, pp. 213~231.

- Bresciani, Edda, "Foreigners," Donadoni Sergio ed., *The Egyptians*, Chicago: University of Chicago Press, 1990, pp. 221~253.

- Brunner, Hellmut, *Grundzüge einer Geschichte der altägyptischen Literatur*, Darmstadt: Wissenschaftliche Buchgesellschaft, 1966, pp. 65~72.

- Callender, Gae, "The Middle Kingdom Renaissance (c. 2055~1650 BC)," Ian Shaw ed., *The Oxford History of Ancient Egypt*, Oxford: Oxford University Press, 2000, pp. 148~183.

- Derchain, Philippe, "La Réception de Sinouhé à la Cour de Sésostris Ier," *Revue d'Égyptologie* Tome 22, 1970, pp. 79~83.

- Foster, John L., "Cleaning up Sinuhe," *The Journal of the Society for the Study of Egyptian Antiquities* Vol. 12, No. 2, 1982, pp. 81~85.

- ————, *Echoes of Egyptian Voices: An Anthology of Ancient Egyptian Poetry*, Oklahoma Series in Classical Culture, Norman: University of Oklahoma Press, 1992.

- ————, *Thought Couplets in the Story of Sinuhe*, Münchner Ägyptologische Studien 3, Frankfurt am Main: Verlag Peter Lang, 1993.

* Frankfort, Henri, *Kingship and the Gods: A Study of Ancient Near Eastern Religion as the Integration of Society and Nature*, Chicago-London: The University of Chicago Press, 1978.

* ———, *Ancient Egyptian Religion: An Interpretation*, Mineola: Dover Publications, 2000.

* Galán, José M., *Four Journeys in Ancient Egyptian Literature*, Seminar für Ägyptologie und Koptologie, Lingua Aegyptia—Studia Monographica V, Göttingen: Frank Kammerzell & Gerald Moers, 2005, pp. 49~94.

* Gardiner, Alan H., *Literarische Texte des Mittleren Reiches, Band II: Die Erzählung des Sinuhe und die Hirtengeschichte*, Hieratische Papyri aus den königlichen Museen zu Berlin 05, Leipzig: J. C. Hinrichs'sche Buchhandlung, 1909.

* ———, *Notes on the Story of Sinuhe*, Paris: Librairie Honoré Champion, 1916, pp. 120~151.

* Goedicke, Hans, "Sinuhe's Reply to the King's Letter," *The Journal of Egyptian Archaeology* Vol. 51, 1965, pp. 29~47.

* ———, "Sinuhe's Duel," *Journal of the American Research Center in Egypt* Vol. 21, 1984, pp. 197~201.

* ———, "The Riddle of Sinuhe's Flight," *Revue d'Égyptologie* Tome 35, 1984, pp. 95~103.

* ———, "Sinuhe's Foreign Wife," *Bulletin de la Société d'Égyptologie Genève* Tome 9~10, 1984~85, pp. 103~107.

* ———, "The Encomium of Sesostris I," *Studien zur Altägyptischen Kultur* Bd. 12, 1985, pp. 5~28.

* ———, "Three Passages in the Story of Sinuhe: I. The King's Passing R5~8; II. What Was Sinuhe's Lie?; III. Sinuhe's Good Life in Retjenu," *Journal of the American Research Center in Egypt* Vol. 23, 1986, pp. 167~174.

* ———, "Sinuhe's Self-Realization (Sinuhe B29~31)," *Zeitschrift für ägyptische*

*Sprache und Altertumskunde* Bd. 117, 1990, pp. 129~139.

* ————, "Where Did Sinuhe Stay in Asia (Sinuhe B29~31)," *Chronique d'Égypte* Tome 67, 1992, pp. 28~40.

* ————, "The Song of the Princesses (Sinuhe B269~279)," *Bulletin de la Société d'Égyptologie Genève* Tome 22, 1998, pp. 29~36.

* Grajetzki, Wolfram, *Court Officials of the Egyptian Middle Kingdom*, Duckworth Egyptology, London: Gerald Duckworth & Co., 2009.

* Grapow, Hermann, *Untersuchungen zur ägyptischen Stilistik I: Der stilistische Bau der Geschichte des Sinuhe*, Berlin: Akademie Verlag, 1952.

* Hermann, Alfred, "Sinuhe: ein ägyptischer Schelmenroman? (Zu Hermann Grapow's Untersuchungen zur ägyptischen Stilistik)," *Orientalistische Literaturzeitung* Vol. 48, No. 1, 1953, pp. 101~109.

* Johnson, Janet H., *Thus Wrote 'Onchsheshonqy: An Introductory Grammar of Demotic*, Studies in Ancient Oriental Civilization 45, Chicago: The Oriental Institute, 2000.

* Koch, Roland, *Die Erzählung des Sinuhe*, Bibliotheca Aegyptiaca XVII, Brussels: Fondation Egyptologique Reine Elisabeth, 1990.

* Koyama, Masato, "Essai de Réconstitution de la Composition de l'Histoire de Sinouhé," *Orient* Tome 18, 1982, pp. 41~64.

* Leahy, Anthony, "Ethnic Diversity in Ancient Egypt," Jack M. Sasson ed., *Civilizations of the Ancient Near East*, Volumes 1 & 2, Peabody: Hendrickson Publisher, 2006, pp. 225~234.

* Lichtheim, Miriam, *Ancient Egyptian Literature: A Book of Readings* Volume I: The Old and Middle Kingdoms, Berkley-Los Angeles: University of California Press, 1973, pp. 222~235.

* Loprieno, Antonio, *Topos und Mimesis: Zum Ausländer in der ägyptischen Literatur*, Ägyptologische Abhandlungen 48, Wiesbaden: Harrassowitz, 1988.

- ————, "Defining Egyptian Literature: Ancient Texts and Modern Theories," Antonio Loprieno ed., *Ancient Egyptian Literature: History and Forms*, Leiden: E. J. Brill, 1996, pp. 39~58.

- ————, "Travel and Fiction in Egyptian Literature," David O'Connor and Stephen Quirke eds., *Mysterious Lands*, London: University College London Press, 2003, pp. 31~51.

- Malek, Jaromir, "The Old Kingdom (c. 2686~2160 BC)," Ian Shaw ed., *The Oxford History of Ancient Egypt*, Oxford: Oxford University Press, 2000, pp. 89~117.

- Maspero, Gaston, *Les Mémoires de Sinouhît*, Cairo: Institut Français d'Archéologie Orientale, 1908, pp. 1~42.

- Möller, Georg, *Hieratische Lesestücke für den akademischen Gebruch*, Leifzig: J. C. Hinrichs'sche Buchhandlung, 1927, pp. 6~12.

- Morschauser, Scott, "What Made Sinuhe Run: Sinuhe's Reasoned Flight," *Journal of the American Research Center in Egypt* Vol. 37, 2000, pp. 187~188.

- Obsomer, Claude, "Sinouhé l'Egyptien et les Raisons de Sa Fuite," *Le Muséon* Tome 112, 1999, pp. 207~271.

- Otto, Eberhard, "Die Geschichten des Sinuhe und des Schiffbrüchigen als 'Lehrhafte Stücke'," *Zeitschrift für ägyptische Sprache und Altertumskunde* Bd. 93, 1966, pp. 100~111.

- Parkinson, Richard B., "Individual and Society in Middle Kingdom Literature," Antonio Loprieno ed., *Ancient Egyptian Literature: History and Forms*, Probleme der Ägyptologie X, Leiden: E. J. Brill, 1996, pp. 137~155.

- ————, *The Tale of Sinuhe and Other Ancient Egyptian Poems 1940-1640 BC*, Oxford-New York: Oxford University Press, 1997, pp. 21~53.

- ————, *Poetry and Culture in Middle Kingdom Egypt: A Dark Side to Perfection*, Studies in Egyptology and the Ancient Near East, London: Equinox, 2002, pp. 149~168.

참고문헌

- Poo, Mu-chou, *Enemies of Civilization: Attitudes toward Foreigners in Ancient Mesopotamia, Egypt, and China*, New York: State University of New York Press, 2005.

- Rosenvasser, Abraham, "A New Duplicate Text of the Story of Sinuhe," *The Journal of Egyptian Archaeology* Vol. 20, No. 1/2, 1934, pp. 47~50.

- Sander-Hansen, Constantin Emil., "Bemerkungen zu der Sinuhe-Erzählung," *Acta Orientalia* Bd. 22, 1957, 142~149.

- Saretta, Phyllis, *Asiatics in Middle Kingdom Egypt: Perceptions and Reality*, Bloomsbury Egyptology, London-New York: Bloomsbury Academic, 2016.

- Scheiner, Thomas, "Sinuhe's Notiz über die Könige: Syrisch-Anatolische Herrschertitel in Ägyptischer Überlieferung," *Ägypten und Levante* Bd. 12, 2002, pp. 257~272.

- Sethe, Kurt, *Ägyptische Lesestücke zum Gebrauch im akademischen Unterricht: Texte des Mittleren Reiches*, Leipzig: J. C. Hinrichs'sche Buchhandlung, 1928.

- Shaw, Ian, "Egypt and the Outside World," Ian Shaw ed., *The Oxford History of Ancient Egypt*, Oxford: Oxford University Press, 2000, pp. 314~329.

- Simpson, William Kelly, "The Story of Sinuhe," William Kelly Simpson ed., *The Literature of Ancient Egypt: An Anthology of Stories, Instructions, Stelae, Autobiographies, and Poetry*, New Haven-London: Yale University Press, 2003, pp. 54~66.

- Spalinger, Anthony, "Orientations on Sinuhe," *Studien zur Altägyptischen Kultur* Bd. 25, 1998, pp. 311~339.

- Thériault, Carolyn A., "The Instruction of Amenemhat as Propaganda," *Journal of the American Research Center in Egypt* Vol. 30, 1993, pp. 151~160.

- Tobin, Vincent A., "The Secret of Sinuhe," *Journal of the American Research Center in Egypt* Vol. 32, 1995, pp. 161~178.

- Wente, Edward F., *Letters from Ancient Egypt*, SBL Writings from the Ancient World Series, Atlanta: Scholars Press, 1990.

- Wessetzky, Vlimos, "Sinuhe's Flucht," *Zeitschrift für ägyptische Sprache und Altertumskunde* Bd. 90, 1963, pp. 124~127.

- Westendorf, Wolfhart, "Noch einmal: Die 'Wiedergeburt' des heimgekehrten Sinuhe," *Studien zur Altägyptischen Kultur* Bd. 5, 1964, pp. 69~75.

- Yoyotte, Jean, "A Propos du Panthéon de Sinouhé (B205~212)," *Kêmi* Tome 17, 1964, pp. 69~73.

참고문헌

## 도판/문자 출처

**이집트를 방문한 힉소스 민족** Wikimedia Commons | Drawing of the procession of the Aamu group tomb of Khnumhotep II at Beni Hassan

**장례식에 고용된 전문 여성 곡꾼** Wikimedia Commons | Grabkammer des Ramose, Wesir und Vorsteher Thebens unter Amenophis III. und IV.

**《사자의 서》 삽화에 묘사된 장례 행렬** Wikimedia Commons | Facsimile of a vignette from the Book of the Dead of Ani

**중왕국 시대 귀족의 분묘 벽화에 묘사된 무우 무용수들** https://osirisnet.net/tombes/nobles/antefoqer/e_antefoqer_03.htm

**세티 1세의 코에 생명을 부여하는 토트** Wikimedia Commons | Abydos Tempel Relief Sethos I

**시스트럼과 메니트를 연주하는 여인** Wikimedia Commons | Frau mit Sistrum und Menit anagoria

**고대 이집트의 정원** ⓒ The Metropolitan Museum of Art | Funeral Ritual in a Garden, Tomb of Minnakht

**《사자의 서》 삽화에 묘사된 '최후의 심판' 장면** ⓒ The Trustees of the British Museum | 'Book of the Dead', Papyrus of Ani (sheet 3)

**'이집트의 젖줄' 나일강의 위성 사진** Wikimedia Commons | Nile - Sinai - Dead Sea - Wide Angle View

**고왕국 시대를 대표하는 피라미드** Wikimedia Commons | All Gizah Pyramids

**센와세레트 1세의 석상** Wikimedia Commons | Statue of Senusret I in the Cairo

Museum, Egypt

**람세스 2세의 부조** Wikimedia Commons | The Great Temple of Ramses II, Abu Simbel, AG, EGY (48017104611)

**클레오파트라 7세와 그의 아들 카이사리온의 부조** Wikimedia Commons | Dendera Cesarion

**신관문자·성각문자의 원본과 음역, 한국어 번역** Georg Möller, *Hieratische Lesestücke für den Akademischen Gebrauch: Erstes Heft Alt-und Mittelhieratische Texte. Zweite, Unveränderte Auflage,* Leipzig: J. C. Hinrichs'sche Buchhandlung, 1927, p. 6

**고대 이집트의 성각문자** Wikimedia Commons | Hieroglyphic on egyptian sarcophagus

**고대 이집트의 성각문자 흘림체** Wikimedia Commons | Flickr - Nic's events - British Museum with Cory and Mary, 6 Sep 2007 - 280

**민용문자의 원본과 음역, 한국어 번역** Janet H. Johnson, *Thus Wrote 'Onchsheshonqy: An Introductory Grammar of Demotic,* Studies in Ancient Oriental Civilization 45, Chicago: The Oriental Institute, 2000, p. 16

**콥트 문자로 쓰인 문서** Wikimedia Commons | Leaves from a Coptic Manuscript MET sf21-148-1as3

**콥트 문자의 원본과 음역, 한국어 번역** ⓒ 유성환

**여울을 건너는 목동의 부조** https://www.facebook.com/Tresuresofancientegypt | Mastaba of Ti; Old Kingdom; 5th Dynasty; Saqqara; Chapel north wall

**현존하는 대표적인 작품 중 하나인 《두 형제 이야기》의 사본** ⓒ The Trustees of the British Museum | The D'Orbiney Papyrus

**〈베를린 파피루스 3022〉의 펼침면** Wikimedia Commons | Begin van het *Verhaal van Sinuhe* in hiëratisch schrift (Papyrus Berlin 3022)

**〈베를린 석편 12379〉의 스케치** Alan H. Gardiner, *Notes on the Story of Sinuhe,* Paris: Librairie Honoré Champion, 1916, p. 119

## 찾아보기

찾아보기

**유성환**

부산대학교 인문대학 영문과, 한국외국어대학교 통번역대학원 한영과를 졸업한 후 5년간 전문 통번역사로 활동했다. 2012년 미국 브라운대학교 이집트학과에서 박사학위를 취득한 후 2013년부터 서울대학교 인문대학 아시아언어문명학부에서 학생들을 가르치고 있으며 동대학 인문학연구원 선임연구원으로 재직 중이다. 2022년 공식 출범한 한국고대근동학회(KANES)의 창립 멤버. 저서로는 《고대 중근동의 팬데믹: 문명의 어두운 동반자》와 《인류 최초의 이야기: 원전으로 읽는 고대 이집트 창세신화》(근간)가 있다. 2022년 KBS 1TV 〈역사저널 그날〉에 전문 패널로, 2023년과 2024년 두 차례에 걸쳐 tvN 〈벌거벗은 세계사〉에 강연자로 각각 출연했다.

성각문자의 아름다움에 반해 고대 이집트 문헌학의 세계에 들어선 옮긴이는 이집트의 주요 원전을 한국어로 번역하고 문헌학적으로 연구하는 것을 일생의 목표로 삼고 틈틈이 원전 번역과 주해 작업을 수행해왔다. 직접적으로 접근할 수 없는 고대 문명 구성원의 가치관과 사고방식, 신념과 의도를 파악할 수 있는 가장 직접적이고 효과적인 방법은 이들이 남긴 텍스트를 정확하게 번역해 파악하는 것이라는 믿음으로, 《시누헤 이야기》 파피루스의 원본을 옮기고 해설해 《최초의 소설 시누헤 이야기》를 출간했다. 이를 계기로 더욱 많은 독자가 오랜 고전을 새롭게 읽는 즐거움을 누릴 수 있도록 작업을 계속해 나가고자 한다.

# 최초의 소설 시누헤 이야기

**1판 1쇄 발행일** 2024년 5월 20일

**옮긴이** 유성환

**발행인** 김학원
**발행처** (주)휴머니스트출판그룹
**출판등록** 제313-2007-000007호(2007년 1월 5일)
**주소** (03991) 서울시 마포구 동교로23길 76(연남동)
**전화** 02-335-4422  **팩스** 02-334-3427
**저자·독자 서비스** humanist@humanistbooks.com
**홈페이지** www.humanistbooks.com
**유튜브** youtube.com/user/humanistma  **포스트** post.naver.com/hmcv
**페이스북** facebook.com/hmcv2001  **인스타그램** @humanist_insta

**편집주간** 황서현  **기획** 김주원  **편집** 김선경  **디자인** 김태형
**조판** 홍영사  **용지** 화인페이퍼  **인쇄** 정민문화사  **제본** 다인바인텍

ⓒ 유성환, 2024

ISBN 979-11-7087-151-4 03930